島旅宣言

アイランドツーリズムの実態と展望

島旅宣言

アイランドツーリズムの実態と展望

島旅宣言

アイランドツーリズムの実態と展望

旅の販促研究所

はじめに

２００８(平成20)年11月、東京池袋のサンシャインシティで、全国の離島の祭典「アイランダー２００８」が開催された。北から南まで１６０の島が集まり、過去最高の１万２千人の来場者に島の魅力を熱く伝えていた。

第１回は１９９４(平成６)年で、今回が第16回となる。１回目は情報提供のイベントとして開催され２日間で２５００人くらいの来場者だったという。その後、出展する島も来場者も増加し、島に関する最大のイベントになった。近年は、出展者側も世代交代し若い人が中心になるとともに、市町村合併などを背景に、行政マンではなく島の民間団体やＮＰＯが出てくるようになったことで、島の人の結束力も高まり展示ブースに活気が出てきたという。実際、会場はものすごい熱気に包まれていた。多くの離島が過疎化、高齢化などの問題を抱える中で、まず島の存在を知ってもらおう、そして旅行者の誘致、特産品の紹介、定住の促進を進めようと知恵と工夫のＰＲが行われていた。

実際、このイベントで島の人と出会い、その島を訪ねる人は多い。さらにこれが機会となり、島の役場、観光協会などに就職した人もいるという。「アイランダー」とは、島の人、島を訪れる人、島が好きな人、島を応援する人、島にかかわるすべての人のことだという。

日本人はもともと島旅が好きだ、と漠然と思っていた。船や飛行機でしかいけない島旅は、たしかに旅を実感できるし、島によって差はあるものの自然や島独特の歴史や文化が残されていて、心癒されるものがある。そして、必ずといっていいほど、旅した人は「島に行くと元気になる」という。島には人に元気を与える不思議なパワーがあるような気がする。事実、最近そんな島の魅力を求めて、島へ旅立つ人の話をよく耳にする。大人気の沖縄へも本島だけではなく、石垣島や宮古島などの周辺の島々まで足を延ばす人が多くなってきたし、これら定番ともいえる南の島々ばかりではなく、さまざまなテーマで島の魅力を発信する北海道、日本海、伊豆東海、瀬戸内海、九州の島々に出かける人が増えているようだ。国内旅行が低迷する中、今、島旅はとても面白い。

そこで、島の自然や歴史文化に触れ癒しを求めに行く旅行、島の固有な資源を活用し旅行者を惹きつける観光、すなわち日本のアイランドツーリズムを、親しみを込め「島旅」と呼び、その実態と旅行者の動向についての調査・研究を実施した。自然や海の青さが惹きつける南の島ばかりではなく、さまざまな特徴をもった島々が多くの人を呼び始めているようだ。本書が、島旅の楽しさの理解に、また観光を通しての島おこしに少しでも役に立てればと願っている。

最後に、「アイランダー」の主催者でもあり、今回島に関する多くのことを教えていただいた財団法人日本離島センターの三木剛志広報課長はじめセンターの皆様に御礼申し上げます。また、センター発行の島旅のバイブル『ＳＨＩＭＡＤＡＳＵ（シマダス）』と『離島統計年報』からさまざまな情報や数値を引用、参考にさせていただいたことを報告し、深く感謝いたします。

また、編集にいつも熱心に取り組んでくださる教育評論社の久保木健治さん、米津香保里さん、小嶌淳子さんに御礼を申し上げます。そして、決して多くの島を取材することはできなかったが、筆者たちが手分けして訪れた島々でとても温かく迎えてくれた島人たちに心から感謝いたしたい。

２００９年６月

安田亘宏

島旅宣言

――アイランドツーリズムの実態と展望――

目次

はじめに……003

第一部 島旅の実態と展望……011

第1章 「島」と「旅」……013

1 旅行者を呼ぶ元気な島々……014
2 日本の島々……018
3 島と旅の歴史……022
4 島旅とアイランドツーリズム……026
5 島旅調査……030

第2章 島旅の実態……037

1 印象に残る島旅ランキング……038
2 島旅の目的……042
3 旅行日数・旅行費用・同行者の実態……046
4 利用宿泊施設・交通機関の実態……050
5 島旅の手配方法と現地ツアーの利用状況……054
6 島旅の情報源……058
7 島旅の期待と満足度……062

第3章 島旅の経験・意向と島のイメージ……067

1 島の認知と島旅経験……068
2 今後の島旅意向……072
3 島のイメージ――①島気分……076
4 島のイメージ――②自然……078
5 島のイメージ――③海……080
6 島のイメージ――④文化・観光……082
7 島のイメージ――⑤宿泊・グルメ……084
8 島のイメージ――⑥アクセス……086
9 イメージマップ……088

第4章 島旅の取り組みとこれから……091

1 島旅と旅行会社……092
2 島旅とエコツーリズム……096
3 島旅のこれから……100
コラム 日本に一番近い海外の島旅――世界自然遺産・済州島……106

第二部　日本の島旅　50の島々……109

I　北海道・東北の島
礼文島……110
利尻島……112
天売《てうり》・焼尻島《やぎしりとう》……114
奥尻島……116
気仙沼大島……118

II　日本海の島
飛島《とび》……120
粟島……122
佐渡島……124
隠岐島《おきのしま》……126

III　伊豆・小笠原の島
伊豆大島……128
新島《にいじま》……130
式根島……132
三宅島……134
神津島……136
八丈島……138
小笠原島……140

IV　東海の島
初島……142
日間賀島《ひまかじま》……144
篠島……146
神島……148
答志島《とうしじま》……150

V　瀬戸内海の島
家島群島……152
大崎上島……154
小豆島……156
直島……158

VI　九州北部の島
対馬島……160
壱岐島……162
五島列島……164
伊王島……166
姫島……168

VII 九州南部・奄美の島
甑島《こしきじま》列島……170
種子島……172
屋久島……174
奄美大島……176
喜界島……178
徳之島……180
沖永良部島《おきのえらぶじま》……182
与論島……184

VIII 沖縄本島周辺の島
伊江島……186
粟国島《あぐにじま》……188
慶良間《けらま》諸島……190
久米島……192
南大東・北大東島……194

IX 宮古・八重山の島
宮古島……196
石垣島……198
竹富島……200
西表島《いりおもてじま》……202
小浜島……204
波照間島《はてるまじま》……206
与那国島《よなぐにじま》……208

おわりに……210
索引……213

装訂　上野秀司

第一部

島旅の実態と展望

第1章

「島」と「旅」

1 旅行者を呼ぶ元気な島々

続いている沖縄離島ブーム

「観光地の満足度　沖縄の離島　上位3位に」（2009年1月10日）という見出しの記事が大きなスペースではなかったが、日本経済新聞に載っていた。この数年、沖縄の離島が脚光を浴び多くの旅行者を迎えていることは知っていたが、数多くの有名観光地がある中で、観光地満足度ベスト3に沖縄の離島が入ったことに少し驚いた。これは、日経リサーチが実施した「2008地域ブランド戦略サーベイ」（インターネット調査・2008年9月・サンプル2万3千人）の調査結果で、図表①のように、1位は西表島、2位は竹富島、3位はそれらの島の拠点となる石垣島だった。6位には同じ沖縄の宮古島も入っている。

同じ時期に発表になった、ブランド総合研究所が実施した「地域ブランド調査2008」（インターネット調査・2008年8月・1000市町村対象・サンプル3万5千人）の結果にも興味深いものがあった。この調査は、地域のブランド力を、消費者が各地域に抱く魅力度で数値化したもので、その魅力度ランキングと同時に、「魅力度の伸びが大きい市区町村ランキング」も発表された。その結果は図表②で、1位が石垣市、2位が宮古島市と沖縄の離島がトップ2となり、久米島町も8位となった。また、市町村合併により参考値となったが、屋久島町は、ダントツの伸び率トップで魅力度ランキングも全国11位だった。

実際に石垣島の来島者は年々増加し70万人を超える一大観光地となっている。そこから船で渡る西表島、竹富島もブームといっていいだろう。宮古島、久米島をはじめとした沖縄本島周辺や八重山地方の島々にも多くの人が訪れるようになってきた。そこにはまだ手つかずの自然が残っており、息をのむ美しい海が広がっている。さらに、海外のリゾート地に負けないリゾートホテルやのんびりと過ごせる民宿もある。そして共通していえることは固有の歴史文化が残り、いずれも旅行者を

図表① 満足度ランキング【観光地】上位10位

順位	地域名	都道府県名	スコア
1	**西表島**	**沖縄県**	**100.0**
2	**竹富島**	**沖縄県**	**96.6**
3	**石垣島**	**沖縄県**	**94.0**
4	立山	富山県	93.7
5	北アルプス	富山・長野・岐阜県	93.4
6	**宮古島**	**沖縄県**	**92.8**
7	五箇山	富山県	91.6
8	上高地	長野県	91.5
8	尾瀬	福島・群馬・新潟県	91.5
10	知床	北海道	90.8

※2008地域ブランド戦略サーベイ（日経リサーチ）

図表② 魅力度の伸びが大きい市区町村ランキング

順位	魅力度順位	市区町村	都道府県	魅力度	伸び
1	**18(109)**	**石垣市**	**沖縄県**	**31.9(15.8)**	**16.1**
2	**15(57)**	**宮古島市**	**沖縄県**	**33.8(21.1)**	**12.7**
3	121(408)	白川町	岐阜県	16.5(4.5)	12.0
4	60(185)	白川村	岐阜県	22.8(11.9)	10.9
5	60(163)	由布市	大分県	22.8(13.1)	9.7
6	146(357)	松島町	宮城県	14.9(5.6)	9.3
7	76(189)	志摩市	三重県	20.8(11.6)	9.2
8	**96(213)**	**久米島町**	**沖縄県**	**18.8(10.6)**	**8.2**
9	66(141)	四万十町	高知県	22.1(14.0)	8.1
9	33(70)	宇治市	京都府	27.7(19.6)	8.1
-	**11(115)**	**屋久島町***	**鹿児島県**	**39.5(15.4)**	**24.1**

＊括弧内の数値は2007年の調査結果、また伸びは、2008年の魅力度と2007年の魅力度との差

＊屋久島町の2007年の結果は参考として旧屋久町のものを使用

※地域ブランド調査2008（ブランド総合研究所）

大切に受け入れるおもてなしの気風がある。

特徴ある島おこしが旅行者を呼ぶ

目的型、学習型、体験型の旅行を求める傾向が強くなってきた今日、注目されているのがエコツーリズムである。エコツーリズムとは地域固有の自然・文化・歴史資源を活用した環境保全型の観光旅行のことである。日本の島々には自然環境がまだ多く残されている。

日本のエコツーリズムの最初は小笠原のホエールウォッチングだといわれている。日本で初めてルールをつくりエコツアーを実施した。来島するには週１便のおがさわら丸しかなく大量の旅行者をつくることはできないが、自然環境に関心の高い旅行者を迎えている。前述の西表島も１９９６(平成８)年に日本最初のエコツーリズム協会を設立し、マングローブなどを保全するエコツアーを催行している。今、エコツーリズムの島といえば、やはり前述の屋久島だろう。１９９３(平成５)年に世界自然遺産に登録され、屋久杉や島の自然、暮らしを素材にさまざまな体験プログラムをつくっている。そのほかの島々でも特徴のあるエコツアーを企画し、多くの旅行者を呼び始めている。

近年、グルメでにわかに脚光を浴びている島がある。愛知県の日間賀《ひまか》島である。三河湾の豊かな漁場に恵まれ、新鮮な美味しい魚介類を食べることを目的に多くの旅行者が来島する。特にフグとタコが有名で、福《ふく》の島、多幸《たこ》の島と呼ばれている。ウニ、アワビの利尻島、礼文島、奥尻島やイセエビ、サザエの初島、答志《とうし》島などもグルメを目当てに旅行者が来島している。

島丸ごとミュージアムともいえるアート展示でブレイクしている島もある。瀬戸内海に浮かぶ島、直島がそれだ。島全体でアート活動が行われている。美術館を併設した宿泊施設や地中美術館、古い民家や寺社などの空間をそのままアーティストが利用した作品が公開されている。海外でも有名になり外国人旅行者も増加している。近くの犬島も新たなアートの試みを始めている。島民が一体となってアートによる島おこしに取り組んでいるのが、愛知県の佐久島である。徐々に知名度が増し、美術ファンだけでなく、多くの一般の旅行者を集め始めている。

元気な島といえば、隠岐島の海士町だろう。島のブランド化戦略としてさざえカレーや隠岐牛などの特産品を開発。島の活性化に「よそ者」の視点を取り入れることを目的に商品開発研修生として全国の若者を募るなどの活動は地域振興の成功事例として評価されている。ユニークな取り組みでは、沖縄の久米島で食べ物が原因でじんましんや呼吸困難などの異常反応を起こす子どもたちに対し、宿泊施設や飲食店、病院などが協力して安全な食事を提供するなどの受け入れ態勢を整備し、食物アレルギーの子どもたちを対象とした旅行商品を開発している。島のマラソン大会も北海道から沖縄まで多くの島で開催され、多くのランナーの支持を得ている。北は礼文島の最北フラワーマラソン、南は日本最西端与那国島一周マラソン大会など実に数多い。

五島列島の北部にある小値賀島は島の資源を生かした体験プログラムを作り、年間を通じて集客し、アメリカの民間教育団体『ピープル・トゥ・ピープル』による国際親善大使派遣プログラムの成功で、2年連続「世界一」の評価を得て、08年の「JTB交流文化大賞」を受賞している。また対馬島に今多くの韓国人旅行者が訪れて賑わっている。「小さな韓国」とまで呼ばれている。島は国の入り口でもある。

今、日本の島々はとても熱い。釣りと海水浴、リゾートだけではないさまざまな観光資源を探し、磨き、アピールし始めている。

2 日本の島々

島とは何か？

島とは、「水域に四方を囲まれた陸の中で面積の規模の小さいもの」をいう。規模の大きなものは大陸と呼ばれる。国連海洋法条約では、「島とは、自然に形成された陸地であって、水に囲まれ、高潮時においても水面上にあるもの」としている。地理学的にオーストラリア大陸以上の面積をもつ陸が大陸に分類され、それ未満の面積のものは島に分類される。

つまり、日本は全部島である。世界で面積最大の島は２１８万㎢のグリーンランドで、以下ニューギニア島、ボルネオ島、マダガスカル島、バフィン島、スマトラ島と続き、7位が日本の本州となる。日本は小さな島国と感じているが、案外大きな島であるようだ。ちなみに、北海道が19位、九州が27位、四国が37位とそれぞれ予想外に上位に位置している。

島国の日本では、北海道、本州、四国、九州の4島は、一般的に「島」をつけて呼ぶことはない。つまり、日本においてはこの4島を除いた島々を島と呼んでいる。一番大きな島は３１８３㎢の択捉島で2位が国後島となる。いずれも北方領土で、日本国の施政権の及んでいる島の最大のものは１２０６㎢の沖縄島（沖縄県）になる。以下、佐渡島（新潟県）、奄美大島（鹿児島県）、対馬島（長崎県）、淡路島（兵庫県）、下島（熊本県）、屋久島（鹿児島県）と続く。

複数の島がまとまって存在するものを列島、群島、諸島などとグループ化していうことがある。列島は島が列状に並んだもの、群島は塊状に集まったものをいい、諸島はより範囲が広い場合に使っている。列島では千島列島、五島列島、甑島《こしきじま》列島、群島は家島群島、安芸群島、奄美群島、諸島は伊豆諸島、小笠原諸島、天草諸島、八重山《やえやま》諸島などがよく知られている。

島の数と分類

日本の島はいくつあるのか？　案外、この疑問への答えは難しいようだ。現在では６８５２島がもっとも一般的な数値となっているようである。これは、「昭和62年版海上保安庁の現状」において発表された数値で、その後、１９８９(平成1)年「第39回日本統計年鑑」（総務庁）においても、日本の構成島数として公表されたものだ。周囲が０・１㎞以上のもの、埋立地は除外などというのが島の条件となっている

人が住んでいるかいないかによって、「有人島」と「無人島」、さらに「季節有人島」とに分類することができる。「有人島」とは、その島についての住民登録を記録する市町村住民基本台帳に１人でも登録されている島のことだが、５年ごとに実施される国勢調査時点ではカウントがゼロという場合もあり、逆に住民登録はされていないのに国勢調査居住が確認される場合もある。島の統計の難しさで、正確な線引きは難しいようだが、日本にはこのように有人島が４３０島ほどある。「無人島」は、実際に人の住んでいない島のことで、こちらのほうが圧倒的に多く総数は６５００余りになる。日本の施政下でもっとも大きな無人島は北海道の渡島《おしま》大島で面積は９・73㎢。もうひとつは「季節有人島」で、１年間のうち一定期間だけ住んでいる人がいる、いわば半有人島である。農

業や漁業のための一定期間の居住で、「ひと夏」という期間が多い。農業で甘藷《かんしょ》、柑橘類などの栽培、管理のため、漁業ではイワシ、サワラ、カツオなどの回遊魚の漁の足場としてやアワビ、サザエ、コンブなどの地先漁業のために半定住することが多い。日帰りで定住地から無人島に耕作に出る地域もあり、これを出作り、出耕作と呼んでいる。瀬戸内海や東シナ海、北海道の島々に多い。

島の成因によって、「大陸島」と「大洋島」に分類される。「大陸島」とは、大陸棚に存在する島で、大陸の一部が断層・海食などにより大陸から分離され、または大陸付近に水底が隆起して生じた島のことをいう。日本列島はここに分類される。「大洋島」とは、大陸棚にではなく、海洋底から直接海面に達している、大洋中にある島のことをいう。大陸と関係がなく、火山島・珊瑚島などの種類がある。「火山島」とは、海底火山の噴出物の堆積によって海面上に出現した島で、弓状、列状に分布することが多い。伊豆七島・小笠原島がこれにあたる。「珊瑚島」とは、珊瑚礁が水面に露出して形成された島のことで、奄美群島、沖縄諸島、先島諸島などが代表例だ。

島の意義・役割

島は古くから漁船などの補給基地や灯台を設置し航路を守るなどの役割を果たしてきたが、近年は次のような国家的な役割、また国民視線からの役割が注目されている。

①領海の権利確保

日本の領域、排他的経済水域等を保全するとともに、水産資源をはじめとした大陸棚諸資源や各種エネルギーの開発、利用や保全に関する権利を確保する役割を担っている。沖ノ鳥島、南鳥島、大東島が特に重要な役割を果たしている。日本の国土は約38万㎢で世界第60位だが、領海、排他的経済水域の広さではなんと世界6位である。水域面積は広大で、約447万㎢となる。これは本土から離れた島々のおかげである。

②気象観測拠点

気象観測島となっている島は気象観測拠点として、海洋内の定期観測拠点が少ないためにとても重要な役割を果たしている。

③国際交流の拠点

外国との歴史的なつながりが深く、固有の伝統文化、歴史的遺産等の維持・保存とあわせた国際交流の拠点として重要な役割を果たしている。逆に、外国と接しているので、密航、薬物、銃器の持ち込みなどの防波堤の役割も果たしている。

④自然環境保全の場

豊かな自然に恵まれた優位性に基づく自然環境、生態系の保護、保全を行う場としての役割を担っている。

⑤水産資源の供給

日本人が食べ物として嗜好する良質な海産物を広大な水域から安定的に供給する役割を担っている。

⑥旅行のデスティネーション

余暇の増加に伴い、レジャーとしての旅行のデスティネーション（目的地）として、釣りや海水浴、マリンスポーツばかりでなく、海洋や自然とのふれあいを求める旅行者ニーズに合致する癒しの空間としての役割がさらに大きくなってきている。

3 島と旅の歴史

島旅が日本人の最初の旅？

日本人の最初の旅は島旅だったかもしれない。それは国生み神話の時代までさかのぼることになる。古事記に次のような物語がある。人間が生まれるはるか昔、神々は天上の世界、高天の原に住んでおられた。天つ神は下界を見て「地上を固め、治めよ」と男神イザナギと女神イザナミに命ぜられた。二神は天《あめ》の浮橋《うきはし》から天の沼矛《ぬぼこ》を指し降ろして青海原をかきまわし、引き上げた沼矛から滴り落ちた潮が積もって固まり島ができた。これがオノコロ島で、諸説あるが淡路島の南方紀伊水道に浮かぶ小さな島、沼島《ぬしま》だといわれている。二神はこの島へ天降りて夫婦の契りを結び、淡路島、次いで四国、隠岐、九州、壱岐、対馬、佐渡、本州という順に8つの島（大八島国）を生み、さらにほかの島々も生み出していったとされている。その後、人間が生み出されたとすると、日本人はこれらの島々に移り住む旅から始まったといえるのかもしれない。

実際に日本人はどこから来たのだろう。まず、アフリカで現代人（ホモ・サピエンス）にまで進化した集団の一部が、約6～3万年前、東南アジアや東アジアへやって来て住みつき、次いで約1万年前までに、それらの人々が日本列島に到達し、その子孫が日本列島全体に広がって縄文時代人となった。その後、北方からも日本列島へ移住があり、縄文時代の終わり頃、中国北東部から江南地域にかけて住んでいた人々が朝鮮半島経由で渡来し、先住の縄文時代人と一部混血しながら、広く日本列島に広がり、これが日本人の祖先になったといわれている。これも遠い昔の話で諸説あるようで、南方から渡来してきたという説もある。いずれにしても、島国である日本人のルーツは海の向こうから、おそらく多くの島を経由しながら日本に到着したに違いなく、それを島旅と呼んでよければ、日本人の旅の始まりは島旅だったということになる。

交流の拠点と配流の地——中世以前の島旅

島は外国と海を隔てて接していることもあり、歴史の中に古くから登場する。3世紀頃の日本を記述した「魏志倭人伝」には対馬島（長崎県）、壱岐島（長崎県）が明確に記録されている。すでに、大陸との交流があり、人の行き来があったことが分かる。607年から遣隋使、630年から遣唐使が始まる。初期は壱岐島、対馬島を経由し、8世紀からは五島列島（長崎県）や奄美群島（鹿児島県）、沖縄諸島を経由して、双方の人々や物資、文化を往来させ、それらの船が立ち寄る島の港は活気があったと伝えられている。

8世紀には国郡制がひかれ佐渡島（新潟県）、淡路島（兵庫県）、壱岐島、対馬島が一国と認められる。その頃、「諸配流遠近之程」により佐渡島、壱岐島、伊豆諸島（東京都）が「遠」の地に定められ、以降流人が配流される地となった。この制度は近世まで続いていく。流罪にされた政治犯には身分の高い文化人が多く、流される地には新しい知識や豊かな文化が伝えられた。

武士の時代となり、承久の乱により後鳥羽上皇が隠岐島へ、順徳天皇が佐渡島へ配流され、鎌倉時代の末期には後醍醐天皇が隠岐島に配流される。その間、元寇では対馬島、壱岐島、鷹島（長崎県）がその舞台となる。室町期に入ると対馬島は独自の日朝交易を始めるようになる。１５４３年種子島（鹿児島県）に鉄砲が伝来する。１５４９年にはフランシスコ・ザビエルが南西諸島（鹿児島県・沖縄県）を経て、鹿児島にキリスト教を伝える。島は海外との交流の拠点となり、日本に新しい流れを作り出す入り口となっていた。

鎖国の時代の島の交流――近世の島旅

封建体制下では、一般庶民は宗教的な巡礼、神社仏閣への参拝の旅や湯治を目的とした旅は認められていたが、島に行く旅はほとんどなかった。

１６０７年朝鮮通信使が対馬島を経由し江戸に来る。この頃キリスト教禁教令が発布され、弾圧を恐れた教徒たちが五島列島や西海の島々に移住する。１６３６年の鎖国令により、海外との交流は出島（長崎県）に制限される。しかし、海運の発達により、国内のなかの交易は活発となる。西回り航路、東回り航路が開拓され、北前船や樽前船により大坂、瀬戸内海、北陸、江戸、東北、北海道の各地の交易が隆盛し、島を拠点にした商人の富豪が各地で生まれ、島の港も賑わった。

１８５３年アメリカのペリー艦隊が小笠原、沖縄を経て浦賀に来航し、幕末を迎える。この時期、欧州各国の軍艦、商船が日本の島を訪れている。

島の振興と島旅ブーム――近代・現代の島旅

明治期になると一般庶民も自由に旅ができるようになる。多くの離島に定期船が運航されるようになり、国も島の生活基盤の整備や産業振興に目を向けるようになる。そんな中で、一般の人も釣りや保養、海水浴などを目的に島を訪れるようになっていく。

太平洋戦争末期には沖縄をはじめ多くの島々が悲劇の舞台となり、戦後も日本から行政分離されることになる。1952(昭和27)年奄美群島が日本復帰、翌年に離島振興法が制定される。68(昭和43)年小笠原島（東京都）が、72(昭和47)年沖縄諸島が復帰する。しかし、まだ北方四島は復帰を果たしていない。

戦後、日本は目を見張る高度経済成長を遂げ、レジャーとしての旅行の需要が増大していく。60年代前半、戦後復興の定着と、いわゆる「秘境」ブームの中で離島への旅行が流行する。柳田國男『海上の道』や宮本常一『日本の離島』の刊行などが契機となったといわれている。70(昭和45)年、大阪万博開催、国鉄によるディスカバージャパン・キャンペーン開始、国内旅行ブームが起こる。若者を中心としたいわゆる「カニ族」たちが訪島し、76(昭和51)年には1800万人超という離島観光客数のピークを迎える。鹿児島県の与論島が一大ブームとなり、新島や八丈島などの伊豆諸島にも若者やファミリーが殺到した。その頃、八丈島は「日本のハワイ」というキャッチフレーズを使っていた。その後、復帰した沖縄がブームの中心となっていく。これらの背景には64(昭和39)年に自由化になった海外旅行ブームがあり、まだ高額だった海外旅行、特にハワイやグアムの代替品としての役割も果たしていたようである。

2000年代に入ってから、沖縄、特に石垣島を周辺とした島々に人気が集まっていく。また、世界自然遺産に登録された屋久島には、若者だけでなく各世代の旅行者が訪れた。今、エコ、グルメ、アートなどを観光資源とした特徴ある島々も注目を集めている。

4 島旅とアイランドツーリズム

島旅とは

島旅とは、住んでいるところから離れ、島をデスティネーション（旅行目的地）とした旅行のことである。特に、遠くの島へ観光旅行に行ってきたときなど、「島旅をしてきた」などとふつうにいうことがある。それでは島とは何かというと、前述したが「水域に四方を囲まれた陸」で北海道、本州、四国、九州からわずかでも離れている小さな陸地のことである。実際には渡し船に5分程度乗船すると着いてしまう島もあれば、客船やフェリーに何十時間も乗らなくてはならない島や、飛行機で何時間もかかる遠い離島もあり、旅の感触は大きく異なる。したがって、島旅は幅が広い概念ともいえるかもしれない。また、近年特に本土に近接した島々は橋で結ばれ、実体的には本土となんら変わらなくなっているところも多い。これらの島への旅行も島旅といってしまうのは、少し無理があるかもしれない。

島旅は日本の６８５２の島のうち、約４３０の有人島が基本的な対象となるが、人の住んでいない島への冒険的な旅や調査などの旅もその対象であると考えている。本書の調査においては、圧倒的に旅行者が多く、アクセス上も北海道や四国と遜色のない沖縄本島と、橋で結ばれ本土と一体になっている淡路島や瀬戸内海、天草の島々などはその対象として除いた。

島旅の定義と特徴

島旅の考え方や行動を「アイランドツーリズム」ということもあるが、日本においてはあまり定着していない。

日本のアイランドツーリズム＝島旅の定義は、特別にオーソライズされているものはないようだが、本書では次のように定義する。

- **島に船または航空機を利用して訪れる旅行**
- **島の固有な観光資源を活用し、都市やほかの島々の旅行者との交流を促進する観光事業**

その目的は訪れる旅行者にとっては島の自然や名所、観光施設、文化歴史、暮らしなどを見学、体験し、余暇を楽しむことであり、島にとっては自然や文化歴史などの観光資源を活用し観光やそれに付随した収入を確保するとともに、文化の相互理解を進めることで島の自立や再生を目指すことである。

また、島旅の特徴は、仮説も含まれるが次のようにまとめられる。

- 訪問するためには船または航空機に乗らなくてはならない。
- 到着、帰着のスケジュールは船または航空機の運航日・時間に合わせる必要がある。
- 本土と隔絶しているために自然環境が残されており、自然とのふれあい、また、希少な動植物と出会える。
- 同様に島固有の歴史文化、伝統、産業、暮らしなどが残されている。
- 四方が海に囲まれているので、海にかかわること（海水浴、釣り、シュノーケリング、ダイビング、マリンスポーツ、漁業体験など）を体験することができる。
・同様に新鮮な海産物を、特有な調理方法で食べることができる。
・都会に比べ、時間の流れがゆるやかで、癒しの空間・時間が存在する。
・都市化されていない島人との出会いがある。

本当に島旅をしているのか？――島旅経験者は30％

実際に日本人旅行者は島旅に行っているのだろうか。日本の島々には年間約１４００万人（２００５年離島統計年報より・日本離島センター）の観光客が訪れている。島旅ブーム、離島ブームと呼ばれた最盛期の１９７０年代には１８００万人以上の観光客を迎え入れていたことを考えるとかなり減少したことになる。近年、増加の兆しはあるがもう少し島への観光客数の推移を見守る必要があるかもしれない。

各島の観光客数のベスト10を見てみよう。図表①の通りで、小豆島が群を抜いて1位で１００万人を超えている。歴史の長い観光地としての実績といえよう。この小豆島は離島振興法の対象になっていない。2位は今話題の石垣島、以下、奄美群島、佐渡島、種子島、竹富島と続き、北海道の利尻島が7位と健闘している。11位以下は西表島、屋久島、気仙沼大島、対馬島と続いている。やはり、知名度の高い島々は多くの観光客を着実に呼んでいることが分かる。

図表②の調査結果は本書を構成する当旅の販促研究所で実施したインターネットによる定量調査の一部である。サンプル数は２２５２で調査対象者は最近1年以内に国内宿泊旅行へ、かつ3年以内に海外旅行に行ったことのある男女である。調査内容など詳しくは後述する。

図表②は「過去5年以内に国内の島旅をしたことがあるか」を質問した結果である。その結果、島旅を経験した人は30・6％で、数多くのデスティネーションのある国内旅行で3分の1近くの人が経験していることは、この調査研究をするにあたっては少し嬉しい結果となった。60代女性が39・4％、60代男性が36・5％と高い経験率を示し、20代男性が34・5％と続いた。島旅は若者が支持している旅行との想定があったので、これは少し意外だといえよう。

島旅の旅行者の意識や行動の分析は、過去あまり行われていない。元気な島々が登場し、島旅も個性的で、多様なスタイルのものが出てきているかもしれない。本調査でその実態や今後の可能性を明らかにしていきたい。

図表① 観光客数ベスト10（2005年）（単位:千人）

	島 名	都道県名	観光客数
1	小豆島*	香川県	1157.5
2	石垣島	沖縄県	754.2
3	奄美群島	鹿児島県	678.7
4	佐渡島	新潟県	674.5
5	種子島	鹿児島県	516.3
6	竹富島	沖縄県	512.9
7	利尻島	北海道	449.4
8	隠岐島	島根県	432.8
9	宮古島	沖縄県	413.5
10	五島列島	長崎県	370.6

※離島統計年報より　*小豆島は香川県調べ

図表② 最近5年間の国内島旅経験（%）

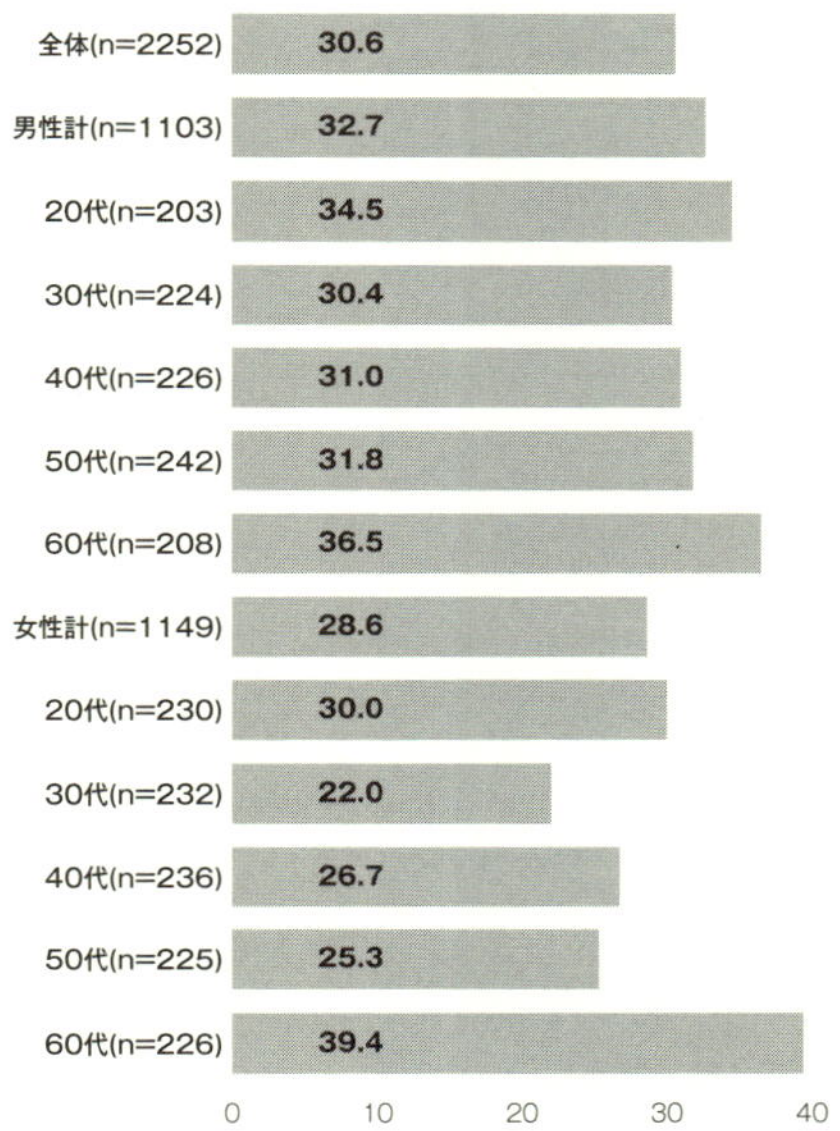

*旅の販促研究所調査（2008年）

5 島旅調査

島旅調査の概要

島旅実態調査は、当旅の販促研究所のオリジナルツールである「旅行者企画パネル」を利用し、最近1年以内に国内宿泊旅行を行っており、かつ、最近3年以内に海外旅行を行っている20〜69歳の男女、定期的に旅行を楽しんでいる旅行者を対象として実施した。

２００８年11月7日〜11月13日の期間でインターネット調査により実施し、２２５２サンプルの有効回答を得た。最近5年間での島旅の経験者に対してはもっとも印象に残っている島旅の内容を確認。さらに、北海道・東北、日本海、伊豆・小笠原、東海、瀬戸内海、九州北部、九州南部・奄美、沖縄本島周辺、宮古・八重山のエリア別に観

図表① 今回調査で確認した50島

エリア	島名
Ⅰ北海道・東北の島	礼文島（北海道）、利尻島（北海道）、天売・焼尻島（北海道）、奥尻島（北海道）、気仙沼大島（宮城県）
Ⅱ日本海の島	飛島（山形県）、粟島（新潟県）、佐渡島（新潟県）、隠岐島（島根県）
Ⅲ伊豆・小笠原の島	伊豆大島、新島、式根島、三宅島、神津島、八丈島、小笠原島（父島・母島）　※すべて東京都
Ⅳ東海の島	初島（静岡県）、日間賀島（愛知県）、篠島（愛知県）、神島（三重県）、答志島（三重県）
Ⅴ瀬戸内海の島	家島群島（兵庫県）、大崎上島（広島県）、小豆島（香川県）、直島（香川県）
Ⅵ九州北部の島	対馬島（長崎県）、壱岐島（長崎県）、五島列島（長崎県）、伊王島（長崎県）、姫島（大分県）
Ⅶ九州南部・奄美の島	甑島列島、種子島、屋久島、奄美大島、喜界島、徳之島、沖永良部島、与論島　※すべて鹿児島県
Ⅷ沖縄本島周辺の島	伊江島、粟国島、慶良間諸島、久米島、南北大東島（南大東島・北大東島）　※すべて沖縄県
Ⅸ宮古・八重山の島	宮古島、石垣島、竹富島、西表島、小浜島、波照間島、与那国島　※すべて沖縄県

光という視点から、㈶日本離島センターの『離島統計年報』、『シマダス』などの資料と事前に実施した当研究所のオリジナルツールである「たびけんアンケートパネル」によるプレアンケート調査、島旅経験者に対してのグループインタビューを基に、主だった50島を選定し、それらの認知・理解状況、今後の旅行意向、各島のイメージなど詳細を確認した。

さらに、島旅の観光客の受け入れやPR活動の現状、観光促進を行っていく上での問題点・課題などを確認するため、選定した50島の自治体・観光協会等に対してのアンケート調査も並行して実施し、35島、42自治体から回答を得た。この結果については主に第二部の島別の考察でご紹介したい。

①島旅プレアンケート調査

調査対象者：18～69歳男女（全国）
　旅の販促研究所オリジナルツール「たびけんアンケートパネル」利用
調査期間：２００７年12月26日～２００８年1月30日
調査方法：インターネット調査
有効回答数：２８１サンプル
主な質問事項：最近10年間での島旅経験、
　印象に残っている島旅の内容、理由、目的など

②島旅グループインタビュー

調査対象者：最近1年間の島旅経験者　男女６名
調査期間：２００８年10月30日

調査方法：グループインタビュー
主な質問事項：島旅経験、回数、具体的体験、意識、情報収集、意向など

③島旅実態調査（本調査）

内容は後述

④島の自治体・観光協会アンケート調査

調査対象者：全国50島の自治体・観光協会
調査期間：２００８年12月5日～２００９年1月23日
調査方法：郵送調査
有効回答数：35島42自治体・観光協会
主な質問事項：島の観光資源、観光開発、ＰＲポイント、ＰＲ活動、課題
　島の旅行者の傾向、旅行者の変化など

⑤現地取材

２００８年1月～２００９年3月
奥尻島・気仙沼大島・佐渡島・伊豆大島・小笠原島（父島・母島）・淡路島・沼島・家島・直島・隠岐島・五島列島・伊王島・屋久島・宮古島・沖縄本島・石垣島・西表島・竹富島・小浜島・与那国島など

島旅実態調査（本調査）の調査設計

◇調査対象者：20～69歳男女（全国）

最近1年以内の国内宿泊旅行経験者、かつ、最近3年以内の海外旅行経験者
旅の販促研究所オリジナルツール「旅行者企画パネル」

◇調査期間：　2008年11月7日〜11月13日
◇調査方法：　インターネット調査
◇有効回答数：2252サンプル
◇主な質問項目：

〈島旅の実態〉
最近5年間での島旅経験・回数
最近5年間でもっとも印象に残っている島旅
旅行目的・旅行日数・旅行費用・同伴者・利用宿泊施設・
利用交通手段・満足度
海外の島旅経験・意向
一般の国内旅行と島旅での期待などの違い

〈選定50島について〉
各島の認知・旅行経験・各島のイメージ・各島の旅行意向

図表②「島旅」に関する調査の回収内訳（単位:人）

内訳	合計	男性	女性
合計	2,252	1,103	1,149
20代	433	203	230
30代	456	224	232
40代	462	226	236
50代	467	242	225
60代	434	208	226

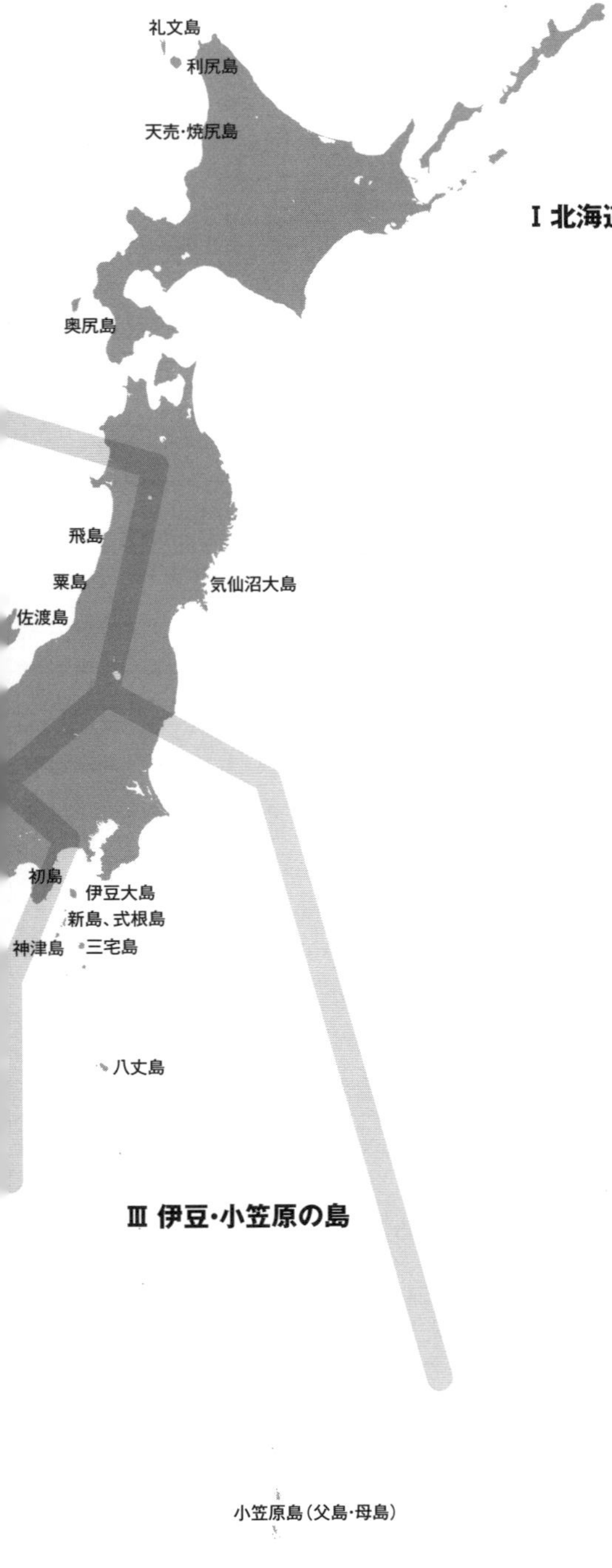
礼文島
利尻島
天売・焼尻島
I 北海道・東北の島
奥尻島
飛島
粟島
気仙沼大島
佐渡島
初島
伊豆大島
新島、式根島
神津島
三宅島
八丈島
III 伊豆・小笠原の島
小笠原島（父島・母島）

図表③ 島のエリア区分

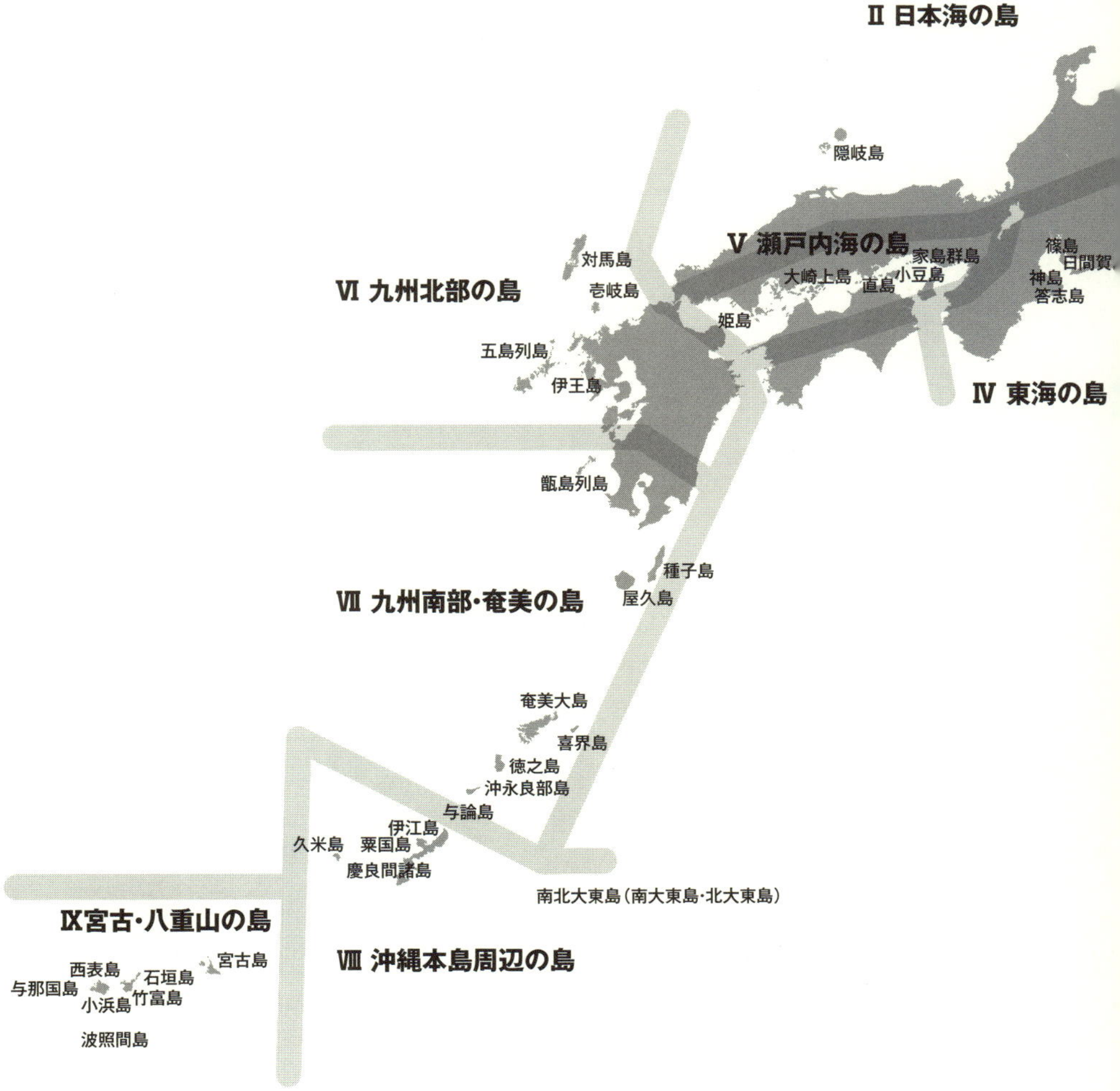
Ⅱ 日本海の島
隠岐島
Ⅴ 瀬戸内海の島
家島群島
大崎上島
小豆島
直島
姫島
篠島
日間賀
神島
答志島
Ⅳ 東海の島
Ⅵ 九州北部の島
対馬島
壱岐島
五島列島
伊王島
甑島列島
種子島
屋久島
Ⅶ 九州南部・奄美の島
奄美大島
喜界島
徳之島
沖永良部島
与論島
伊江島
久米島
粟国島
慶良間諸島
南北大東島（南大東島・北大東島）
Ⅸ宮古・八重山の島
宮古島
西表島
石垣島
与那国島
小浜島
竹富島
波照間島
Ⅷ 沖縄本島周辺の島

第2章

島旅の実態

1 印象に残る島旅ランキング

島旅体験は好印象

今回の調査は最近1年間の国内宿泊旅行経験者で、かつ最近3年間に海外旅行を行っている男女、一般の旅行者を対象に実施した。前章での説明の通り、全体の30・6％が最近5年間に島旅を経験しており、経験者（690人）に対して訪れた島名と印象に残っている島での体験やエピソードについて確認したところ、90島の島名があげられた。

図表①はそこであげられた上位30位までの島々である。ちなみに今回の島旅経験者の8割以上がこれらの30島に旅行している。島旅経験者の4割を占める複数回の経験者に対しては、もっとも印象に残っている1島について確認しているため、実際の島旅経験のみでのランキングではないが、自由回答によって確認した印象に残る島での体験を概観すると1島のみの経験者も含め、その大半が好意的なコメントであることから、概ね〝良い体験ができた印象に残る島旅〟のランキングとしてご覧いただきたい。

印象に残る島旅トップ3は石垣島・屋久島・小豆島

印象に残る島旅のトップは石垣島で、旅行経験者が多いこともあるが、2位の屋久島に対しても大きく差をつけている。南国の美しい海や豊かな自然、八重山の独特な文化や郷土料理、そして何よりもゆっくりと流れる時間や島人とのふれあいなど、旅行者の自由回答を見ると島旅に求められるすべての要素が凝縮した島といえる。

宮古・八重山の島々では石垣島以外にも、宮古島、西表島、竹富島がトップ10内にランクインしており、島旅経験者の4人に1人が宮古・八重山の島々を回答している。自由回答を見ると、宮古島は石垣島と同様に島旅の多くの要素を具えた島として、西表島はマングローブ林などの熱帯の自然、竹富島は海の美しさや国の街並み保存地区（重要伝統的建造物群保存地区）に指定されている伝統的な街並み、のんびり流れる時間など島気分を満喫させてくれる島として評価されている。

2位は世界自然遺産の屋久島。島旅の要素を満遍なく備えた石垣島と異なり、屋久島はやはり縄文杉、屋久杉を育む自然の素晴らしさを求めての旅行が中心となっており、トレッキングや登山など大変な思いをしながらも、屋久島の大自然を満喫できた喜びは大きいというコメントが多く見ら

図表① 印象に残る島
（n= 690:最近5年間の島旅経験者ベース）

	島名	都道県名	件数
1	石垣島	沖縄	78
2	屋久島	鹿児島	56
3	小豆島	香川	55
4	佐渡島	新潟	46
5	伊豆大島	東京	43
6	宮古島	沖縄	32
7	奄美大島	鹿児島	25
8	西表島	沖縄	22
9	竹富島	沖縄	21
10	直島	香川	17
11	礼文島	北海道	15
12	日間賀島	愛知	14
12	隠岐島	島根	14
14	初島	静岡	13
15	小浜島	沖縄	11
15	五島列島	長崎	11
17	利尻島	北海道	10
17	久米島	沖縄	10
19	式根島	東京	9
19	八丈島	東京	9
19	壱岐島	長崎	9
19	与論島	鹿児島	9
23	対馬島	長崎	8
24	小笠原島	東京	7
24	篠島	愛知	7
26	奥尻島	北海道	6
26	答志島	三重	6
26	種子島	鹿児島	6
26	波照間島	沖縄	6
30	伊王島	長崎	5

＊旅の販促研究所調査（2008年）

れた。同じ鹿児島県の島としては奄美大島が7位にランキングされており、こちらは美しい海でのダイビングやシュノーケリング、シーカヤックなどのマリンスポーツや郷土料理に関するコメントが多く見られた。

3位の小豆島はオリーブ園のコメントがもっとも多かったほか、『二十四の瞳』の舞台となった岬の分教場（田浦分教場）や寒霞渓、素麺工場や醤油工場の見学、釣りやキャンプなど、観光スポットが多く、阪神圏や中国・四国地方からアクセスしやすい、気軽に楽しむことのできる島旅スポットといえる。

4位は佐渡島。日本海の魚介類などの美味しい食事や、朱鷺保護センター、金山、文弥人形芝居、能楽の里など、伝統文化や観光スポットの豊富さが評価されている。5位は伊豆大島。海水浴やダイビング、釣りなどのマリンレジャーから、温泉や三原山のトレッキング、美味しい食事など、旅行者のコメントはさまざまで、首都圏居住者にはもっとも身近な島旅スポットだ。

瀬戸内海の直島が10位にランキングされているのには驚く人も多いのではないだろうか。『離島統計年報』によると、2004(平成16)年の時点での来島者数は11位以下の礼文島、日間賀島、隠岐島、初島などを下回るが、安藤忠雄設計のベネッセハウスや地中美術館、それ自体がアートである古民家の空間を利用して現代アートを展示する「直島・家プロジェクト」などを中心に、現代アートが楽しめる島として注目されており、来島者も増えているものと思われる。

北日本の島を代表する礼文島は11位、利尻島は17位となっているが、両島はセットで旅行している人も多く、実際に多くの旅行者を集めている島である。素晴らしい自然の中に自生する高山植物を眺めながらのトレッキング、獲れたてのウニなどの美味しい海鮮のコメントが多くあげられている。

最後に、多くの島に共通して、島の人々の親切で温かな対応についてのコメントが多くあげられており、島人との心温まるふれあいは島旅の非常に重要な要素になっていることがわかった。

調査対象者のコメント（性別年齢・居住地）

「（石垣島）自分が住んでいるところとは違う世界。同じ日本ではない気がした。大自然がすごかった」（男性22歳・首都圏）

「（屋久島）往復8時間歩いて縄文杉を見ることができた。雨の降る中できつかったが、より一層屋久杉の森の空気がしみ込むように感じられた」（女性64歳・首都圏）

「（小豆島）オリーブ公園は瀬戸内海に面してとても景色が素敵でした。ミコノスの風車に似た風景で、地中海の雰囲気が味わえてよかったです」（男性28歳・関西圏）

「（佐渡島）たらい舟に乗ったり、朱鷺を見たり、能楽の里や佐渡金山など、けっこう観光が楽しかった」（女性62歳・首都圏）

「（伊豆大島）島の人たちは親切でした。魚も美味しかったし、子供たちも安全に磯遊びができました」（女性38歳・首都圏）

「（直島）アートの取り組みを島全体で行っていることや、安藤忠雄設計の建築物がとても素敵でした」（女性69歳・九州沖縄）

「（礼文島）手つかずの大自然の風景、宿の方のおもてなし、普段の忙しさを忘れさせてくれるゆっくりとした時間…どれをとっても最高でした」（男性53歳・中国四国）

2 島旅の目的

島旅目的のトップは自然・景観観光

図表②は最近5年間に訪れた印象に残る島旅の旅行目的を示したものである。全体では「自然・景観観光」が77・5%でトップとなっており、以下、「地元の美味しい食べ物・料理」30・4%、「名所・旧跡観光」20・1%、「海水浴」18・6%、「シュノーケリング」11・9%、「宿泊施設でのんびり過ごす」11・7%、「島の物産品の買い物」10・7%の順となっている。「マリンスポーツ」については、「シュノーケリング」、「ダイビング」、「サーフィン」、「その他のマリンスポーツ」を分けて確認したが、これらを括ると16・8%となり、当然のことながら、島の大きな観光資源になっていることが分かる。

島旅の最大の動機は島ならではの自然景観・手つかずの自然イメージ

図表③は印象に残る島としてあげられた島々を改めてエリア別に括り、上位の旅行目的を整理したものである。当然のことながら、同じエリア内でも特徴の異なる島も含まれているが、ここでは大きくエリア別の傾向を概観してみたい。

その島ならではの自然や景観を観ることは、多くの島にとって共通の目的となっているようだ。

特に、北海道・東北の島、九州南部・奄美の島、宮古・八重山の島では大半の旅行経験者が「自然・景観観光」を目的のひとつとして訪れている。亜寒帯に属し、本州では高山でしか見られない植物をトレッキングしながら観賞できる礼文島、屋久杉を育む深い自然を有する屋久島、マングローブ林など亜熱帯地域の自然が楽しめる石垣島や西表島など、同じ日本でありながら大きく異なる自然景観は大きな魅力となっているが、それ以外のエリアでも1位か2位にランキングされており、自分の生活圏では見ることのできない「島」そのものの景観や、海で隔てられていることから、手つかずの自然が残されているといったイメージが島旅の大きな動機となっていることが分かる。

図表② 島旅の目的

（n=690:最近5年間の島旅経験者ベース）

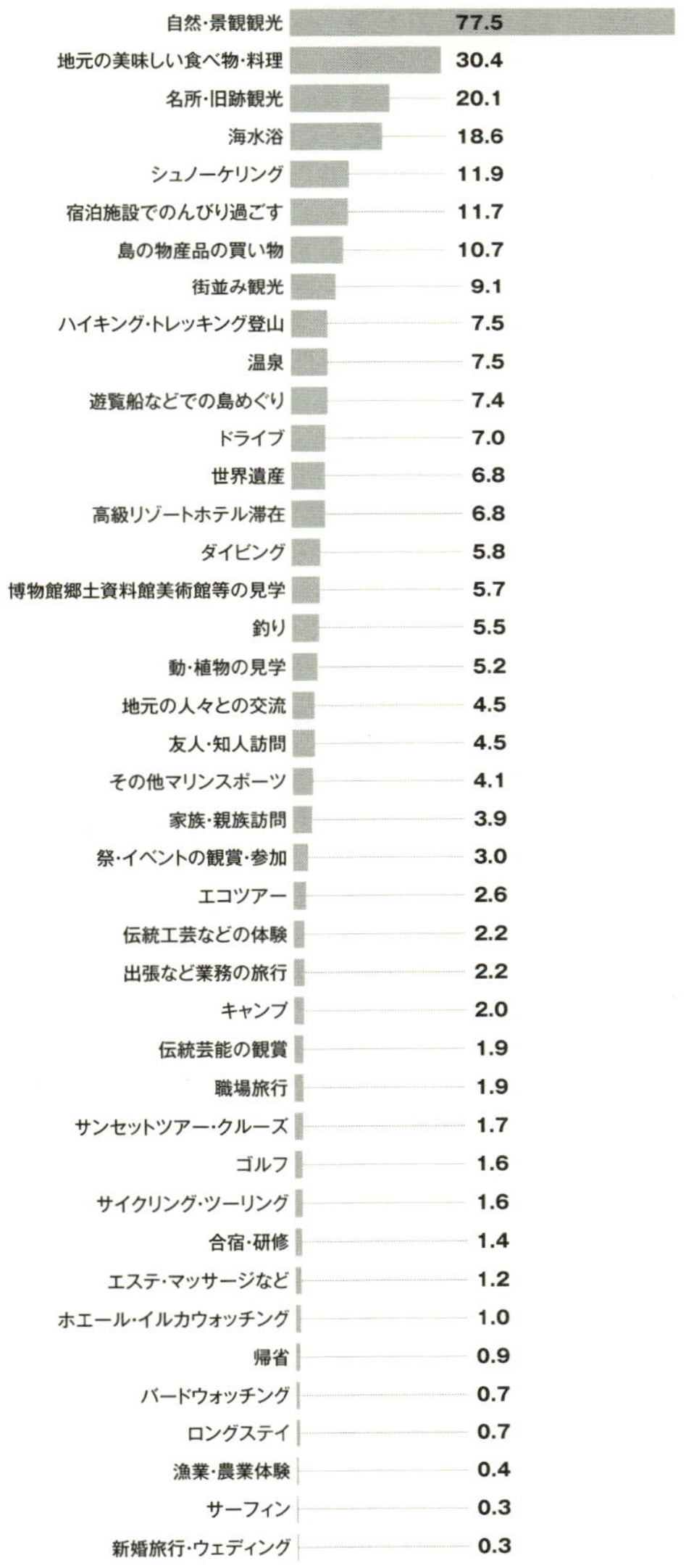

＊旅の販促研究所調査（2008年）

北海道・東海の島旅では半数がグルメ目的

「地元の美味しい食べ物・料理」を楽しむことは島旅に限らず、多くの人にとって旅行の大きな目的のひとつである。㈶日本交通公社の『旅行者動向2008』によると、国内旅行、海外旅行に限らず今後行ってみたい旅行のタイプとして、全体の37・4％が「グルメ」をあげており、「温泉旅行」の49・2％、「周遊観光（自然）」の41・3％に次いで3位となっている（2007年調査）。

エリア別の傾向を見ると、北海道・東北の島の旅行経験者で56・1％、東海の島で47・6％と多く見られ、ウニなど北海の海鮮が味わえる礼文島、三河湾の

図表③ エリア別島旅の目的（n=690：最近5年間の島旅経験者ベース）

エリア	主な旅行目的トップ5／ただし10%以上の回答のあったもの
Ⅰ北海道・東北の島（n=41）	①自然・景観観光（95.1%） ②地元の美味しい食べ物・料理（56.1%） ③ハイキング・トレッキング・登山など（24.4%） ④海水浴／島の特産品の買物／動・植物の見学（12.2%）
Ⅱ日本海の島（n=66）	①自然・景観観光（78.8%） ②名所・旧跡観光（39.4%） ③地元の美味しい食べ物・料理（30.3%） ④島の特産品の買物／街並み観光／釣り（10.6%）
Ⅲ伊豆・小笠原の島（n=77）	①自然・景観観光（77.9%） ②地元の美味しい食べ物・料理（24.7%） ③海水浴（23.4%） ④マリンスポーツ（19.5%） ⑤温泉（16.9%）
Ⅳ東海の島（n=42）	①地元の美味しい食べ物・料理（47.6%） ②自然・景観観光（40.5%） ③宿泊施設でのんびり過ごす（33.3%） ④高級リゾートホテル滞在（21.4%） ⑤釣り（16.7%）
Ⅴ瀬戸内海の島（n=115）	①自然・景観観光（68.7%） ②名所・旧跡観光（31.3%） ③地元の美味しい食べ物・料理（27.8%） ④博物館・郷土資料館・美術館など（16.5%） ⑤街並み観光（14.8%）
Ⅵ九州北部の島（n=42）	①自然・景観観光（69.0%） ②名所・旧跡観光（40.5%） ③地元の美味しい食べ物・料理（28.6%） ④海水浴（19.0%） ⑤島の特産品の買物／温泉（16.7%）
Ⅶ九州南部・奄美の島（n=101）	①自然・景観観光（88.1%） ②世界遺産（33.7%） ③ハイキング・トレッキング・登山など（27.7%） ④地元の美味しい食べ物・料理（23.8%） ⑤名所・旧跡観光（17.8%）
Ⅷ沖縄本島周辺の島（n=24）	①自然・景観観光（66.7%） ②マリンスポーツ（54.2%） ③海水浴（45.8%） ④地元の美味しい食べ物・料理／宿泊施設でのんびり過ごす（16.7%）
Ⅸ宮古・八重山の島（n=178）	①自然・景観観光（85.4%） ②地元の美味しい食べ物・料理（31.5%） ③マリンスポーツ（34.3%） ④海水浴（27.5%） ⑤遊覧船などでの島巡り（16.9%）

*旅の販促研究所調査（2008年）

豊かな漁場に恵まれ、フグをはじめとした美味しい魚介類を食べることを目的として訪れる日間賀島などが代表となっている。これに対し、日本海の幸が楽しめる佐渡島に代表される日本海の島、魚介の宝庫ともいえる瀬戸内海の島で3割程度と少ないのが残念だ。

「名所・旧跡観光」は、本州や九州、さらに大陸の歴史と関連した史跡が多い九州北部の島、日本海の島、瀬戸内海の島で多くみられ、特に、古代から朝鮮半島との交流の要衝であり多くの史跡を有する対馬島や、多くの史跡や伝統芸能などの文化、数々の伝説が残る景観スポットを有する佐渡島が代表となっている。

「マリンスポーツ」は沖縄本島周辺の島で54・2％と多く見られるほか、宮古・八重山の島でも34・3％と多く見られる。また、伊豆・小笠原の島でも小笠原島（父島・母島）のみで見ると57・1％がマリンスポーツを楽しんでいる。

北海道・東北の島や九州南部・奄美の島では「ハイキング・トレッキング・登山など」が上位にランキングされているが、これは礼文島と屋久島の結果を反映したものであることはいうまでもないであろう。また、瀬戸内海の島の「博物館・郷土資料館・美術館など」については、現代アートが楽しめる直島の結果を反映したものであろう。

なお、今回は代表的な島の自治体、観光協会などに対する調査も行ったが、最近の来島者の傾向として、グループや団体での物見遊山的な観光は減少傾向にあり、少人数で訪れ、島の文化などの各種体験やガイドツアーに参加するなど、以前よりも具体的なテーマを持った目的型の旅行者が増え、その目的も多様化しているという回答が比較的多く見られた。

3 旅行日数・旅行費用・同行者の実態

島旅の平均旅行日数は3・2日、平均旅行費用は6万円強

図表④はエリア別の旅行日数と平均旅行費用を示したものである。当然のことながら、旅行日数、旅行費用ともにエリアにより大きく異なるが、島旅全体で見た平均旅行日数は3・2日で、2〜3日の旅行が6割弱を占め、4日以上が3割、日帰りが1割の構成になる。平均旅行費用は6万1175円となっている。

㈶日本交通公社の『旅行者動向2008』によると、2007(平成19)年における国内宿泊旅行の平均宿泊数は1・58泊、平均旅行費用は4万1000円となっている。自家用車の利用が半数以上を占める一般の国内旅行と比べ、島旅では必ず航空機や船舶の利用が必要になることに加え、島旅の多くは比較的長い旅行日数が必要となり、費用的にも国内旅行平均を大きく上回る。このことが島旅のハードルを高くしているともいえる。

図表④ エリア別旅行日数と旅行費用(最近5年間の島旅経験者ベース：=1日 =2日 =3日 =4日 =5日以上)

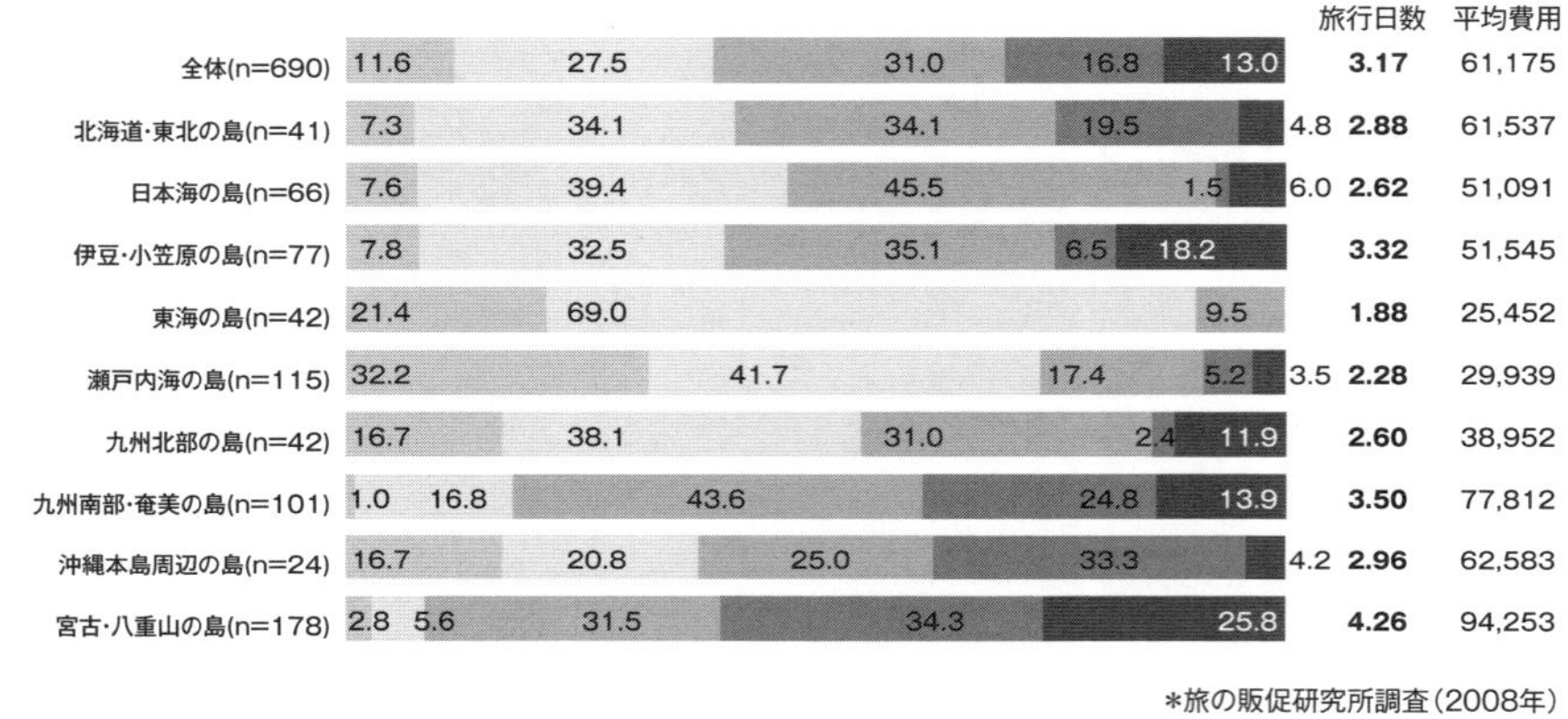

＊旅の販促研究所調査(2008年)

旅行日数のエリア別の傾向を見ると、もっとも平均旅行日数が長いのは宮古・八重山の島で4・3日となっており、4日以上の旅行者が6割を占めている。以下、九州南部・奄美の島が3・5日、伊豆・小笠原の島が3・3日、沖縄本島周辺の島が3・0日、北海道・東北の島が2・9日の順となっている。

島別に見ると、小笠原島（父島・母島）がトップとなっている。主要な交通手段である「おがさわら丸」が6日間隔の運航となっており、片道だけでも25時間以上を要するということで、平均旅行日数は8・7日で2位の波照間島（5・0日）に大きく差をつけている。石垣島が4・7日で波照間島に次いで3位。与論島、利尻島、竹富島、小浜島、宮古島などが4日前後で次いでいる。

旅行日数が必要となる宮古・八重山、九州南部・奄美、沖縄本島周辺、北海道・東北の島々は、いずれも飛行機の利用が中心となっており、当然のことながら旅行費用も高くなっている。平均旅行費用を見ると、宮古・八重山の島が9万4253円でトップ、以下、九州南部・奄美の島7万7812円、沖縄本島周辺の島6万2583円、北海道・東北の島が6万1537円となっている。なお、伊豆・小笠原の島の平均は5万円程度となっているが、平均旅行日数がもっとも長い小笠原島のみでは13万1286円ともっとも高くなっている。

一方、東海の島、瀬戸内海の島は1泊2日の旅行が中心となっており、日帰りも多く見られ、平均旅行費用は東海の島が2万5452円、瀬戸内海の島が2万9939円程度となっている。これらエリアの旅行者の居住地を見ると、東海の島は愛知県を中心に、静岡、三重、岐阜の東海エリアの居住者が7割、瀬戸内海の島は関西エリアと中国・四国エリアの居住者が7割弱を占めており、いずれも近隣エリアの人々の旅行が中心となっている。

夫婦旅行が比較的多い島旅

次に、島旅の同行者を見てみよう。（図表⑤）島旅の同行者は、20代男女は「友人・知人」または、「彼氏・彼女」、40〜50代の男性と30〜40代の女性のファミリー層は「家族・親族」、50〜60代の熟年、シニアの男女では「夫婦」が多くなっているが、50〜60代の女性については「友人・知人」も多く見られ、これは一般の国内旅行と同様の傾向といえるのではないか。

エリア別の傾向を見ると、北海道・東北の島と日本海の島は「夫婦」、伊豆・小笠原の島と九州北部の島は「友人・知人」、東海の島、瀬戸内海の島、宮古・八重山の島は「家族・親族」での旅行が全体の結果を大きく上回っている。

図表⑤ 島旅の同行者（最近5年間の島旅経験者ベース）

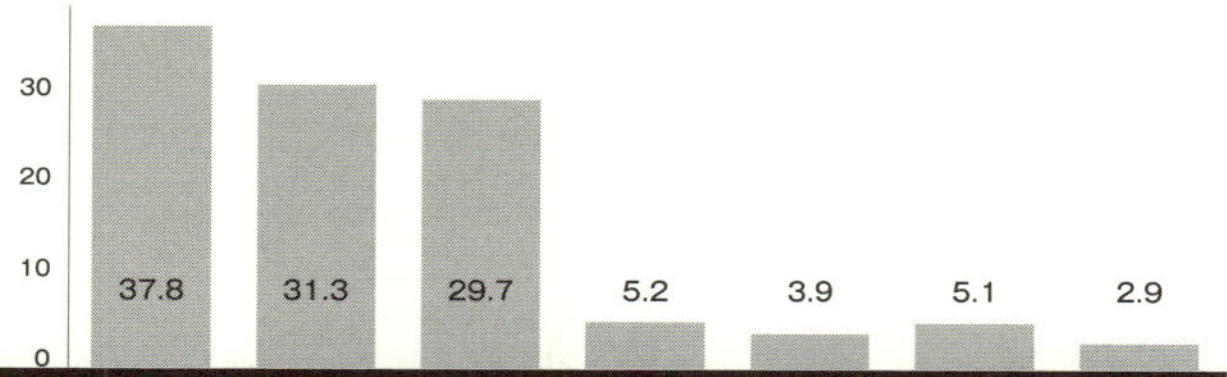

	n	家族・親族	夫婦	友人・知人	彼氏・彼女	趣味などのグループ	一人旅	その他
全体	690	37.8	31.3	29.7	5.2	3.9	5.1	2.9
男性計	361	37.1	33.2	25.2	5.3	3.3	6.4	3.9
20代	70	24.3	14.3	42.9	17.1	2.9	5.7	2.9
30代	68	38.2	35.3	19.1	5.9	1.5	8.8	7.4
40代	70	55.7	22.9	21.4	-	2.9	10.0	5.7
50代	77	44.2	42.9	16.9	2.6	-	3.9	-
60代	76	23.7	48.7	26.3	1.3	9.2	3.9	3.9
女性計	329	38.6	29.2	34.7	5.2	4.6	3.6	1.8
20代	69	27.5	13.0	39.1	14.5	2.9	7.2	-
30代	51	52.9	29.4	23.5	7.8	3.9	3.9	2.0
40代	63	54.0	28.6	27.0	4.8	3.2	3.2	-
50代	57	42.1	36.8	38.6	-	5.3	-	3.5
60代	89	25.8	37.1	40.4	-	6.7	3.4	3.4
Ⅰ北海道・東北の島	41	41.5	46.3	24.4	-	2.4	2.4	-
Ⅱ日本海の島	66	27.3	39.4	30.3	1.5	3.0	9.1	4.5
Ⅲ伊豆・小笠原の島	77	32.5	27.3	40.3	2.6	6.5	9.1	2.6
Ⅳ東海の島	42	47.6	31.0	26.2	2.4	7.1	-	-
Ⅴ瀬戸内海の島	115	46.1	27.0	25.2	8.7	2.6	4.3	1.7
Ⅵ九州北部の島	42	26.2	33.3	35.7	9.5	2.4	2.4	7.1
Ⅶ九州南部・奄美の島	101	31.7	33.7	31.7	5.9	4.0	6.9	5.0
Ⅷ沖縄本島周辺の島	24	29.2	33.3	29.2	12.5	8.3	4.2	4.2
Ⅸ宮古・八重山の島	178	43.3	27.5	27.5	5.1	1.7	3.9	2.2

※■=全体を5%以上上回る値

＊旅の販促研究所調査（2008年）

『旅行者動向』によると、2005年〜2007年の国内宿泊旅行の同行者は、「家族」が38・0％でトップであり、「友人・知人」が27・2％、「夫婦」が21・2％の構成となっている。単純に比較はできないものの、島旅では「夫婦」旅行が国内旅行全般と比べ多いようである。

調査対象者のコメント（性別年齢・居住地）

「島への旅行はのんびり長期に過ごせ、開放感があるイメージで、島以外の国内旅行は観光地を回るなど忙しく、人も多くてゆったりはできないイメージです。1人または2人きりになりたいときは島、家族や多くの友人で遊びたいときは島以外の国内旅行だと思います」（男性32歳・首都圏）

「島に旅行するという場合、イメージ的に〝リゾート〟、〝3泊以上の滞在〟、〝きれいなビーチ〟などの要素を求めてしまう」（男性35歳・首都圏）

「長期滞在、一ケ所でのんびりバカンスを楽しめる」（男性38歳・関西圏）

「行ってみたい気持ちはあるが、島以外の旅行と比して、料金設定が高い。また、移動時間が長い」（男性48歳・関西圏）

「長く滞在して、島の人たちと、親しくなりたい」（男性66歳・関西圏）

「離島は日常と離れたイメージがあるので、特別な感じがする。旅費が高くなるイメージがある」（女性39歳・東海北陸）

「1人になりたいとき、というイメージがあります。そっとしておいてくれる島の人の温かさを期待します」（女性53歳・九州沖縄）

4 利用宿泊施設・交通機関の実態

民宿・ペンション利用が2割以上

図表⑥は最近5年間の印象に残る島旅で利用された宿泊施設である。全体では「ホテル」が48・4%ともっとも利用されており、「民宿・ペンション」が22・8%、「旅館」が18・3%で次いでいる。㈶日本交通公社の『旅行者動向2008』で、2007(平成19)年における国内旅行の宿泊施設の利用状況を見ると、ホテルが41・5%、旅館が26・8%、民宿・ペンションが7・7%となっており、島旅では一般の国内旅行と比べ「ホテル」と「民宿・ペンション」の利用が多くなっている。今回印象に残る島としてあげられた島々の内、単純に施設数で見て旅館・ホテルが民宿を上回っている島はわずかであり、島旅における宿泊施設の構成を反映した結果となっているといえる。

図表⑥ エリア別宿泊施設(最近5年間の島旅経験者ベース)

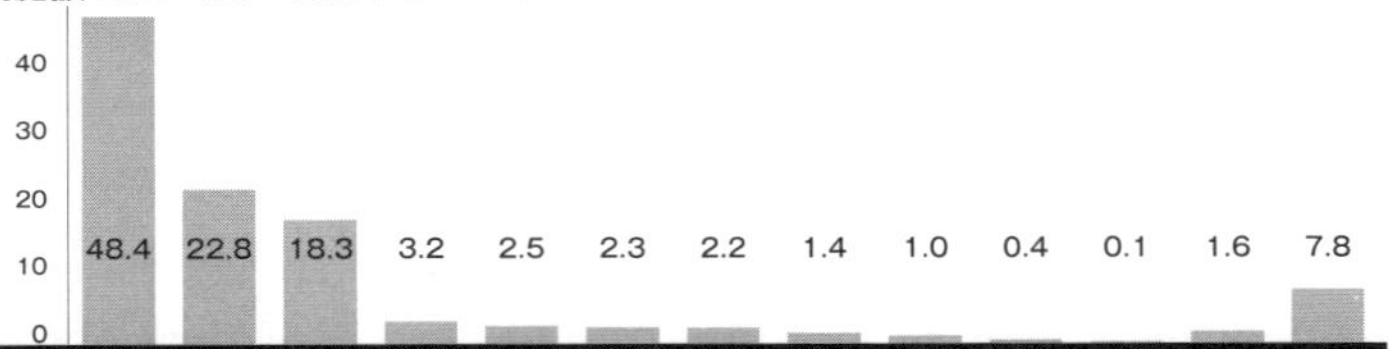

	n	ホテル	民宿・ペンション	旅館	友人・知人宅	キャンプ場	家族・親族宅	公共の宿	コンドミニアム	寮・保養所	貸別荘	別荘	その他	日帰り
全体	690	48.4	22.8	18.3	3.2	2.5	2.3	2.2	1.4	1.0	0.4	0.1	1.6	7.8
Ⅰ北海道・東北の島	41	36.6	43.9	26.8	2.4	4.9	-	2.4	-	-	-	-	4.9	2.4
Ⅱ日本海の島	66	39.4	12.1	33.3	3.0	3.0	9.1	3.0	-	-	-	-	1.5	-
Ⅲ伊豆・小笠原の島	77	19.5	37.7	32.5	2.6	-	-	1.3	-	2.6	-	-	1.3	5.2
Ⅳ東海の島	42	40.5	21.4	21.4	-	-	2.4	-	2.4	-	-	-	-	14.3
Ⅴ瀬戸内海の島	115	36.5	13.9	12.2	2.6	5.2	3.5	5.2	0.9	1.7	0.9	0.9	0.9	24.3
Ⅵ九州北部の島	42	28.6	23.8	26.2	2.4	7.1	7.1	4.8	2.4	2.4	2.4	-	-	11.9
Ⅶ九州南部・奄美の島	101	63.4	23.8	19.8	5.9	3.0	-	-	1.0	-	-	-	4.0	-
Ⅷ沖縄本島周辺の島	24	50.0	25.0	4.2	4.2	4.2	-	4.2	-	-	-	-	4.2	12.5
Ⅸ宮古・八重山の島	178	73.6	20.8	6.7	3.4	-	1.1	1.1	3.4	1.1	0.6	-	0.6	2.2

※■=全体を10%以上上回る値

＊旅の販促研究所調査(2008年)

エリア別の傾向を見ると、九州南部・奄美の島以南は「ホテル」利用が中心、北海道・東北の島では「民宿・ペンション」の利用が4割強を占めもっとも多くなっている。また、佐渡島や伊豆大島など旅館の多い島の旅行が中心となっている日本海の島や伊豆・小笠原の島では「旅館」も3割強と比較的多くが利用している。

印象に残る島旅の内容を確認した自由回答の中には、宿での家族的で温かい対応や予想外のサービスといった宿泊施設のコメントも多くあげられており、多少の不便さなどを感じても、逆に島旅気分が楽しめるものとして、ほとんどが好意的なものとなっている。

なお、島の自治体調査では、宿泊施設の老朽化、経営者の高齢化などにより、時代に合わせたサービスや設備投資ができないといったコメントが複数の自治体からあげられている。

南の島々はフライ&レンタカー・瀬戸内海はマイカー

今回の調査で対象とした島々は北海道、本州・四国・九州から橋で渡ることのできない島としており、当然のことながら行程中でフェリーや高速艇、連絡船などの船舶か飛行機の利用が必要になる。特に船舶を利用する旅行は天候に大きく左右され、時化のときなどは欠航で旅程が大きく変わってしまうことから、旅行そのものを諦めざるをえないこともある。実際に、自由回答では旅行中の交通手段のトラブルや心配についてのコメントも比較的多くあげられている。

図表⑦は印象に残る島旅において自宅から島への移動で利用した交通手段を示したものである。全体では「フェリー」、「高速艇」、「連絡船」などの船舶の利用はトータルで63・3%となっており、「フェリー」が28・4%、「高速艇」が22・5%、「連絡船」が17・4%となっている。「飛行機」は全体の47・5%が利用しており、当然のことながら九州南部・奄美の島以南の島々では「飛行機」の利用が中心になっている。

そのほか、主に船舶のターミナルや飛行場へのアクセスが多いと思われる「マイカー」の利用は33・3%、「鉄道(新幹線を除く)」は26・8%となっている。「新幹線」の利用は7・7%程度となっており、日本海の島、瀬戸内海の島への島旅で比較的利用されている。

島に渡ってからの島内での交通手段（図表⑧）としては、「レンタカー」が32・3%ともっとも多く、特に九州南部・奄美の島以南では飛行機で到着してからレンタカーを利用して移動するパターンがもっとも多いようだ。また、「マイカー」の利用も11・0%と比較的多く、特に、瀬戸内海の島では32・2%と多く見られる。瀬戸内海の島への旅行者は関西や中国・四国エリアなど近隣エリアの居住者が中心となっており、さらに小豆島の旅行経験者が半数を占めているため、そのままフェリーなどにマイカー

図表⑦ エリア別島までの交通手段（最近5年間の島旅経験者ベース）

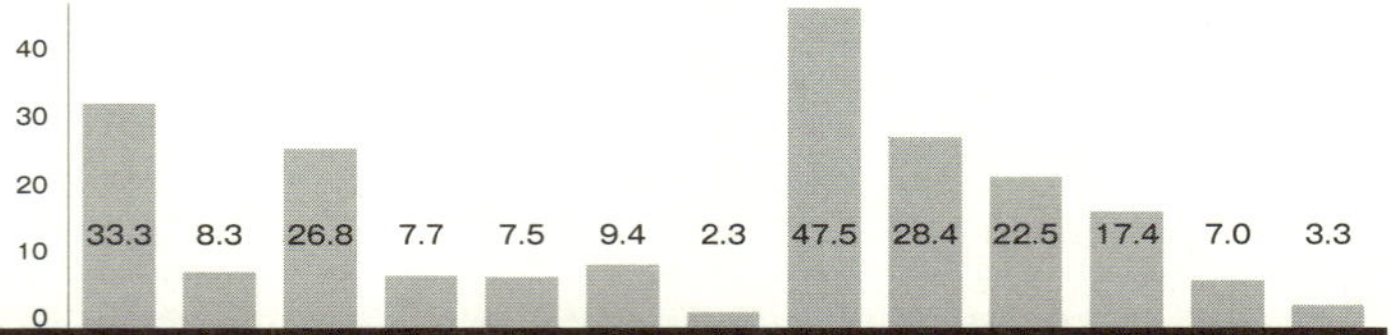

	n	マイカー	レンタカー	鉄道 新幹線を除く	新幹線	路線バス	観光バス	長距離バス	飛行機	フェリー	高速艇	連絡船	タクシー	その他
全体	690	33.3	8.3	26.8	7.7	7.5	9.4	2.3	47.5	28.4	22.5	17.4	7.0	3.3
Ⅰ北海道・東北の島	41	56.1	9.8	12.2	2.4	7.3	22.0	2.4	39.0	58.5	12.2	24.4	2.4	7.3
Ⅱ日本海の島	66	43.9	9.1	15.2	19.7	6.1	16.7	3.0	9.1	33.3	39.4	6.1	9.1	-
Ⅲ伊豆・小笠原の島	77	10.4	3.9	36.4	7.8	2.6	2.6	-	16.9	20.8	27.3	23.4	3.9	5.2
Ⅳ東海の島	42	64.3	-	23.8	4.8	-	2.4	-	2.4	23.8	21.4	38.1	7.1	2.4
Ⅴ瀬戸内海の島	115	50.4	3.5	20.0	13.9	7.8	5.2	3.5	10.4	45.2	14.8	26.1	2.6	2.6
Ⅵ九州北部の島	42	33.3	7.1	19.0	9.5	7.1	4.8	4.8	28.6	47.6	16.7	23.8	11.9	-
Ⅶ九州南部・奄美の島	101	17.8	8.9	32.7	5.9	8.9	6.9	1.0	77.2	22.8	22.8	4.0	5.0	5.0
Ⅷ沖縄本島周辺の島	24	29.2	16.7	25.0	-	4.2	-	-	75.0	12.5	16.7	4.2	8.3	8.3
Ⅸ宮古・八重山の島	178	25.3	13.5	34.3	2.8	11.8	15.2	3.4	96.1	14.0	24.2	14.6	11.2	1.7

※■=全体を10%以上上回る値

＊旅の販促研究所調査（2008年）

を乗せて島に渡り、島内の観光スポットをドライブで回るパターンが多いものと思われる。

島の自治体調査によると、現状における島へのアクセスの悪さ、燃油や乗船料金などの高騰などが観光事業を促進していく上で大きな課題になっていると考えているところが多い。実際に現在、全国の離島航路の多くが赤字経営だといわれており、島へのアクセスの問題は観光以前に島民の生活にかかわるライフラインの問題といえる。

図表⑧ 島内での移動手段
(n＝690:最近5年間の島旅経験者ベース)

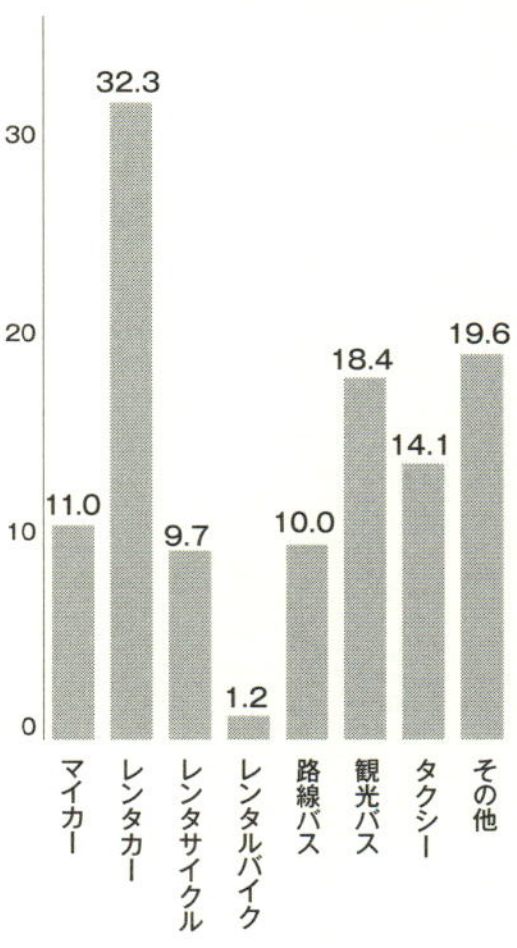

＊旅の販促研究所調査(2008年)

調査対象者のコメント(性別年齢・居住地)

〈宿に対するコメント〉

「(奄美大島)民宿がとても印象的だった。素朴でどちらかといえば質素なところだったが、家庭的で親切だった。ダイビングや川遊びや観光などに連れて行ってくれた」(女性42歳・関西圏)

〈交通手段に対するコメント〉

「(小笠原島)天気次第で行けるか、また、帰れるかとやきもきしたことが印象に残っている」(男性66歳・北海道東北)

「(竹富島)レンタサイクルで短い時間の滞在をフルに活用したおかげで、島を一周できました。小さい島だからこそですね」(女性54歳・関西圏)

5 島旅の手配方法と現地ツアーの利用状況

旅行会社の利用が多い島旅

図表⑨は印象に残る島旅の手配方法を示したものである。㈶日本交通公社の『旅行者動向2008』では、国内旅行の手配において旅行会社の利用は32・2％（2007年調査）となっているが、島旅における旅行会社の利用状況を見ると、「旅行会社のパッケージツアーを利用」が29・9％、「旅行会社で予約した」が16・0％で、全体の45・9％と多くが旅行会社を利用していることが分かる。

エリア別で見ると宮古・八重山の島については64・7％と多くが旅行会社での手配となっている。沖縄本島周辺の島、九州南部・奄美の島、伊豆・小笠原の島、日本海の島などでも旅行会社の利用が多く見られる。宮古・八重山を含む沖縄エリアは、旅行会社の各種パッケージツアーが揃っており、航空券とホテルのグレード、宿泊日数を組み合わせるパッケージなど、個人手配よりも便利で旅行費用も抑えられる。また、スキューバダイビングなどは、旅行業登録をしているダイビングショップ主催のツアーの利用も多いだろう。

北海道・東北の島では「自分で電話で予約した」が41・7％と多く見られるが、北海道・東北の島については、旅行経験者の半数が同じ北海道・東北エリアの居住者となっていることが背景となっていると思われる。同じく近隣エリアからの旅行者が中心の東海の島、瀬戸内海の島はともに「自分でインターネットで予約した」と「自分で電話で予約した」が7割程度で、個人手配が中心となっている。

現地でのツアー手配の中心はマリンスポーツ

次に現地で手配したツアーについて見てみよう。島のオプショナルツアーといえば、まずはマリンスポーツだろう。シュノーケリングやダイビングのほか、シーカヤックなどが体験できる島も多い。また、島の豊かな自然を楽しむトレッキングや、最近ニューツーリズムのひとつとして注目されているエコツアーを行う島も増えている。そのほか、遊覧船による島巡り、名所・旧跡巡り、ゴルフなど、島ではさまざまなオプショナルツアーが用意されている。

では、実際に島旅ではどの程度現地ツアーが利用されているのだろうか。図表⑩は最近5年間に訪れた印象に残る島旅での現地ツアーの利用状況を示したものである。これを見ると、現地で何らかのツアーを申し込んだという人は全体では21・2%程度であるが、沖縄本島周辺の島では54・2%、宮古・八重山の島で

図表⑨ エリア別宿泊施設の手配方法（最近5年間の宿泊を伴う島旅経験者ベース）

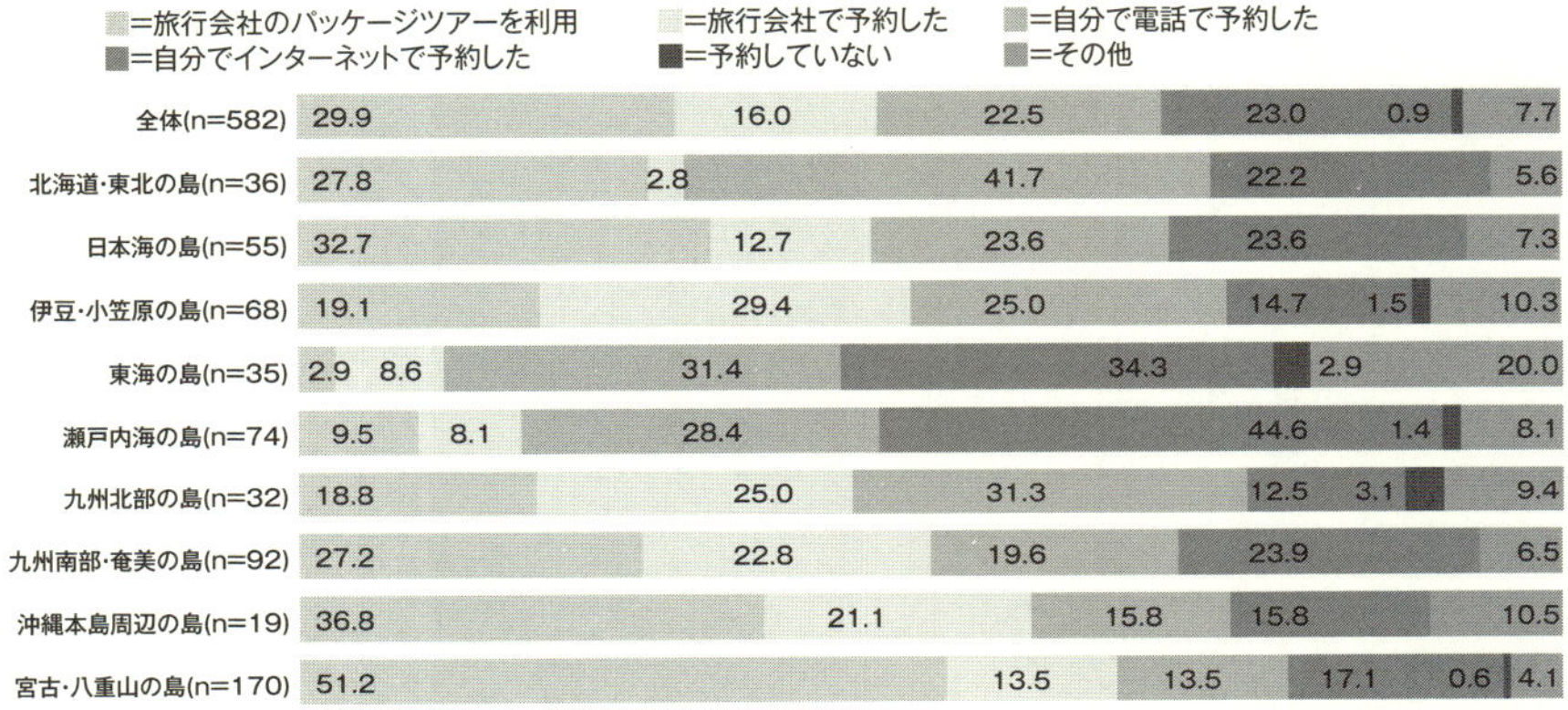

＊旅の販促研究所調査（2008年）

35・4%と、マリンスポーツが旅行目的の上位にあるエリアでの利用経験者が比較的多く見られる。

現地で手配したツアーのトップは、もっとも手軽に美しい海を満喫できる「シュノーケリング」で36・3%。「ダイビング」は旅行会社のツアーや専門のショップ主催のツアーを利用するか、現地のダイビングショップに予め予約しておくケースが多いと思われるが、体験ダイビングなど手軽に体験できるツアーもあり28・1%で2位となっている。以下、「遊覧船などでの島巡り」21・2%、「その他マリンスポーツ」18・5%、「名所・旧跡などの観光ツアー」16・4%が上位にあげられている。(図表⑪)

図表⑩ 現地ツアー参加経験

(n=690:最近5年間の島旅経験者ベース)

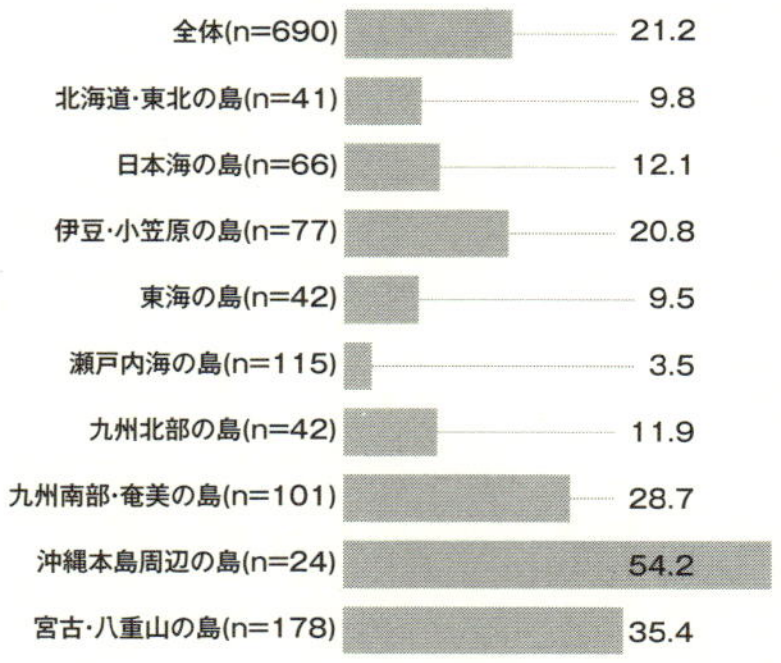

*旅の販促研究所調査(2008年)

図表⑪ 現地で手配したツアー内容

(n=146:現地ツアー利用経験者ベース)

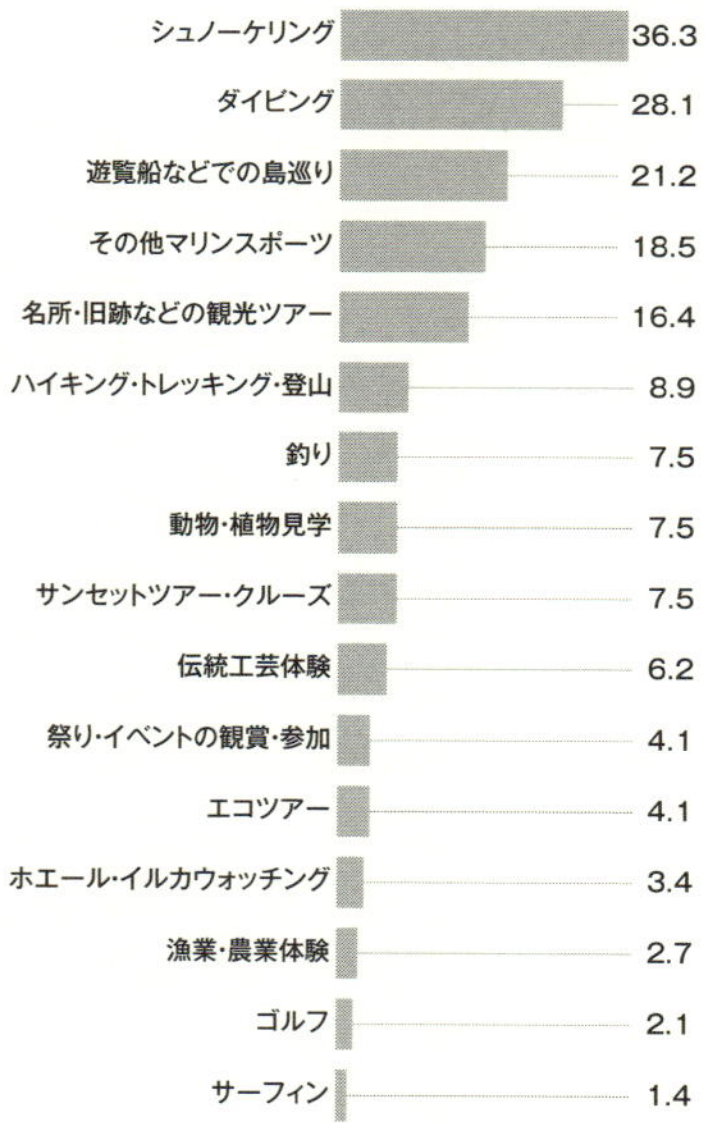

*旅の販促研究所調査(2008年)

注目されるエコツアー

前述の通り、島旅では「自然・景観観光」がもっとも大きな目的となっているが、全体で見ると「ハイキング・トレッキング・登山」の経験者は全体の8・9%、それに関連して「動物・植物見学」が7・5%、「エコツアー」については4・1%程度に留まっている。

これらのフィールド関連のツアーは、屋久島や礼文島など、ダイビングと同様に最初から旅行会社のツアーのメニューとして組み込まれているものが多いほか、屋久島の縄文杉までのトレッキングのようにある程度の体力が必要となり、誰もが参加できるものではないツアーも多いだろう。最近、ニューツーリズムのひとつとしてエコツーリズムが注目されている。エコツーリズムとは地域固有の自然・文化・歴史資源を活用して観光産業を成立させ、地域経済の活性化を図りつつ、それらの観光資源が持続できるように保全していくという定義に基づく新しい旅行形態のことで、エコツアーは自然観光資源についての知識を有する者からの案内を受けながら、自然観光資源とふれあい理解を深めるツアーを行うことである。

西表島では1996(平成8)年に日本のエコツーリズムのさきがけとなる最初のエコツーリズム協会が設立されたが、西表島に限らず島はエコツアーの素材の宝庫ともいえる。島の活性化の方向性としてエコツアーを取り込もうとしている島はとても多い。体力が必要なトレッキングだけではなく、気軽に参加できる魅力的なオプショナルツアーが増えることで、エコツアーは今後の広がりが期待できるのではないかと思われる。

6 島旅の情報源

島旅のキッカケとなった情報源のトップはリアルな「口コミ」

図表⑫は印象に残る島旅であげられた島に旅行するキッカケとなった情報源を確認した結果である。これを見てまず驚くのが、「友人・知人・趣味の仲間などの口コミ」が41・2％でほかの主要媒体を大きく上回りトップとなっていることだ。以下、「旅行ガイドブック」20・7％、「旅行会社のパンフレット」19・4％、「旅行雑誌」18・8％などが次いでいる。

一般的に旅行のキッカケとなる媒体としては、これらに加え、「テレビ番組」、「新聞記事・広告」、「旅行会社からのＤＭ」なども多くあげられるのだが、島旅のキッカケとしては、旅行関連の一般的な媒体がやや弱くなっているようだ。

「口コミ」は非常に信頼性の高い情報として受け止められる特性があり、旅行経験者から聞く各種観光資源の魅力や宿泊施設のおもてなしなどの評価は、デスティネーション決定の大きなキッカケとなる。島旅の場合は、ある程度の旅行日数が必要で費用的にも高くなるケースが多く、さらに天候で予定が大きく左右されるなどの不安もあり、漠然と島に行きたいという願望はあっても、思いついてすぐに出かけられる気軽さはないことから、特定の島への旅行を決める際には「口コミ」のように少し強めのトリガーが必要なのかもしれない。

　また、離島は映画やテレビドラマの舞台となることも多いことから、カテゴリーとして加えてみたが、結果を見るかぎりキッカケ段階ではあまり関与していないようである。しかし、印象に残る島旅の内容についての自由回答を概観すると、映画の「二十四の瞳」（小豆島）、「めがね」（与論島）や「もののけ姫」（屋久島）、テレビドラマの「ちゅらさん」（小浜島）、「Dr.コトー診療所」（与那国島）などは、撮影の舞台として使われたスポットについてチェックしている人もおり、島への好意的なイメージ作りには寄与していることが確認できる。

図表⑫ 島旅の情報源（最近5年間の島旅経験者ベース）

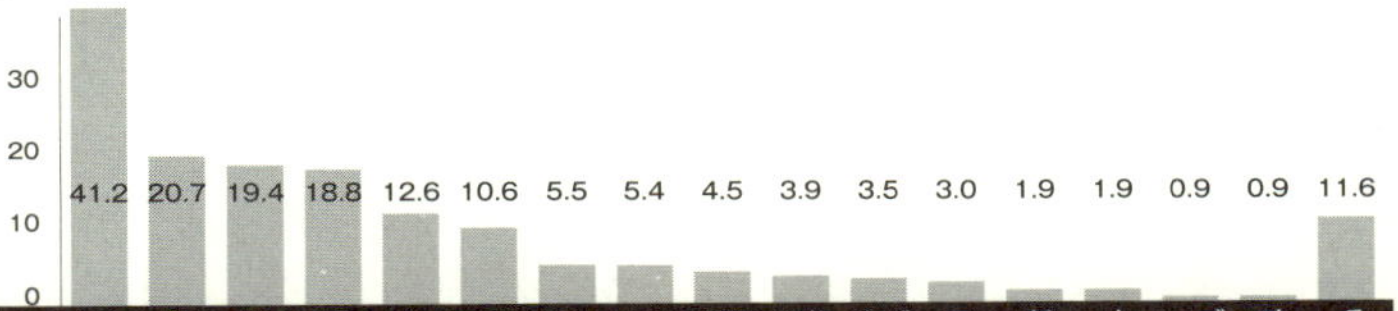

	n	友人・知人・趣味の仲間などの口コミ	旅行ガイドブック	旅行会社のパンフレット	旅行雑誌	ホームページ	テレビ番組（ドラマ除く）	新聞記事・広告	一般雑誌記事・広告	旅行会社のダイレクトメール	旅行会社・カード会社から郵送されるパンフレット	ダイビング・釣りなどの専門誌	テレビドラマ	新聞折込広告	小説など書籍	ブログやSNS（ミクシィなど）	映画	その他
全体	690	41.2	20.7	19.4	18.8	12.6	10.6	5.5	5.4	4.5	3.9	3.5	3.0	1.9	1.9	0.9	0.9	11.6
男性計	361	39.9	22.7	16.9	20.5	12.7	10.0	5.0	5.8	3.9	3.3	5.0	3.9	1.1	1.4	0.8	1.1	11.4
20代	70	58.6	22.9	17.1	21.4	11.4	7.1	5.7	8.6	1.4	1.4	2.9	7.1	-	1.4	1.4	1.4	5.7
30代	68	36.8	17.6	17.6	13.2	11.8	8.8	1.5	2.9	-	-	10.3	2.9	-	-	1.5	-	16.2
40代	70	35.7	25.7	14.3	22.9	18.6	10.0	2.9	5.7	-	1.4	2.9	5.7	2.9	-	1.4	-	15.7
50代	77	31.2	23.4	15.6	24.7	11.7	13.0	5.2	7.8	-	2.6	3.9	2.6	2.6	2.6	-	3.9	10.4
60代	76	38.2	23.7	19.7	19.7	10.5	10.5	9.2	3.9	17.1	10.5	5.3	1.3	-	2.6	-	-	9.2
女性計	329	42.6	18.5	22.2	17.0	12.5	11.2	6.1	4.9	5.2	4.6	1.8	2.1	2.7	2.4	0.9	0.6	11.9
20代	69	39.1	11.6	21.7	20.3	13.0	5.8	2.9	4.3	5.8	2.9	4.3	1.4	2.9	4.3	2.9	1.4	14.5
30代	51	47.1	13.7	13.7	19.6	19.6	9.8	-	3.9	-	3.9	-	3.9	-	-	-	-	5.9
40代	63	42.9	31.7	28.6	9.5	14.3	17.5	4.8	4.8	-	1.6	1.6	4.8	3.2	3.2	1.6	1.6	7.9
50代	57	49.1	19.3	17.5	17.5	12.3	14.0	10.5	5.3	5.3	5.3	1.8	-	5.3	-	-	-	14.0
60代	89	38.2	16.9	25.8	18.0	6.7	10.1	10.1	5.6	11.2	7.9	1.1	1.1	2.2	3.4	-	-	14.6
Ⅰ北海道・東北の島	41	46.3	34.1	12.2	12.2	24.4	14.6	17.1	4.9	12.2	4.9	-	-	-	-	-	-	2.4
Ⅱ日本海の島	66	36.4	19.7	16.7	18.2	3.0	6.1	3.0	4.5	-	10.6	6.1	1.5	1.5	3.0	-	-	16.7
Ⅲ伊豆・小笠原の島	77	44.2	11.7	20.8	16.9	6.5	2.6	1.3	1.3	2.6	2.6	7.8	2.6	1.3	1.3	1.3	-	7.8
Ⅳ東海の島	42	54.8	7.1	11.9	9.5	19.0	7.1	4.8	2.4	2.4	-	4.8	-	7.1	-	-	-	9.5
Ⅴ瀬戸内海の島	115	35.7	19.1	7.8	15.7	19.1	6.1	5.2	9.6	0.9	0.9	1.7	1.7	1.7	6.1	1.7	3.5	15.7
Ⅵ九州北部の島	42	42.9	19.0	16.7	19.0	9.5	11.9	2.4	-	4.8	7.1	-	2.4	4.8	2.4	-	-	16.7
Ⅶ九州南部・奄美の島	101	44.6	24.8	16.8	25.7	11.9	22.8	8.9	7.9	4.0	5.0	2.0	2.0	-	2.0	3.0	1.0	6.9
Ⅷ沖縄本島周辺の島	24	45.8	8.3	25.0	8.3	29.2	-	-	-	-	-	-	-	-	-	-	-	25.0
Ⅸ宮古・八重山の島	178	37.1	26.4	32.6	23.6	9.6	12.4	5.6	6.2	9.0	3.9	4.5	7.3	2.2	-	-	0.6	11.2

※■＝全体を5%以上上回る値

＊旅の販促研究所調査（2008年）

旅行ガイドブック・旅行会社のパンフレットも健闘

性別×年代別の傾向を見ると、「友人・知人・趣味の仲間などの口コミ」は20代男性で58・6％と多く見られるほか、近隣エリアの居住者によるグルメ目的での旅行が中心の東海の島でも54・8％と他エリアに比べ多く見られる。

また、「旅行ガイドブック」は40代女性と北海道・東北の島の旅行経験者に多く見られる。旅行会社によるパッケージツアーが豊富に揃っている宮古・八重山の島は「旅行会社のパンフレット」が32・6％と比較的多く見られる。なお、大半の島ですでに構築されていると思われるホームページは全体では12・6％であるが、沖縄本島周辺の島では29・2％、北海道・東北の島でも24・4％と比較的多く見られる。

自治体はホームページの充実と「アイランダー」で発信

自治体調査では、現在のPR活動についても確認したが、全体を概観するとホームページは回答を得た大半の島で作られているほか、テレビ、雑誌、新聞などのメディアへの取材協力や、旅行会社との連携、物産展や毎年東京で開催されている全国の離島によるPRイベント「アイランダー」への参加などが中心に行われているようである。

ただし、ホームページやアイランダーなどのイベントは、島旅への関心が高く、主体的に島の情報を得ようとする人たち以外には届きにくく、新たなトライアル層の誘致にはさらなる工夫が必要と思われる。

自治体・観光協会のコメント

「マスメディア、ＴＶスポット（期間限定）を展開、旅行会社と体験観光で連携、オフシーズンに民間業者による道外の北海道展への参加、ホームページでの発信」（奥尻島・奥尻町産業建設課商工観光係）

「観光協会によるホームページの運営、ポスター作成。テレビ・雑誌等の取材に積極的に応じることによるマスメディアを活用した情報発信」（気仙沼大島・気仙沼市産業部観光課）

「テレビ・新聞・情報誌等でのＰＲ、旅行会社へのＰＲ、酒田市・観光協会のホームページでの紹介、体験事業（ウォーキング・漁師）の促進」（飛島・社団法人酒田観光物産協会）

「テレビ・雑誌・新聞取材を積極的に受ける。旅行会社を通じた観光ＰＲ。名鉄と連携したフグ料理などの商品開発。ホームページの作成。イベントの実施」（日間賀島・南知多町商工観光課）

「ホームページ・パンフレットでの紹介。アイランダー等、島のＰＲ展に参加している。また、観光協会を中心にウォークイベント等を島内で開催している」（答志島・鳥羽市観光戦略室）

「テレビ・ラジオ出演、広報紙・ホームページの活用。旅行会社への商品造成の働きかけ。県観光連盟主催の観光情報説明会への参加。県内外への観光物産展などへの参加」（五島列島・新上五島町観光物産課）

アイランダー2008ポスター　㈶日本離島センター提供

7 島旅の期待と満足度

島旅の最大の期待は日常から逃れのんびり過ごすこと

図表⑬は島旅の動機や島旅に期待することなどが、一般の国内旅行と比べどのように違うかを自由回答により確認し、その結果からキーワードを抽出してカウントしたものである。

まず、「ゆっくり・ゆったり・のんびりする」というワードがもっとも多く見られ、関連するワードとしては「非日常・日常から離れる」、「開放感」、「リゾート」、「リラックス」、「脱都会」、「癒し」など、日常生活から解放されて、とにかくのんびり過ごしたいという思いは、「島旅」のもっとも大きな期待となっているといえる。

そのほか、「自然にふれあう・自然を楽しむ」、「美しい海」、「島独特の気候・風土」、「島独特の動植物」などの島に残されている豊かな自然、「島独特の歴史・文化」、「島の人とのふれあい」、「観光地化されていない」、「島独特の空気・雰囲気」などの島の生活や雰囲気、「島独特の食べ物」、「魚・魚介類が美味しい・新鮮」、「美味しい料理・食べ物」などの島の食文化・グルメに関するコメントが多く見られる。また、島へのアクセスの悪さについては、「船や航空機を利用」、「海外旅行気分」、「旅行気分」といったように、むしろ旅行気分を高めるものとして好意的に捉えている人が多いようだ。

島旅経験者のほとんど全員が〝満足〟

最後に、印象に残る島旅の満足度を見てみよう。図表⑭をご覧いただきたい。いずれのエリアについても大半が満足したとしており、61・6%と多くが「満足」と積極的に評価している。積極的評価のみでエリア別の傾向を見ると、沖縄本島周辺の島が79・2%でトップ。宮古・八重山の島や九州南部・奄美の島が7割強、九州北部の島、北海道・東北の島も全体平均を上回っている。島別の満足度ランキ

図表⑬ 島旅に対する期待

（n=690:最近5年間の島旅経験者ベース）

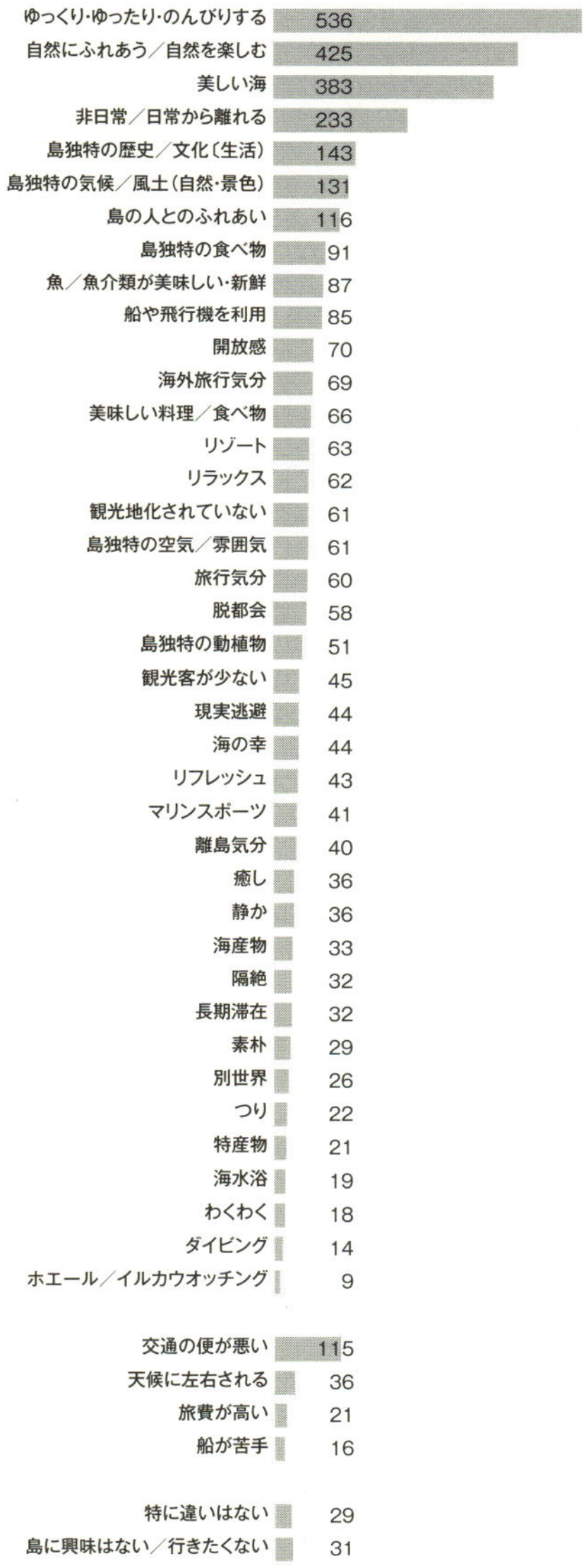

＊旅の販促研究所調査（2008年）

図表⑭ エリア別満足度（最近5年間の島旅経験者ベース）

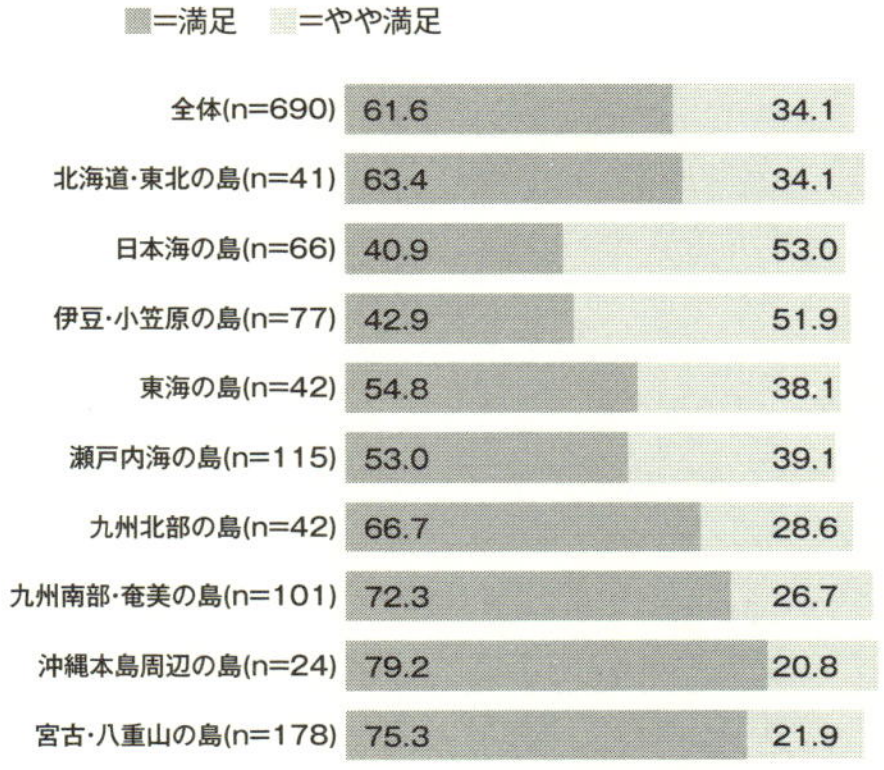

＊旅の販促研究所調査（2008年）

図表⑮ 島旅積極的満足度（やや満足を除く）
（n＝690:最近5年間の島旅経験者ベース／6サンプル以上の島のみ）

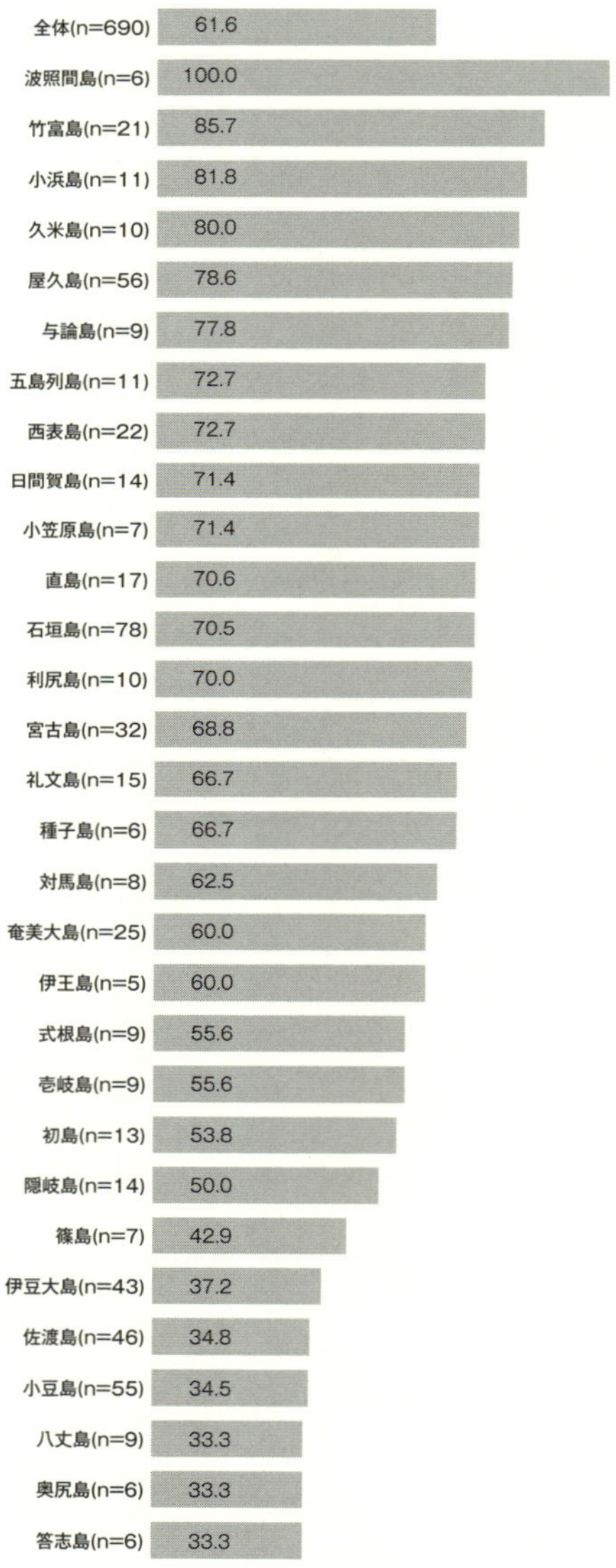

＊旅の販促研究所調査（2008年）

ング（図表⑮）では、旅行者数が少なく参考程度に見ていただきたい結果もあるが、人の住む島では最南端にあり南十字星を見ることのできる波照間島は旅行者の全員が「満足」と積極的に評価しており、以下、竹富島、小浜島、久米島、屋久島、与論島、五島列島、西表島などが上位にあげられている。旅行経験者の自由回答をみると、いずれも島旅のもっとも大きな期待である日常を逃れてのんびりできる島、豊かな自然、美しい海を持つ島として評価されている。

逆に、日本海の島と伊豆・小笠原の島の経験者で「満足」と積極的に評価している人は4割台、東海の島と瀬戸内海の島が5割台で全体平均を下回っている。

日本海の島は佐渡島、伊豆・小笠原の島は伊豆大島、東海の島は初島・日間賀島、瀬戸内海の島は小豆島に代表されるが、いずれも本州から短時間でアクセスでき、のんびりした時間、豊かな自然や海の要素もあるものの、どちらかというと観光やアミューズメントの要素が強く、意識的には一般的な国内旅行の延長として捉えられているのではないだろうか。沖縄本島周辺の島、宮古・八重山の島、北海道・東北の島ほどの島旅としてのインパクトに欠けることが、不満は感じていないものの、積極的評価が低めな要因になっているのではないかと思われる。そのため、これらの島の旅行者の自由回答を見ると、大半は好意的なコメントであるが、「特に印象深かったものはない」、「2泊3日の旅行だったが、車だと短時間で観光ができてしまうので、時間をもてあましてしまった」といったコメントが若干見られ、一般的な国内旅行と同様の軸で評価されていることがうかがえる。

調査対象者のコメント（性別年齢・居住地）

「（波照間島）水の青さと真っ白な波しぶき、鄙《ひな》びた沖縄独特の民家…さすが最南端までやってきただけの甲斐があったと感動しました。大自然がこんなに素晴らしく残っているなんて、日本もまだまだ大丈夫だと感じた旅でした」（女性68歳・東海北陸）

「（久米島）海がきれいで自然が多く景色がとてもよかったこと、島の人たちがみんな優しかったことが印象に残っている」（女性28歳・首都圏）

「（屋久島）訪れる前は、屋久杉の森が素晴らしいところというイメージでしたが、実際に行ってみると、海も素晴らしかったです。海の幸も美味しかったです」（女性49歳・首都圏）

第3章

島旅の経験・意向と島のイメージ

1 島の認知と島旅経験

認知率トップは石垣島

前章では、最近5年間の島旅経験者に対し、訪れた印象に残る島旅の内容を確認したが、この章では改めて、日本の主要な島々が一般の旅行者にどの程度認知され、各島がどのようなイメージを持たれているのか、今後どのくらいの人が島旅を意向しているのかについて見てみたい。

図表①は島別の認知率を示している。北海道・東北の島、日本海の島、伊豆・小笠原の島、東海の島、瀬戸内海の島、九州北部の島、九州南部・奄美の島、沖縄本島周辺の島、宮古・八重山の島のエリア別に、観光という視点から主だった島を選定し、トータルで50の島々について認知状況を確認したものである。

認知率トップは石垣島で93・7%と大半が認知、屋久島、奄美大島、宮古島、種子島などが9割弱で並んでおり、以下、伊豆大島、佐渡島、八丈島、利尻島、西表島、小豆島の順となっている。これに対し、東海の島と沖縄本島周辺の島は全体的に認知度が低く、東海の島の認知率トップである初島が35・4%程度の認知に留まっているほか、沖縄本島周辺の島ではトップの久米島が58・1%程度で、ダイバーたちに人気の渡嘉敷島、座間味島など美しい島々が点在する慶良間諸島が27・0%程度と意外と低い。

また、宮古・八重山の島の竹富島は、最近5年間の島旅経験者の印象に残る島として9位と上位にランキングされ、島での体験についても非常に好意的なコメントが多かったが、全体での認知率は50・4%程度となっているほか、同じく印象に残る島で10位と上位にあげられ、現代アートを中心にした活動が注目されている瀬戸内海の直島の認知率は13・5%程度に留まっている。

島旅経験率は小豆島がトップ

図表②は島別の旅行経験度を示したものである。これを見ると、全体の8割が提示した50島のいずれかに過去に旅行した経験があるとしており、島別の旅行経験度を見ると、小豆島が29・7%でもっとも高く、以下、石垣島、伊豆大島、佐渡島が2割弱、礼文島、竹富島、利尻島、西表島、宮

図表① 島の認知状況(n=2252)

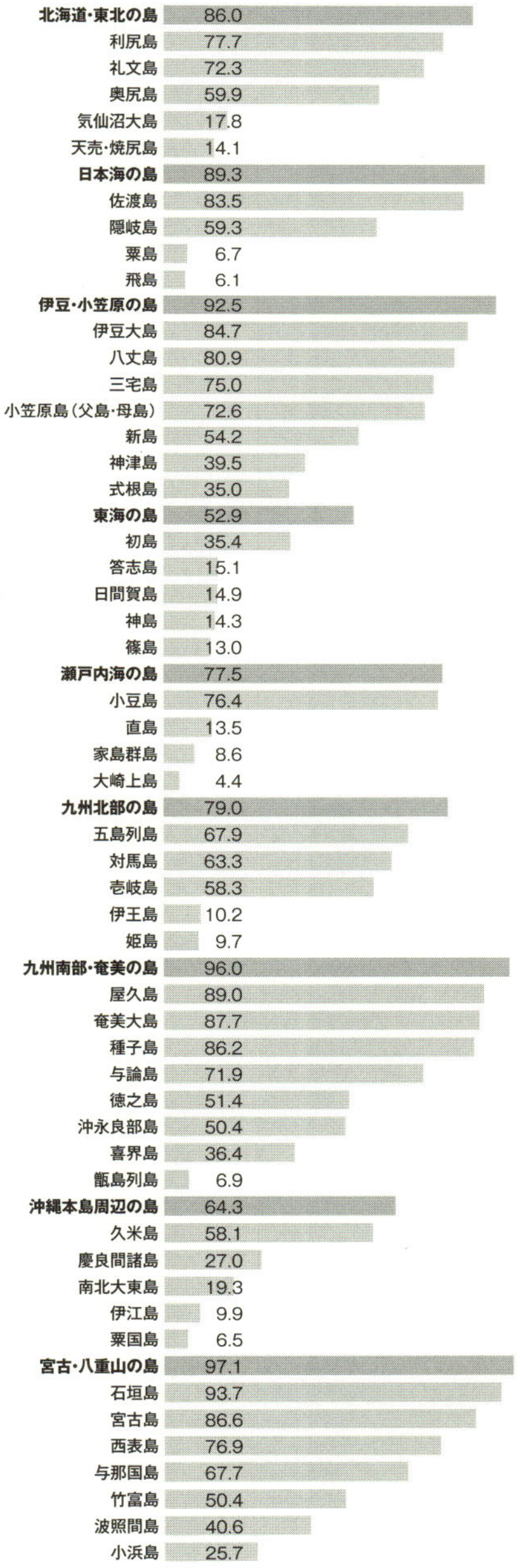

*旅の販促研究所調査(2008年)

図表② 島旅経験（n=2252）

北海道・東北の島	17.1
礼文島	10.9
利尻島	10.3
気仙沼大島	4.0
奥尻島	2.9
天売・焼尻島	2.1
日本海の島	21.8
佐渡島	17.7
隠岐島	5.2
粟島	1.0
飛島	0.6
伊豆・小笠原の島	28.0
伊豆大島	18.6
八丈島	7.7
新島	4.8
三宅島	4.0
神津島	3.6
式根島	3.1
小笠原島	2.1
東海の島	21.7
初島	9.0
日間賀島	8.1
篠島	6.3
答志島	5.0
神島	2.1
瀬戸内海の島	32.0
小豆島	29.7
直島	3.4
家島群島	2.2
大崎上島	2.0
九州北部の島	12.9
五島列島	7.5
壱岐島	5.0
対馬島	3.3
伊王島	1.4
姫島	0.7
九州南部・奄美の島	18.6
屋久島	7.9
与論島	6.3
奄美大島	5.6
種子島	3.8
徳之島	1.8
沖永良部島	1.6
喜界島	0.7
甑島列島	0.3
沖縄本島周辺の島	7.9
久米島	4.4
慶良間諸島	3.3
伊江島	1.6
南北大東島	0.2
粟国島	0.1
宮古・八重山の島	22.9
石垣島	19.4
竹富島	10.9
西表島	9.7
宮古島	9.6
小浜島	4.0
波照間島	1.7
与那国島	1.4
この中にはない	19.2

＊旅の販促研究所調査（2008年）

古島、初島などが1割程度で次いでいる。

図表③は各エリアの上位2島について、調査対象者の性別×年代別、居住地別の旅行経験率を示したものである。まず、性別×年代別の傾向を見ると、全体的に年配層ほど経験率が高くなっており、特に60代男女では小豆島は5割程度、伊豆大島、佐渡島は3割以上、礼文島、利尻島、石垣島は2割台と多く見られ、いずれも50代の経験率を大きく上回っている。

次に、対象者の居住地別の傾向を見ると、九州南部・奄美以南の島は居住地別の傾向に大きな差は見られず、日本全国から旅行者を集めているといえるのに対し、北海道から九州北部の島についてはいずれも近隣エリア居住者の旅行経験率が高くなっており、小豆島は近隣エリアである中国・四国居住者の62・9%、関西圏居住者の54・2%、日間賀島は東海・北陸居住者の42・9%と比較的多くが訪れている。

図表③ 島旅経験（性別×年代別／居住地別傾向）

	n	Ⅰ北海道・東北の島		Ⅱ日本海の島		Ⅲ伊豆・小笠原の島		Ⅳ東海の島		Ⅴ瀬戸内海の島	
		礼文島	利尻島	佐渡島	隠岐島	伊豆大島	八丈島	初島	日間賀島	小豆島	直島
全体	2252	10.9	10.3	17.7	5.2	18.6	7.7	9.0	8.1	29.7	3.4
男性計	1103	11.2	10.9	19.7	5.9	18.2	9.0	8.1	8.7	30.9	2.9
20代	203	4.9	4.4	6.9	1.5	9.9	4.4	4.4	4.9	16.3	2.5
30代	224	4.0	2.7	12.9	3.1	11.6	4.9	3.6	6.3	22.3	1.3
40代	226	7.1	5.8	19.5	4.0	10.2	7.5	6.6	10.6	27.4	3.5
50代	242	14.9	13.6	26.4	9.1	24.0	13.2	11.6	11.2	35.1	2.9
60代	208	25.0	28.4	31.7	11.5	35.6	14.4	13.9	10.1	53.4	4.3
女性計	1149	10.7	9.7	15.8	4.4	19.0	6.5	9.8	7.5	28.5	3.8
20代	230	1.7	1.7	7.8	1.3	12.2	3.9	2.2	4.8	16.5	3.5
30代	232	5.6	4.7	7.3	2.2	11.2	5.2	6.9	5.2	17.2	3.0
40代	236	8.1	6.8	11.4	2.5	15.7	5.9	13.6	7.2	28.8	2.1
50代	225	15.1	12.9	20.9	5.3	19.6	7.1	10.7	10.7	32.9	4.0
60代	226	23.5	23.0	31.9	11.1	36.7	10.6	15.9	9.7	47.8	6.6
北海道／東北	167	25.7	26.3	19.2	1.8	10.8	4.2	4.2	1.8	14.4	0.6
北関東／甲信越	158	7.6	6.3	34.8	3.2	22.8	8.2	6.3	3.2	15.2	1.3
首都圏	842	11.6	10.5	22.7	3.3	31.5	13.8	17.8	2.4	19.0	1.9
東海／北陸	301	9.0	7.3	14.3	3.7	13.3	5.6	7.6	42.9	23.6	0.7
関西圏	485	10.1	10.3	11.3	7.8	8.7	2.5	0.8	4.3	54.2	3.5
中国／四国	159	6.9	6.9	6.3	17.6	6.9	1.3	1.9	1.9	62.9	22.6
九州／沖縄	140	4.3	5.0	8.6	2.1	5.0	5.0	3.6	0.7	19.3	1.4

	n	Ⅵ九州北部の島		Ⅶ九州南部・奄美の島		Ⅷ沖縄本島周辺の島		Ⅸ宮古・八重山の島	
		五島列島	壱岐島	屋久島	与論島	久米島	慶良間諸島	石垣島	竹富島
全体	2252	7.5	5.0	7.9	6.3	4.4	3.3	19.4	10.9
男性計	1103	7.9	5.6	8.7	5.5	5.0	3.7	19.8	10.2
20代	203	4.4	3.9	5.4	3.0	2.0	1.0	17.2	7.4
30代	224	3.1	4.5	8.5	2.7	4.9	4.9	15.6	6.7
40代	226	6.2	4.4	8.0	7.1	4.0	4.4	18.6	10.2
50代	242	11.2	6.6	7.0	11.2	8.7	5.0	22.3	11.2
60代	208	14.4	8.7	14.9	2.9	4.8	2.9	25.0	15.9
女性計	1149	7.0	4.4	7.2	7.0	3.7	3.0	19.0	11.5
20代	230	4.8	1.3	3.5	2.6	1.7	3.5	15.2	6.5
30代	232	3.9	4.7	5.2	5.6	4.3	3.4	13.4	7.8
40代	236	5.1	4.7	5.5	10.6	3.0	2.5	21.6	9.7
50代	225	7.1	4.0	8.0	8.4	5.3	2.7	19.1	14.2
60代	226	14.6	7.5	14.2	8.0	4.4	2.7	25.7	19.5
北海道／東北	167	2.4	1.8	5.4	3.0	1.8	3.0	18.6	11.4
北関東／甲信越	158	3.8	0.6	5.7	3.8	6.3	2.5	17.1	10.8
首都圏	842	5.5	3.2	7.8	7.4	4.3	4.3	19.1	11.0
東海／北陸	301	6.0	3.7	8.3	4.3	5.0	1.7	16.3	9.6
関西圏	485	9.1	4.7	7.6	8.5	3.9	2.5	22.9	11.5
中国／四国	159	10.1	5.7	6.3	4.4	3.1	1.3	16.4	8.8
九州／沖縄	140	24.3	27.9	16.4	5.7	7.1	7.9	22.1	12.1

※□＝全体を10%以上下回る値　■＝全体を10%以上上回る値

＊旅の販促研究所調査（2008年）

2 今後の島旅意向

今後の島旅意向では屋久島と石垣島がトップに並ぶ

次に、今後の旅行意向を概観してみよう。（図表④）トップは屋久島で63・3％が意向を示しており、石垣島が61・3％で並んでいる。以下、宮古島、西表島、奄美大島、礼文島、小豆島、利尻島、与論島、佐渡島、小笠原島、隠岐島などが上位にあげられている。

前章で触れた通り島旅の最大の目的は自然・景観観光であり、世界自然遺産の屋久島や、美しい海と、熱帯の原生林、マングローブ林などが広がる宮古・八重山の島、本州では高山でしか見られない植物が観賞できる亜寒帯の礼文島、利尻島、そして、〝東洋のガラパゴス〟と称される小笠原島など、自分の生活圏とは明らかに風景が異なり、島特有の豊かな自然を楽しむことのできるエリアの人気が高いのは頷ける。小笠原島はアクセスに時間がかかることから現状での旅行経験者は少ないが、クジラが訪れる南洋の海と世界的にも珍しい動植物も多く、憧れている人は多いのではないか。

また、隠岐島は海士町の山内道雄町長のもと積極的な活性化が行われており、島のブランド化戦略として登場したさざえカレーや、夏が旬の大ぶりのイワガキ、隠岐牛などはすでに広く知られている。また、島の振興に「よそ者」の視点を取り入れることを目的に商品開発研修生として全国の若者を募るなどの活動は、島だけではなく積極的な地域振興の事例として評価されている。もちろん豊かな自然と美しい海、史跡や伝統文化はそのまま魅力的な観光資源であり、今後が楽しみな島旅スポットだ。

年配層の意向度が高い北海道・日本海・九州北部の島

図表⑤は島のエリア別の旅行意向について、対象者の性別×年代別と居住地別の傾向を示したものである。宮古・八重山の島は全体の85・0％、九州南部・奄美の島は82・1％と多くが意向を示しており、伊豆・小笠原の島が47・8％で次いでいる。これらのエリアと、現状での意向度は23・

図表④ 今後の島旅意向(n=2252)

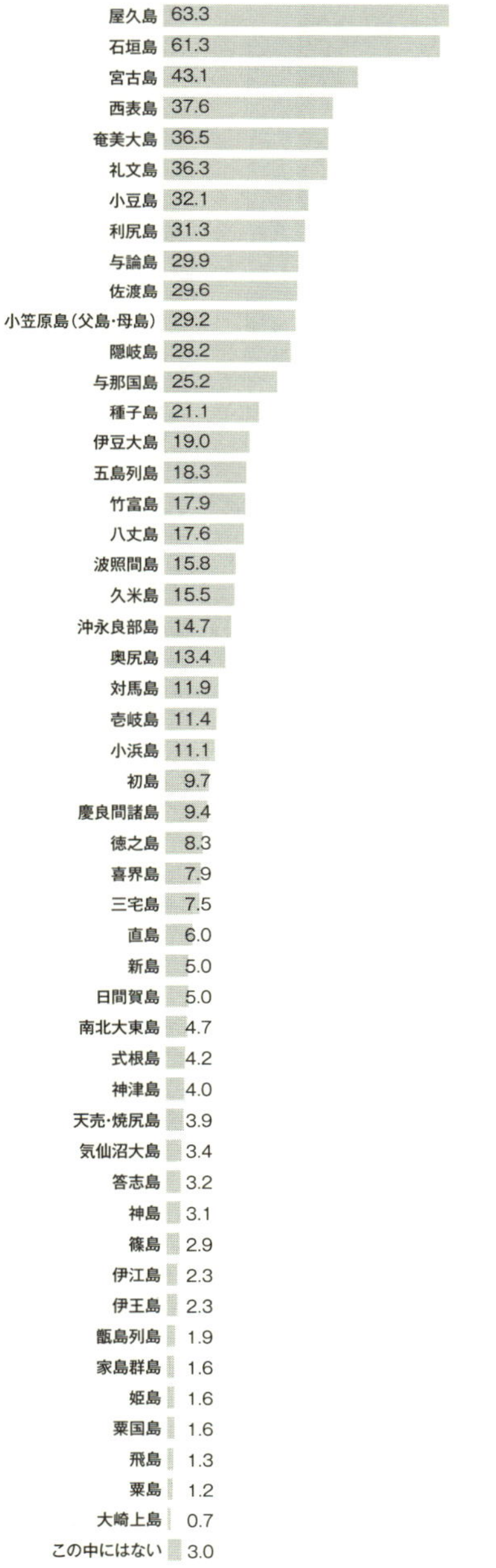

*旅の販促研究所調査(2008年)

図表⑤ 今後の島旅旅行意向（性別×年代別／居住地別傾向）

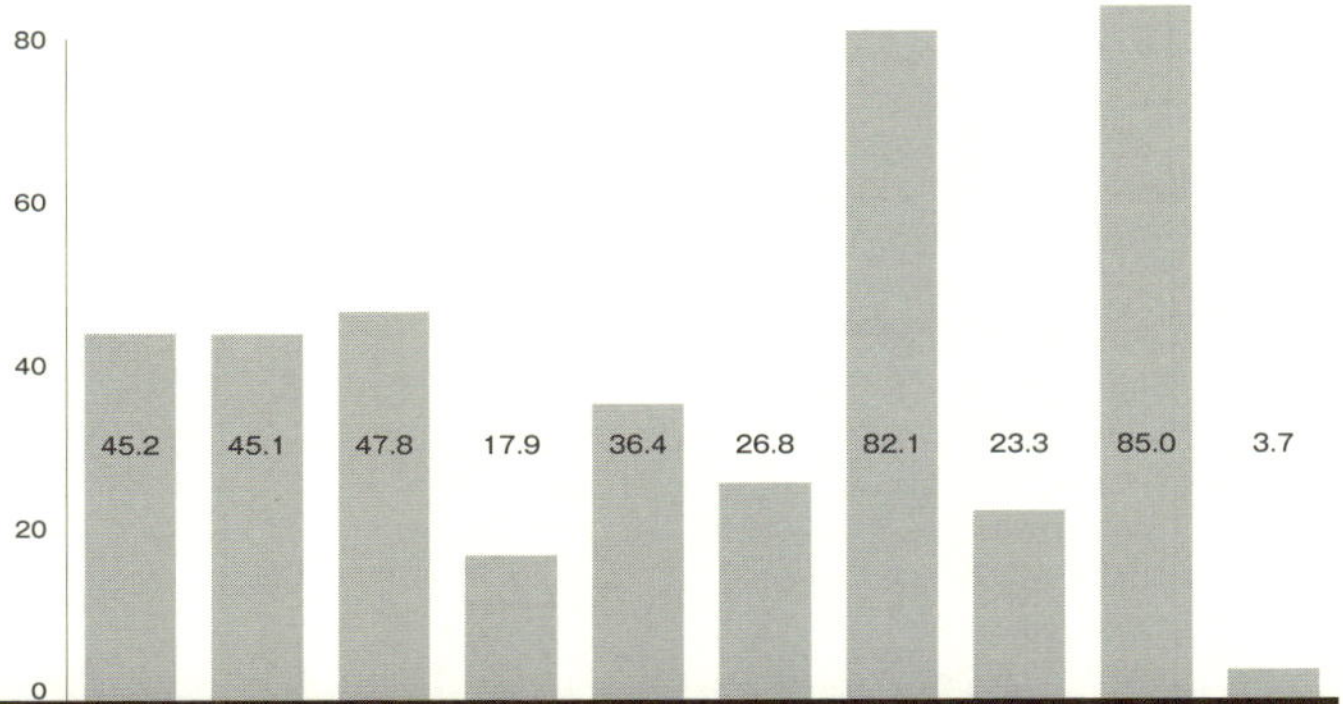

	n	Ⅰ北海道・東北の島	Ⅱ日本海の島	Ⅲ伊豆・小笠原の島	Ⅳ東海の島	Ⅴ瀬戸内海の島	Ⅵ九州北部の島	Ⅶ九州南部・奄美の島	Ⅷ沖縄本島周辺の島	Ⅸ宮古・八重山の島	いずれも行きたいと思わない
全体	2252	45.2	45.1	47.8	17.9	36.4	26.8	82.1	23.3	85.0	3.7
男性計	1103	43.7	45.1	48.7	17.6	34.5	27.1	80.2	24.5	82.3	4.5
20代	203	32.5	34.5	44.3	16.3	31.0	22.7	76.8	17.7	81.8	7.9
30代	224	30.8	35.7	45.1	16.5	29.5	19.6	75.0	19.6	86.2	4.9
40代	226	49.6	45.1	46.9	20.4	34.1	26.1	85.4	33.2	81.4	1.8
50代	242	52.1	49.2	52.5	19.0	37.2	28.5	83.1	26.9	82.6	4.5
60代	208	52.4	61.1	54.3	15.4	40.4	38.9	80.3	24.0	79.3	3.8
女性計	1149	46.6	45.1	46.9	18.2	38.3	26.5	83.9	22.1	87.6	2.9
20代	230	31.3	27.0	44.8	13.9	32.6	14.3	85.7	15.7	90.0	3.0
30代	232	37.5	37.1	44.4	22.0	34.1	19.4	81.5	24.6	86.6	3.9
40代	236	48.3	41.1	50.4	22.0	42.4	20.8	87.3	29.7	91.5	1.3
50代	225	60.0	55.1	49.3	16.4	45.8	38.2	84.9	22.2	88.0	3.6
60代	226	56.2	65.9	45.6	16.4	36.7	40.3	80.1	18.1	81.9	2.7
北海道／東北	167	52.7	40.1	46.7	7.8	31.7	17.4	74.3	24.6	85.6	4.8
北関東／甲信越	158	42.4	41.1	55.1	11.4	31.0	20.9	72.2	17.1	79.1	7.0
首都圏	842	43.3	45.4	57.2	20.7	34.2	28.7	85.2	27.0	85.5	4.3
東海／北陸	301	44.9	37.5	45.5	44.5	32.9	21.6	81.1	20.6	87.4	1.0
関西圏	485	50.5	50.1	37.3	9.7	43.1	26.6	82.1	21.0	86.4	2.9
中国／四国	159	43.4	59.7	33.3	3.8	48.4	23.9	84.3	15.1	79.9	4.4
九州／沖縄	140	34.3	36.4	41.4	7.9	32.1	47.9	84.3	29.3	84.3	2.9

※□＝全体を5%以上下回る値　■＝全体を5%以上上回る値

＊旅の販促研究所調査（2008年）

島への上陸（小笠原島）　旅の販促研究所撮影

3％と低いものの沖縄本島周辺の島も含め、性別×年代別での意向度に大きな差は見られないのに対し、北海道・東北の島、日本海の島、九州北部の島については年配層ほど意向者が多く見られ、いずれも50・60代男女での意向が全体を大きく上回っている。また、瀬戸内海の島については40・50代女性で意向者が比較的多く見られる。

さらに、対象者の居住地別の傾向を見ると、宮古・八重山と九州南部・奄美の島については、いずれのエリアの居住者でも意向者が多く見られる。それ以外のエリアを概観すると、北関東・甲信越と首都圏居住者の伊豆・小笠原の島、東海・北陸居住者の東海の島、中国・四国と関西圏居住者の瀬戸内海の島など、近隣エリアからの意向者が多いのは当然といえるが、北海道・東北の島については近隣エリア居住者のほかに、関西圏居住者でも50・5％と多くが意向を示している。また、日本海の島については、日本海の島を代表する佐渡島の近隣エリアである北関東・甲信越居住者の意向は41・1％程度に留まり、中国・四国居住者の59・7％、関西圏居住者の50・1％と多くが意向を示している。東海の島については近隣エリアの東海・北陸居住者の意向も44・5％程度とやや低めである。

3 島のイメージ——①島気分

「島気分」と「人とのふれあい」イメージは宮古・八重山の島々

提示した50島について、各島の認知者がどのようなイメージでその島を捉えているかを詳細なイメージ項目を用いて確認した。

図表⑥はそれらのイメージ項目の内、「離島気分が味わえる」、「島の人とのふれあいが楽しめる」、「観光地化されていない」、「長期間滞在しやすい」など、主に『島気分』に関するイメージ項目で、各島の認知者の多くが評価した島々である。

日常の雑事や都会の喧騒から逃れて、あまり観光地化されていない静かな島でのんびり過ごしたい、機会があれば素朴な島の人々とふれあいたいという気持ちは、海で隔てられた島に旅行する際の大きな期待となっており、島の持つこれらのイメージ自体が島旅の大きな観光資源であるといえる。

まず、そのものずばりのイメージ項目である「離島気分が味わえる島」のトップ10を見ると、沖縄本島の東400㎞の太平洋上に浮かぶ南北大東島をトップに、人の住む最南端の島である波照間島、西表島の東海上に浮かぶ小浜島など宮古・八重山の島が5島、粟国島、慶良間諸島など沖縄本島周辺の島が4島

長期間滞在しやすい		
1	石垣島	18.5
2	宮古島	14.6
3	与論島	10.9
4	小豆島	9.9
5	小浜島	9.7
6	竹富島	9.1
7	慶良間諸島	8.7
8	久米島	8.4
9	小笠原島（父島・母島）	8.3
10	初島	8.3

と沖縄県の島々が中心になっており、その他エリアでは日本海の島である粟島が9位に入っているのみである。島の独特の文化を楽しむことができる沖縄県の島々で、その中でも、沖縄本島、石垣島、宮古島など主要な島から離れ、規模的にやや小さい島々が中心にイメージされるのであろう。

また、「島の人とのふれあいが楽しめる」では、なんと宮古・八重山エリアがトップ10の上位7島までを占めており、沖縄本島周辺の島以上に島の人々の素朴さ、温かさなどについて好意的なイメージが形成されているようだ。

「観光地化されていない」島であることは、「離島気分を味わえる」の大きな要素になると思われたが、ここでは沖縄県の島々は3島のみとなり、日本海の粟島、飛《とび》島や南九州・奄美の喜界島、甑島列島、瀬戸内海の家島群島、北海道の天売《てうり》・焼尻《やぎしり》島、東海の神島など現状での認知率、旅行経験率の低い島々が中心となっている。

最後に、「長期間滞在しやすい」についてであるが、島の活性化施策としてIターン、Uターン、二地域居住の受け入れなどで長期滞在をPRしている島も多いが、全体的にイメージは希薄である。長期滞在としてよりも生活面のことを考えるとやはり石垣島や宮古島、小豆島など、生活に必要と思われる施設の整った島が比較的評価されているようだ。3位の与論島は、森瑤子氏がこの島の別荘で小説『アイランド』を執筆、「釣りバカ日誌」の北見けんいち氏の別荘もあり、この島を愛する文化人が多いようだ。

図表⑥「島気分」に関するイメージ項目（各島認知者ベース）

	離島気分が味わえる			島の人とのふれあいが楽しめる			観光地化されていない	
1	南北大東島	43.9	1	竹富島	21.4	1	南北大東島	31.0
2	波照間島	41.4	2	石垣島	20.9	2	波照間島	27.4
3	小浜島	38.4	3	小浜島	20.8	3	粟島	25.8
4	粟国島	35.4	4	宮古島	19.8	4	粟国島	25.2
5	慶良間諸島	35.4	5	波照間島	19.4	5	飛島	24.6
6	竹富島	35.3	6	与那国島	18.6	6	喜界島	24.1
7	与那国島	35.1	7	西表島	18.5	7	家島群島	23.7
8	西表島	33.0	8	久米島	17.6	8	甑島列島	21.8
9	粟島	31.8	9	南北大東島	17.0	9	天売・焼尻島	21.7
10	久米島	29.4	10	粟島	16.6	10	神島	19.5

4 島のイメージ――②自然

「自然」イメージの強い北海道と宮古・八重山の島々

「自然・景観観光」は島旅経験者の最大の目的となっており、すべてのエリアで求められる要素となっている。同じ日本であっても亜寒帯の北海道の島から亜熱帯の南の島々など大きく異なる自然・景観や、珍しい動植物などへの関心は非常に高い。

図表⑦は「美しい自然や景勝地が豊富」、「島ならではの動植物が楽しめる」、「トレッキングやハイキングが楽しめる」、「気候が良い」など、島の『自然』に関するイメージ項目で、各島の認知者の多くが評価した島々である。

まず、「美しい自然や景勝地が豊富」では、やはり屋久島がもっとも評価されており、以下、亜寒帯に属し、夏のシーズン中には約３００種の高山植物が観賞できる礼文島や利尻島、海鳥繁殖地や焼尻自然林などが天然記念物となっている天売・焼尻島などの北海道の島、亜熱帯の原生林や、マングローブ林など海だけではなく熱帯の自然を体験することができる西表島、石垣島や、竹富島、宮古島、小浜島などの宮古・八重山の島、沖縄本島周辺の島では慶良間諸

（各島認知者ベース）

島ならではの動植物が楽しめる		
1	西表島	39.6
2	屋久島	36.2
3	礼文島	26.2
4	利尻島	23.3
5	石垣島	22.6
6	竹富島	21.7
7	宮古島	21.0
8	与那国島	20.4
9	南北大東島	20.2
10	小笠原島（父島·母島）	20.1

トレッキングやハイキングが楽しめる		
1	屋久島	28.3
2	礼文島	17.5
3	利尻島	16.1
4	西表島	13.1
5	隠岐島	8.7
6	小豆島	8.6
7	天売·焼尻島	8.5
8	伊豆大島	8.2
9	石垣島	8.0
10	佐渡島	7.7

気候が良い		
1	石垣島	59.0
2	宮古島	57.4
3	小浜島	56.9
4	慶良間諸島	55.9
5	小豆島	55.7
6	西表島	55.1
7	竹富島	55.0
8	久米島	53.8
9	波照間島	52.5
10	与那国島	52.0

島があげられている。

「美しい自然や景勝地が豊富」でトップ10にあげられた島々は、「島ならではの動植物が楽しめる」で7島、全体的にポイントは低いものの「トレッキングやハイキングが楽しめる」では6島がトップ10入りしており、「島ならではの動植物が楽しめる」では、与那国島、南北大東島、小笠原島などがトップ10内にあげられている。与那国島では世界最大の蛾であるヨナグニサンがよく知られている。南北大東島では海から切り離された珍しいマングローブ林である国指定天然記念物の大池のオヒルギ群落、小笠原島では〝東洋のガラパゴス〟と称されるほど多くの島固有の動植物など、いずれも世界的にも珍しい動植物を育む島である。

『自然』イメージは北海道・東北、沖縄本島周辺、宮古・八重山の島が中心となっているのに対し、「トレッキングやハイキングが楽しめる」では隠岐島、小豆島、伊豆大島、佐渡島といった本州エリアの島々もトップ10にあげられている。隠岐島ではネイチャートレッキングや自然食採集、漁業体験などのツアーが、小豆島では瀬戸内海の最高峰である星ヶ城などの山々でのエコツアーなどが行われている。また、佐渡島では〝花の楽園〟としてシーズンを通してトレッキングをしながら花が楽しめることをアピールしている。

なお、「気候が良い」ことは、自然・景勝地を楽しむための大きな条件となると思われるが、トップ10内はすべて沖縄本島周辺と宮古・八重山の島々となっており、気候の良さはほとんど〝リゾート〟と同様の意味合いとなっているようだ

図表⑦「自然」に関するイメージ項目

美しい自然や景勝地が豊富		
1	屋久島	67.5
2	礼文島	59.9
3	西表島	58.9
4	利尻島	54.6
5	天売・焼尻島	54.1
6	石垣島	52.8
7	慶良間諸島	52.3
8	竹富島	51.5
9	宮古島	49.3
10	小浜島	47.2

5 島のイメージ――③海

美しい海とマリンスポーツは沖縄本島周辺、宮古・八重山の島々が独占

島といえば海の美しさと、そこで楽しむ各種のマリンスポーツなどのアクティビティを最初に思い浮かべる人は多いだろう。図表⑧は「海が美しい」、「ダイビング・サーフィンなどマリンスポーツが楽しめる」、「海水浴が楽しめる」、「ホエール・イルカウォッチングが楽しめる」、「釣りが楽しめる」など、『海』に関するイメージ項目で、各島の認知者の多くが評価した島々である。

この内、「海が美しい」、「ダイビング・サーフィンなどマリンスポーツが楽しめる」でトップ10にあげられた島はすべて一緒であり、「海が美しい」では石垣島がトップで、以下、慶良間諸島、小浜島、宮古島、波照間島の順、「マリンスポーツが楽しめる」では慶良間諸島がトップで、石垣島、宮古島、久米島、小浜島の順となっている。また、「海水浴が楽しめる」もほぼ同様の島々が並んでいるが、「海が美しい」島々のトップ10から与論島が抜け沖縄周辺の島の伊江島が8位となっている。

「ダイビング・サーフィンなどマリンスポーツが楽しめる」では19位であった

ホエール・イルカウォッチングが楽しめる		
1	小笠原島（父島・母島）	21.5
2	慶良間諸島	20.1
3	石垣島	13.3
4	宮古島	12.3
5	与論島	11.8
6	与那国島	11.1
7	南北大東島	10.8
8	波照間島	10.5
9	西表島	9.8
10	久米島	9.7

釣りが楽しめる		
1	家島群島	37.6
2	日間賀島	36.9
3	篠島	34.2
4	大崎上島	32.0
5	式根島	31.4
6	神津島	30.5
7	粟島	29.1
8	答志島	29.0
9	神島	28.8
10	初島:静岡	28.7

小笠原島は「ホエール・イルカウォッチングが楽しめる」については比較的認知されておりトップだった。近年、ホエールウォッチングで全国区になってきた慶良間諸島もほぼ同ポイントで並んでいる。

小笠原島はホエールウォッチング協会が１９８９（昭和64）年に設立され、日本でのエコツーリズムのさきがけとなっており、クジラだけではなくイルカの生息でも知られている。イルカと一緒に泳ぐドルフィンスイムも人気のオプショナルツアーだが、イルカへの負荷を考え、エントリー回数の制限などのルールをつくっている。慶良間諸島の島々もシーズン中は現地のオプショナルツアーが組まれている。そのほかベスト10内の島々もいずれも沖縄本島周辺、宮古・八重山の島となっている。今回の調査の50島に入っていないが、伊豆七島の御蔵島もイルカウォッチングが楽しめるスポットとしていま脚光を浴びている。

最後に「釣りが楽しめる」については、ほかのイメージ項目と全く傾向が異なり、沖縄本島周辺、宮古・八重山の島々が姿を消し、東海、瀬戸内海、伊豆の島々と日本海エリアの粟島などが上位にげられている。奄美や沖縄県の島々でのスポーツフィッシングも盛んであるが、やはり海釣りといえば釣って楽しく、食べて美味しいということだろうか。播磨灘で変化に富む海岸線を持つ家島群島、三河湾の日間賀島、東海の松島といわれ周囲に無人島が点在する篠島、式根松島と称されるやはり周囲に小島が点在する式根島など、いずれも天然の豊かな漁場が広がる太公望に人気のスポットだ。

図表⑧「海」に関するイメージ項目（各島認知者ベース）

海が美しい		
1	石垣島	90.7
2	慶良間諸島	89.5
3	小浜島	89.1
4	宮古島	87.9
5	波照間島	85.2
6	西表島	85.1
7	竹富島	84.9
8	久米島	83.0
9	与那国島	82.3
10	与論島	78.9

マリンスポーツが楽しめる		
1	慶良間諸島	51.2
2	石垣島	47.9
3	宮古島	43.5
4	久米島	38.0
5	小浜島	37.9
6	与論島	36.6
7	波照間島	36.5
8	西表島	36.3
9	与那国島	36.3
10	竹富島	34.7

海水浴が楽しめる		
1	石垣島	55.0
2	宮古島	51.7
3	小浜島	51.2
4	慶良間諸島	49.3
5	久米島	48.7
6	竹富島	47.6
7	波照間島	46.5
8	伊江島	45.3
9	与那国島	45.2
10	西表島	45.1

6 島のイメージ——④文化・観光

日本の歴史に深くかかわる島々が上位にランクイン

名所・旧跡観光や祭りなどのイベントなどはいずれも国内旅行の大きな目的といえるが、島旅についても当然これらの観光資源は重要なポイントである。

図表⑨は「文化遺産・史跡が豊富」、「観光スポットが豊富」、「博物館・郷土資料館・美術館など文化施設が豊富」、「興味のある祭・イベントが開かれる」など、『文化・観光』に関するイメージ項目で、各島の認知者の多くが評価した島々である。

全体を概観すると、文化・観光面では日本海、瀬戸内海、九州北部、九州南部・奄美の島々の多くが上位にランキングされている。

まず、「文化遺産・史跡が豊富」では、屋久島がトップとなっているが、これは世界自然遺産のイメージが強く影響しているものと思われる。以下、佐渡島、隠岐島、種子島、小豆島など、いずれも日本の歴史に深くかかわってきた島々が上位にあげられている。佐渡島については、金山は誰もが知るところであるが、古くは順徳天皇をはじめとする都人の遠流の地であり、ゆかりの寺社が残るほか、世阿弥による能や、古浄瑠璃、文弥人形などの伝統文化・芸能と

興味のある祭・イベントが開かれる		
1	佐渡島	13.2
2	姫島	11.4
3	隠岐島	9.7
4	直島	7.9
5	日間賀島	6.8
6	伊豆大島	6.6
7	石垣島	6.6
8	神島	6.5
9	小豆島	6.2
10	宮古島	6.2

ともに史跡も多く残されている。隠岐島も同様に後醍醐天皇などの流刑地で古い寺社が残り、古くからの島の伝統文化も継承されている。

「観光スポットが豊富」については、小豆島がトップとなっており、以下、屋久島、佐渡島、石垣島、直島などが上位にあげられている。小豆島はオリーブ園、「二十四の瞳」の舞台の岬の分教場（田浦分教場）、寒霞渓、素麺や醤油工場など、自然景観、各種観光施設やアクティビティが幅広く楽しめる島である。屋久島は気軽に自然が体験できるヤクスギランドをはじめ、多くの観光施設が作られている。

「博物館・郷土資料館・美術館など文化施設が豊富」については、直島がトップとなっている。直島全体で行われているアート活動を「ベネッセアートサイト直島」と称し、安藤忠雄氏設計の宿泊施設と現代アートの美術館が併設された「ベネッセハウス」、同氏設計の地中美術館や、古い民家や寺社などの空間をそのままアーティストが利用して作品を公開する「家プロジェクト」などが行われている。また、「エコアイランドなおしまプラン」としてリサイクルシステムの構築にも取り組んでいるが、これは島としては全国で初めての試みでありプラントの見学などもできる。

なお、「興味のある祭・イベントが開かれる」については、全体的にイメージは希薄ではあるが、島内の祭りで舞われる鬼太鼓、能などの伝統芸能が行われている佐渡島がトップ。２位の姫島は姫島盆踊りなどが有名だ。

図表⑨「文化・観光」に関するイメージ項目（各島認知者ベース）

文化遺産・史跡が豊富		
1	屋久島	38.3
2	佐渡島	29.2
3	隠岐島	23.7
4	種子島	18.5
5	小豆島	16.1
6	対馬島	15.7
7	壱岐島	12.9
8	五島列島	12.8
9	石垣島	12.1
10	奄美大島	10.8

観光スポットが豊富		
1	小豆島	33.2
2	屋久島	32.4
3	佐渡島	30.2
4	石垣島	28.8
5	直島	26.7
6	伊豆大島	23.7
7	宮古島	21.1
8	奄美大島	20.6
9	隠岐島	17.8
10	西表島	17.6

博物館・郷土資料館・美術館など文化施設が豊富		
1	直島	37.3
2	佐渡島	16.0
3	小豆島	10.3
4	種子島	10.0
5	隠岐島	8.2
6	屋久島	6.6
7	対馬島	6.0
8	奄美大島	5.8
9	石垣島	5.7
10	伊豆大島	5.1

7 島のイメージ——⑤宿泊・グルメ

宿泊施設は初島、温泉は伊豆大島、グルメは日間賀島

宿泊施設、温泉、グルメは国内旅行のもっとも重要なポイントといえる。特に前章でも触れたように島旅の目的としてグルメは自然・景観観光に次いで2位となっており、新鮮な魚介類や島ならではの食材を使った郷土料理に対する期待は大きい。

図表⑩は「良い宿泊施設がある」、「良い温泉がある」、「美味しい食べ物・飲み物がある」、「特産品など欲しいものがある」など、『宿泊・グルメ』に関するイメージ項目で、各島の認知者の多くが評価した島々である。

まず、「良い宿泊施設がある」では初島、石垣島、直島などが上位にあげられている。熱海から高速船で25分ほどの初島は、会員制の初島クラブや20軒以上の民宿がある。利用経験者のコメントを見ると、初島クラブについては〝エステやネイルがすごかった〟、〝リゾートホテルで部屋が2つあり子供たちが大喜び〟といったように手軽に本格的なリゾートホテル気分が味わえること、民宿はなんといっても新鮮な魚介類が食べられることが評価されている。石垣島

美味しい食べ物・飲み物がある		
1	日間賀島	67.3
2	篠島	55.8
3	答志島	53.1
4	天売・焼尻島	41.8
5	利尻島	41.1
6	礼文島	40.6
7	気仙沼大島	39.5
8	奥尻島	34.1
9	小豆島	32.5
10	佐渡島	31.6

特産品など欲しいものがある		
1	小豆島	24.5
2	日間賀島	19.0
3	篠島	18.2
4	大崎上島	18.0
5	利尻島	17.8
6	答志島	15.0
7	礼文島	14.9
8	石垣島	14.6
9	佐渡島	13.4
10	気仙沼大島	13.3

は多くのリゾートホテルがあり、水中造形センター主催の「ダイブ&トラベル大賞2008」のベストリゾートホテルではクラブメッド川平が1位に選ばれている。直島は安藤忠雄氏設計のベネッセハウスの評価であろう。

島旅では温泉イメージは全体的に希薄であり、温泉旅館、ホテルが整っている伊豆大島でも11・7%程度、4位の気仙沼大島は大浴場を備えたホテルはあるものの温泉ではない。しかし、実際には温泉のある島は多い。島旅についての著書の多い斎藤潤氏は『日本《島旅》紀行』（光文社新書）の中で、これまでに渡った島の温泉の中で好きな温泉を紹介しているが、今回の調査で取り上げた50島の中では神威脇《かむいわき》温泉（奥尻島）、地鉈《ぢなた》温泉（式根島）、湯元温泉（壱岐島）、甑島《こしきじま》温泉（上甑島）、尾之間《おのあいだ》温泉・平内海中温泉（屋久島）、西表島《いりおもてじま》温泉（西表島）などがあげられている。

「美味しい食べ物・飲み物がある」では、日間賀《ひまか》島、篠《しの》島、答志《とうし》島の東海の島がトップ3を、天売・焼尻島、利尻島、礼文島の北海道の島が4~6位を占めている。スローフードやヘルシー志向の高まりの中で沖縄の食も注目されるようになって久しいが、トップ10は北海道から瀬戸内海までの島で占められ、いずれも新鮮な魚介類が楽しめる島々となっている。

島おこしとして、特産品のPRに力を入れている島は非常に多いが、「特産品など欲しいものがある」というイメージ評価も、全体的にやや希薄であった。小豆島がトップで24・5%程度、以下、日間賀島、篠島、大崎上島、利尻島などが2割弱で次いでいる。

図表⑩「宿泊・グルメ」に関するイメージ項目（各島認知者ベース）

	良い宿泊施設がある			良い温泉がある	
1	初島	29.5	1	伊豆大島	11.7
2	石垣島	22.8	2	佐渡島	8.8
3	直島	21.8	3	大崎上島	8.0
4	小豆島	19.0	4	気仙沼大島	6.8
5	日間賀島	17.6	5	伊王島	6.6
6	答志島	17.6	6	初島・静岡	6.3
7	篠島	16.8	7	屋久島県	6.0
8	宮古島	16.4	8	答志島	5.6
9	伊豆大島	16.1	9	小豆島	4.6
10	佐渡島	14.1	10	利尻島	4.4

8 島のイメージ——⑥アクセス

島へのアクセス・島内交通の良さのイメージは希薄

最後に島へのアクセスについてのイメージを見てみよう。今回の調査で取り上げている島はいずれも北海道・本州・四国・九州と橋でつながっていない島々であり、島への旅行の際には必ずフェリーや連絡船などの船舶か航空機を利用しなければならない。とはいえ定期的に航空機が飛んでいる島は多くはなく、やはり船舶の利用が中心となるだろう。船舶の利用はそれ自体が島旅気分を高めてくれるものであるが、天候に左右されやすく、場合によっては旅行を諦めたり、予定通りに帰れないことも少なくない。そしてやはり一般の国内旅行と比べると旅行費用が高くなる。

自治体調査では、このような島への現状のアクセスの問題がそのまま観光促進の阻害要因となっているというコメントが多く見られた。

図表⑪は「島へのアクセスが良い」、「周辺の島々との移動がしやすい」、「島内の交通手段が充実している」など、島までのアクセスと、島に渡ってからの移動について、各島認知者のイメージを確認したものである。

まず、「島へのアクセスが良い」のトップ10を見ると、3位までを日間賀島、初島、篠島の東海の島が占めた。日間賀島は10分、初島は25分、篠島は10分といずれも本州の最寄りの港から短い時間で結ばれている島である。以下、小豆島、佐渡島、伊豆大島など、本州からわずかな船旅でアクセスでき、便数が多いなど太い航路がある島である。東京、名古屋、大阪、福岡と直行便が結ばれている石垣島を除いて、沖縄本島周辺エリア、宮古・八重山エリア、北海道エリアの島々は見られない。

「周辺の島々との移動がしやすい」については全体的にイメージが希薄であるが、トップの大崎上島は尾道から今治へと続くしまなみ海道（西瀬戸自動車道）の通る大三島の西隣にあり、周辺の島々への距離も近いことからの評価であろう。石垣島はほかの八重山の島々へのハブとしてのイメージからの評価と思われる。

最後に、「島内での交通手段が充実している」であるが、これも全体的にイメージは希薄である。上位を見ると佐渡島、小豆島、石垣島、伊豆大島など、いずれも規模が大きく観光化が進んでいる島で、ほかの離島に比べると島内の交通手段は整っている島々である。石垣島では、バス会社である東運輸が１０００円で５日間乗り放題のフリーチケットなど観光客に便利なサービスを実施している。新潟交通佐渡の路線バスは15路線と島内のほとんどの町や観光地を結んでいる。小豆島の小豆島バスは８路線運行しており、島内全域をほぼカバーしている。ともに定期観光バスも充実している。

図表⑪「アクセス」に関するイメージ項目（各島認知者ベース）

島へのアクセスが良い			周辺の島々との移動がしやすい			島内の交通手段が充実している		
1	日間賀島	26.2	1	大崎上島	15.0	1	佐渡島	11.5
2	初島	24.1	2	石垣島	11.3	2	小豆島	10.7
3	篠島	23.6	3	小豆島	10.1	3	石垣島	9.2
4	小豆島	19.8	4	篠島	9.9	4	伊豆大島	9.1
5	佐渡島	16.0	5	日間賀島	9.8	5	宮古島	6.2
6	伊豆大島	15.5	6	家島群島	7.7	6	大崎上島	5.0
7	答志島	14.7	7	宮古島	7.1	7	初島	4.8
8	石垣島	14.3	8	伊豆大島	6.8	8	奄美大島	4.6
9	大崎上島	14.0	9	答志島	6.7	9	篠島	4.1
10	直島	11.2	10	伊江島	6.7	10	日間賀島	3.9

9 イメージマップ

イメージマップ上の島々の不思議なポジション

図表⑫は、前項まで個別に説明してきた「離島気分を味わえる」、「島の人とのふれあいが楽しめる」などの『島気分』に関するイメージ、「美しい自然や景勝地が豊富」、「トレッキングやハイキングが楽しめる」などの『自然』に関するイメージ、「海が美しい」、「マリンスポーツが楽しめる」など『海』に関するイメージ、「文化遺産・史跡が豊富」、「観光スポットが豊富」などの『文化・観光』に関するイメージ、「良い宿泊施設がある」、「美味しい食べ物・飲み物がある」などの『宿泊・グルメ』に関するイメージ、島への『アクセス』に関するイメージを用いて各島をマッピングしたものである。マップ上で近い位置にある島ほど共通のイメージ、遠い島ほど異なるイメージを持たれている島としてご覧いただきたい。また、●の大きさは各島への旅行意向度の高さを示している。

このイメージマップは、各島の認知者によるイメージ評価を使って、島同士のイメージの差異を同一空間上に視覚化したものである。これはあくまでも現在の島の理解状況を示す1つの見方で、各島に暮らしている方々や、各島に親しんでいる方から見ると、納得のいかないところもあるかもしれない。しかし、例えば屋久島は屋久杉などが世界自然遺産であり、山岳のエコツアー、トレッキングなどが強いイメージとなっていることから、『島気分』イメージ、さらに『海』イメージから遠いところに位置づけられている。しかし、旅行経験者の「予想以上に海の水がきれいで感動しました」、「海ガメの産卵シーンを真っ暗な砂浜で見学することができ、非常に感動的でした」といったコメントのように、屋久島は海も素晴らしい観光資源であることは間違いない。ただし、現時点では、そのイメージは広く浸透していないということである。このように、島のPRポイントと照合することで、今後の情報発信の方向が見えてくるのではないだろうか。

図表⑫ イメージマップ（コレスポンテンス分析）

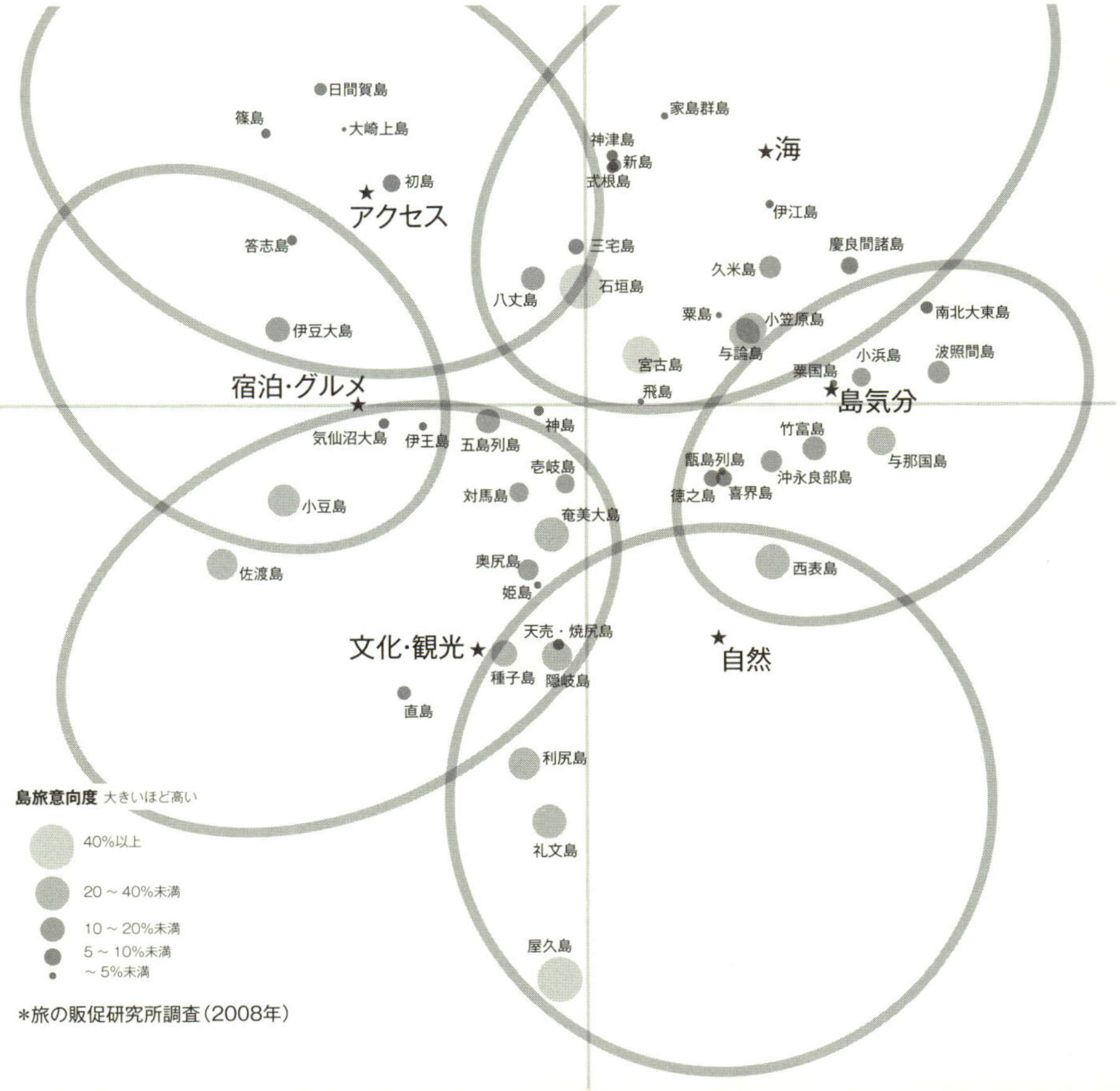

＊旅の販促研究所調査（2008年）

第4章

島旅の取り組みとこれから

1 島旅と旅行会社

南の島々が中心のパッケージツアー

「利尻島日本最北の温泉と海の幸　礼文島レブンアツモリソウ群生地を訪ねて3日間」、「神秘の浮き島　奥尻島と断崖・奇岩が連なる絶景の積丹半島4日間」、「新鮮な日本海の幸と温泉露天風呂も満喫・佐渡ぐるり周遊3日間」、「すぐそこの楽園・南国情緒溢れる花と緑と太陽の島・八丈島フリープラン2日間」、「相模湾の真珠・初島1周ウォーキング日帰り」、「貸切船で行く！　三河湾・伊勢湾の七つの島巡り・島の温泉で2泊3日」、「瀬戸内海に浮かぶアートの島・直島で過ごす2日間」、「美味しい・とって隠岐の島2日間」、「玄海の宝島・壱岐と国境の島・対馬3日間」、「五島列島・旬の味覚と歴史めぐり3日間」、「いちどは訪れたい世界遺産の島屋久島大自然紀行3日間」、「与論島へ行こう！　選べるホテル3日間」、「八重山・宮古・よくばり10島めぐり4日間」、「日本最西端与那国島と日本最南端の有人島波照間島・最果ての島々めぐり4日間」……

これらはすべて、2009(平成21)年に催行されるさまざまな旅行会社が企画するパッケージツアーのツアータイトルである。最北端の島から最南端の島までのツアーが、さまざまなテーマで企画されているのが分かる。量的には沖縄の島々の設定が圧倒的に多い。特に石垣島、宮古島などの八重山の島々は人気があるようだ。次いで、世界遺産の島である屋久島や奄美大島周辺の島々に集中している。さらに、北海道の利尻島、礼文島、伊豆大島、八丈島などの伊豆諸島、小笠原島、日本海の佐渡島、隠岐島、瀬戸内海の小豆島、九州の対馬島、壱岐島、五島列島などへのパッケージツアーが大手各社から年間を通し販売されている。

特に沖縄本島を起点とした島への旅は、往復航空運賃と宿泊がセットされたフリー型のパッケージツアーが、個人で手配した場合と比べ料金メリットがあるため、日頃パッケージツアーを利用しない旅行者層も旅行会社を利用しているケースが多い。

そのほかの島々へは圧倒的に個人旅行が多いようだ。また、マリンスポーツ、ダイビング、クルージング、島巡り、ホエールウォッチング、トレッキング、バードウォッチング、森歩き、星座観察や各種体験プログラムをオプショナルツアーの形で地元の旅行会社が企画催行する場合も多くなってきた。このような旅行業法に基づいた現地発着の小旅行は着地型企画旅行と呼ばれ、地域活性化、島おこしの切り札ともなっている。

島旅の取り組みは70年代から

１９７０(昭和45)年、大阪万博が開催され、６４００万人と万博史上最多の入場者数を記録し、国内旅行は活性化する。この年、国鉄のディスカバージャパンキャンペーンがスタートし、国内旅行ブームとなっていく。

翌71(昭和46)年、ＪＴＢが国内パッケージツアー「エース」を発売。72(昭和47)年には近畿日本ツーリストが「メイト」、日本旅行が「赤い風船」、東急観光が「トップツアー」、全日空が「スカイホリデー」の販売を開始する。日本旅行の「赤い風船」発売記念の目玉企画はチャーター船による「小笠原船の旅」で、そのほか「大島ゴルフツアー」、「隠岐いさり火」、「ジャンボリーツアー奄美・徳之島・沖永良部島・与論」など島へのパッケージツアーがラインナップされていた。

１９７２(昭和47)年、沖縄が返還され、75(昭和50)年、沖縄海洋博が開催される。この年沖縄の観光客数は１５６万人と激増するが、翌年は半減する。77(昭和52)年、国内では初めて沖縄線にＧＩＴ運賃制度（団体包括旅行運賃制度）が導入され、パッケージツアーの価格が下がる。沖縄ブームが起き、79(昭和54)年には１５０万人に回復。その後順調に推移し、２００７(平成19)年には５９０万人になっている。

１９７６(昭和51)年、ＪＴＢは「エース沖縄マイプラン」という、気ままで自由な行動派ヤング向けのフリー型のハーフメイド旅行を売り出しヒット商品となっている。この頃から、沖縄本島へはパッケージツアーを利用し、そこから離島へは自由に行くというパターンが出来上がってくる。77 年(昭和52)年「エース日本の島々」を発表。添乗員なしのパーソナル型で、〝素朴な人々と美しい自然が心を洗うような島への旅〟をキャッチコピーに、沖縄だけではない全国の離島へのパッケージツアーの販売を開始し、多くの島旅ファンをつくっていった。

この時期から、日本航空と全日空が中心となり沖縄旅行を徹底的にアピールしていく。「沖縄はもう裸が似合う。」、「待つ夏から飛ぶ夏へ」、「ＪＡＬで飛ぶ南の休日　シンデレラサマー　ＪＡＬリゾート沖縄」（日航ジェットプラン）、「冬に裸足の娘さん」、「トースト娘ができあがる。こんがり沖縄」、「裸一巻、マックロネシア人。」、「タキシード・ボディ、流行。全日空で飛ぶ沖縄」、「高気圧ガール、はりきる。」（全日空スカイホリデー）。航空会社系旅行会社の熱いキャッチコピーだ。

島旅の可能性を探る

1996年(平成8)年、日本旅行が21世紀を担う子供たちの健全な育成を目的に設立したトムソーヤクラブが「西表島シーカヤックツアー」を企画し子供たちが参加した。島の自然環境に旅行会社もかかわり始めていく。

2002(平成14)年、JTBは自然環境をテーマとしたエコツアー「エース・ファーブル」を発表する。「日本再発見　悠久の島を歩く」をタイトルに沖縄本島、慶良間諸島、西表島、奄美大島、屋久島、壱岐島・対馬島の全6コースを発売し、高額な商品であったが多くの人が参加し話題となった。翌年は「美しき日本の大自然を歩く」をタイトルに、全11コースに増え、島では天売島・焼尻島、利尻島・礼文島、屋久島が設定された。

2008(平成20)年、近畿日本ツーリストは角川グループと提携し、新しい需要・多様な価値観に対応した〝旅時間の過ごし方・楽しみ方〟を提案する事業を開始し、その中で島のエコツアーや無人島体験などをインターネットサイトで紹介している。

各旅行会社もリゾート、マリンスポーツ、釣りなどだけではなく、日本の島々に残された貴重な自然環境や文化、歴史、暮らしなどを注目し始めている。また、それら島固有の観光資源を保全していくことも、旅行会社の使命であるとの認識を強く持ち始めてきた。島と旅行会社との新たなる関係がつくられつつあるといえよう。

エース JTB パンフレット　JTB提供

2 島旅とエコツーリズム

島はエコツーリズム先進地域

日本の島々には、まだ多くの自然環境が残されている。また、島固有の歴史や文化、暮らしなども残されている。今、多くの島はそれらを観光資源として旅行者を呼ぼうとしている。旅行会社もそれらを旅行素材として島旅を企画している。

海浜リゾートでの滞在、名所、史跡巡り、釣りなどの従来型の観光がまだ主流となっているが、島固有の自然環境や歴史、文化、暮らしなどとふれあい、体験し理解を深めるエコツーリズムが島旅の特徴になりつつあるようだ。

エコツーリズムとはＮＰＯ法人日本エコツーリズム協会の定義によれば、

①自然・歴史・文化など地域固有の資源を生かした観光を成立させること。

②観光によってそれらの資源が損なわれることがないよう、適切な管理に基づく保護・保全をはかること。

③地域資源の健全な存続による地域経済への波及効果が実現すること。

つまり、資源保全と観光業の成立、地域振興の３つの融合を目指す観光の考え方である。それにより、旅行者に魅力的な地域資源とのふれあいの機会が永続的に提供され、地域の暮らしが安定し、資源が守られていくことを目的としている。まさに、島旅に必要な要件がすべて満たされている観光の形といえよう。エコツアーとは、こういったエコツーリズムの考え方に基づいて実践される観光旅行ということができる。

日本のエコツーリズムは本土から1000㎞離れた離島から始まった。日本最初のエコツアーは小笠原のホエールウォッチングだといわれている。1989(平成1)年、小笠原ホエールウォッチング協会が設立され、クジラとの距離におけるウォッチング船の進入禁止水域などの自主ルールを決め実践し始めた。その後、小笠原はウミガメやさまざまな野生動物、植物に関するルールを決めている。イルカとのスイミングの回数なども規定し、さらに母島では南島の入島者数などの制限をしている。今やこれらのエコツアーを求めて海外から島を訪れる旅行者も多い。

西表島では1996(平成8)年に日本で最初のエコツーリズム協会が設立された。マングローブや豊かな森、サンゴ礁などを観光開発から守ろうと始めた活動から、自然保護と観光とを両立させようとする動きのなかでつくられたものだ。99(平成11)年沖縄本島北部の東村も西表島に次いで、東村エコツーリズム協会を設立している。

1992(平成4)年、日本が世界遺産条約に加盟し、翌93(平成5)年に白神山地、屋久島が世界自然遺産に登録された。屋久島はそれ以降、屋久杉や豊かな自然を求めて来島する観光客が急増する。自然環境への負荷の増大や、ガイド事業者への島内外からのクレームなどの問題が起こり、島の活性化をはかりつつ、貴重な自然資源をいかに後世に伝えていくかが課題となった。99(平成11)年、屋久島エコガイド連絡協議会を、2004(平成16)年、屋久島地区エコツーリズム推進協議会を設立している。屋久島ガイド登録認定制度の取り組みを始め、山岳部のガイドツアーだけでなく、マウンテンバイクやシーカヤック、さらに里のエコツアーなどに広げ、多くのエコツーリストを呼んでいる。

日本型エコツーリズムによる島おこし

環境省では、エコツーリズムを3つのタイプに分類し、その推進に取り組んでいる。

①豊かな自然の中での取り組み
自然体験をガイドツアーにより、適切なルールのもとで行うもの。前述の小笠原島、西表島、屋久島や本土では知床や白神山地など。

②多くの来訪者が訪れる観光地での取り組み
すでに多くの観光客が訪れている観光地域で行われる自然、歴史、文化などの体験ツアー、体験プログラム。裏磐梯、富士山麓、軽井沢、六甲山、佐世保など。

③里地里山の身近な自然、生活文化を活用した取り組み
里地里山における自然体験、里山の植林、環境保全活動、地域文化や暮らしの体験プログラム。長野県飯田市、埼玉県飯能市、滋賀県高島市、宮城県田尻地区、三重県熊野市など。

日本の島々には人間の手つかずの豊かな自然があり、タイプ①の本格的エコツーリズムの先駆的な役割を果たしてきた。また、今日でもエコツーリズムのメッカとして多くの旅行者の憧れのデスティネーションとなっている。さらに、多くの島は島全体が里地里山といえる。自然体験に加え、島に残されている文化や暮らしに触れ、体験するエコツアーへの取り組みも始まっている。

利尻島の自然を巡るエコツアー、佐渡島の歴史文化再発見ツアー、隠岐島の奇岩や天然杉ツアー、

御蔵島のイルカスイミング、初島の海洋浴ウォーキング、鳥羽の小さな島の漁村ツアー、九十九島のヨットセーリング、奄美大島サンゴ礁ダイビング、慶良間諸島シーカヤック、座間味島のホエールウォッチング、石垣島の山と海のエコツアーなどなど、島々で数え切れないほどのさまざまなタイプのエコツアーが企画され、着実にエコツーリストを集め始めている。

手厚く保護、支援されてきた離島でも、地域の自立が求められるようになってきた。人口減少や高齢化、景気減退が本土以上に深刻な離島では、島民自らが島の振興の前面に出て活動が行われている。交流人口を増やし、体験プログラムにより滞在時間を長くするエコツーリズムは島おこしのひとつの方向性として多くの島々で模索されている。エコツーリズムは、まず島の宝探し、すなわち島固有の隠れていた観光資源探しから始まり、それを磨き、エコツーリストたちが住む都市やほかの島へアピールしていくことから始まる。いま、多くの島々でその活動が実践されている。

エコツーリズムだけでの観点ではないが、宮古島の例は興味深い。島全体をエコロジーの島にしていこうという取り組みである。宮古島市は2008(平成20)年3月、「エコアイランド宮古島宣言」を別表のように制定した。エコツーリストたちの心に触れる宣言でもある。

図表「エコアイランド宮古島宣言」

1. 私たちは、島の生活を支えるかけがえのない地下水を守ります
1. 私たちは、美しい珊瑚礁の海を守ります
1. 私たちは、みんなの知恵と工夫で、限りある資源とエネルギーを大切にします
1. 私たちは、ゴミのない地球にやさしい美ぎ島宮古島を目指し一人ひとり行動します
1. 私たちは、よりよい地球環境を取り戻し・守るため、世界の人々とともに考え・行動し、未来へバトンタッチします。
1. 私たちは、緑・海・空を守り、すべての生物が共に生きていける環境づくりのため行動します

3 島旅のこれから

「価値ある地域差」を発揮する島々

国や都道府県は離島地域の創意工夫を生かした主体的な取り組みによる「価値ある地域差」を発揮する島々を支援している。エコアイランドやアートの島などと称し他地域にはない島の魅力を情報発信する動きや、自然環境や歴史遺産、島の暮らし、癒しの空間などの島固有の資源を活用した取り組みが着実に広がっている。一部の島では、来島者の増加だけではなく、定住人口の増加、また特産品のブランド化による全国への流通などがみられるようになった。

島の住民自らが島おこし、地域再生を目指し、自らの発想で島づくりを考えていこうと、意欲的な取り組みが広がり始めている。特に観光への取り組みは各島で見られ、観光事業者や観光協会だけではなく、農協、漁協、行政、研究者などとの連携が始まっている。島づくりのＮＰＯや、離島出身者を含めた離島地域住民以外による「離島応援団」、「島のサポーター」を結成する動きもある。また、インターネットの普及は島の効果的なアピールを可能とし、その過程で、島の住民が自分たちの島の魅力、隠れた地域資源を再発見するという効果も生み出している。

島は日本の縮図であるといわれている。少子高齢化、人口減少、経済の減退などは島に一層厳しい状況を作り出している。島ならではの課題も多い。航路、港湾、航空路線などの交通体系の整備、ブロードバンドや携帯電話サービスなどの高度情報通信ネットワークの充実、価格の低迷・就業人口の減少・高齢化・後継者不足が進行する農林水産業の振興、豊富な地域資源を生かした特産品開発などによる産業振興、まだ十分とはいえない生活環境整備、医療問題、福祉問題、教育問題、洪水・土砂災害・地震・火山・津波・風害等に対する治山治水対策、海岸保全対策、さらに島の宝である自然環境や伝統文化の保全など、数えるときりのないほどの課題が山積みになっている。

これらの課題は、すべて島旅、すなわち交流人口を増やし、その滞在時間を延ばすことで解決をはかることはできないが、島を元気にするひとつの方法であることは間違いない。

島は島の住民が主体的に、宿泊施設や飲食施設の充実、観光マップの作成、案内標識の整備、地域資源を活用したツアー・体験プログラムの開発、観光ガイドやインタープリター、ボランティア等の人材育成などに取り組んでいかなくてはならないだろう。もうすでに、取り組みを始め「価値ある地域差」を発揮している島々は多くある。

もうひとつの海外旅行

島旅は海外旅行に似ている。たしかに、飛行機か船でなくては行くことはできないし、往復のスケジュールはそれらの運航時間によって決定され、天候などにより、もしかしたら時間通りに帰れないというリスク、あるいはスリリングな不確定さがある。また、日本国内とはいえ、未知の世界、初めての文化に接する楽しみがある。船から降りその島に一歩をしるすとき、飛行機のタラップを降り島の空気を最初に吸い込むときの感動は海外旅行のそれと酷似している。それゆえ、滞在中は島の人と話し、島の食事を楽しみ、島の文化に触れようと意識する旅行者が多い。また、一般の国内旅行より日数が長く、旅行費用も高くなる。実際、島旅の観光客数は約１４００万人に対し、海外旅行者数は約１６００万人（２００８年日本政府観光局）と同程度の規模でもある。まさに、島旅は「もうひとつの海外旅行」ということができる。

たしかに、島旅がブームになった１９７０年代の島への旅行は、海外旅行、特にその時代のもっともポピュラーなデスティネーションであった、ハワイ、グアムの代替品の役割を果たしていたようだ。しかし、今は石垣島周辺のツアーはグアム、サイパンのツアーよりも高額かもしれない。また、南の島のリゾートホテルはハワイ、グアムやアジアのビーチリゾートに勝ると劣らない豪華さとサービスを提供している。また、多くの島々には海外の有名デスティネーションに負けない観光資源があり、旅行者に感動を与えている。現在の島旅はもう海外旅行の代替品ではない。日本の美しさや安らぎ、美味しさ、優しさを味わう独立した旅行形態となっているといえるだろう。

これからの島旅

今回の旅行者への調査結果、また、島の自治体、観光協会へのアンケート調査や島への取材を通して、これからの島旅は次のようになると分析する。しかし、けっして急激にではなく、まるで島時間のようにゆっくりと、着実に日本人や訪日外国人の旅行者に定着し、多様なスタイルで増えていくと考えている。

①癒しとマリンスポーツを求めて、沖縄周辺、宮古・八重山の南の島々への島旅がますます増加する。

②海と島内の山・森の自然環境、島の歴史・文化・暮らしの体験を学び楽しむエコツーリズム

が島旅の主流となる。
③アート、グルメ、産業遺産、スポーツ、祭りなど特定なテーマで島丸ごとをブランド化した島々への島旅が増える。
④島の高級リゾートホテルや逆に島の人と一緒に暮らすような宿泊施設に長期にわたり滞在するロングステイ型の島旅が生まれる。
⑤訪日外国人リピーターのデスティネーションとして島が選ばれるようになり、また、日本の島の独特な観光資源を求めて訪れる訪日外国人旅行者もでてくる。
⑥国土交通省が「島の宝１００景」(図表①)を公募し、発表したが、百名山制覇のような、多くの島を渡り歩くアイランドホッピング型の島旅が生まれる。

島旅宣言

最後にきわめて個人的に「島旅宣言」をしたい。
1.　都会の生活に疲れたら、島旅をします。
1.　島では島時間を大切にして過ごします。
1.　島の自然環境・歴史文化・暮らしを学び守ります。
1.　島人とあらゆる機会で話し、交流します。
1.　島から帰ったら、元気を出して仕事をします。
島の青い海、広い空、深い緑と島人たちの笑顔は必ず私たちに元気をくれる。

	都道府県	島名	景観
51	愛媛県	興居島(ごごしま)	船踊り
52	愛媛県	中島(なかじま)	ミカンの天国
53	愛媛県	九島(くしま)	子供牛鬼
54	高知県	沖の島(おきのしま)	石垣・石段とともにある暮らし
	高知県	鵜来島(うぐるしま)	石垣・石段とともにある暮らし
55	福岡県	宗像大島(むなかたおおしま)	みあれ祭
56	福岡県	沖ノ島(おきのしま)	神の宿る島「沖ノ島」
57	佐賀県	高島(たかしま)	波にのり、夢もち帰る宝当復路(ほうとうふくろ)
58	佐賀県	加唐島(かからしま)	百済武寧王生誕の伝承
59	佐賀県	松島(まつしま)	暮らしを支える海士の人たち
60	長崎県	対馬島(つしま)	ツシマハチミツ・蜂洞(巣箱)
61	長崎県	対馬島(つしま)	海照らし「ヒトツバタゴ」と鰐浦地区
62	長崎県	的山大島(あづちおおしま)	大根坂の棚田
63	長崎県	小値賀島(おぢかじま)	島のお母さんとの別れ
64	長崎県	宇久島(うくしま)	島から育て高級和牛
65	長崎県	中通島(なかどおりじま)	アゴ(とびうお)干し
66	長崎県	若松島(わかまつじま)	キリシタン湾洞
67	長崎県	頭ヶ島(かしらがじま)	頭ヶ島天主堂
68	長崎県	椛島(かばしま)	大漁祈願。椛島神社例祭「宝来丸の曳船」
69	長崎県	福江島(ふくえじま)	念仏踊り「チャンココ」
70	長崎県	黄島(おうしま)	黄島港「石積みの堤防」
71	長崎県	江島(えのしま)	江島手作り醤油
72	長崎県	池島(いけしま)	採炭技術
73	長崎県	端島/軍艦島(はしま/ぐんかんじま)	昭和の栄華を物語る「軍艦島」
74	熊本県	横浦島(よこうらじま)	籠船
75	熊本県	通詞島(つうじしま)	イルカが泳ぐ通詞島
76	大分県	姫島(ひめしま)	踊り継ぐ盆踊り
77	宮崎県	島野浦島(しまのうらしま)	活気あふれる瞬間! 島野浦神社秋季大祭
78	鹿児島県	上甑島(かみこしきじま)	玉石の石垣が残る「たましいの島」
79	鹿児島県	種子島(たねがしま)	昔ながらの黒糖づくり
80	鹿児島県	種子島(たねがしま)	種子島に伝わる郷土芸能
81	鹿児島県	屋久島(やくしま)	住民の憩いの場「海辺の温泉」
82	鹿児島県	竹島(たけしま)	竹の子に集う
83	鹿児島県	硫黄島(いおうじま)	八朔太鼓踊り
84	鹿児島県	平島(たいらじま)	平家ゆかりの島の伝統文化
85	鹿児島県	悪石島(あくせきじま)	砂風呂
86	鹿児島県	奄美大島(あまみおおしま)	小湊フワガネク遺跡群とソテツ群落
87	鹿児島県	加計呂麻島(かけろまじま)	諸鈍シバヤ(芝居)
88	鹿児島県	与路島(よろじま)	涼をよぶサンゴの石垣
89	鹿児島県	徳之島(とくのしま)	亀津浜踊り
90	沖縄県	南大東島(みなみだいとうじま)	海辺の海水プール
91	沖縄県	北大東島(きただいとうじま)	空飛ぶ「漁船」
92	沖縄県	野甫島(のほじま)	小さな島の小さな商店
93	沖縄県	平安座島(へんざじま)	サングヮチャー(旧暦の3月節句)
94	沖縄県	奥武島(おうじま)	トビーチャ(飛びイカ)を干す風景
95	沖縄県	渡嘉敷島(とかしきじま)	魚が泳ぐ町並み
96	沖縄県	オーハ島(おーはじま)	老漁師とサバニ
97	沖縄県	下地島(しもじしま)	民間ジェットパイロット訓練空港「下地島空港」
98	沖縄県	竹富島(たけとみじま)	和の中の気「種子取祭」
99	沖縄県	西表島(いりおもてじま)	島に息づく染と織
100	沖縄県	波照間島(はてるまじま)	さとうきび畑

*国土交通省都市・地域整備局が「島の宝100景」を全国に公募し、2009年4月10日に100景を選定

図表① 島の宝100景 一覧表

	都道府県	島名	景観
1	北海道	礼文島（れぶんとう）	日本最北端の昆布漁
2	北海道	利尻島（りしりとう）	北の島で舞う利尻麒麟獅子
3	北海道	焼尻島（やぎしりとう）	おんこ（イチイ）原生林と羊とアザラシ
4	宮城県	田代島（たしろじま）	島の守り神「猫神社」
5	宮城県	宮戸島（みやとじま）	小正月の鳥追い行事「えんずのわり」
6	山形県	飛島（とびしま）	とびしま天保そば・ごどいも収穫感謝祭
7	東京都	新島（にいじま）	コーガ石（抗火石・こうかせき）の建造物
8	東京都	神津島（こうづしま）	漁村伝承文化「建切漁業（巾着漁）」
9	東京都	三宅島（みやけじま）	正月の伝統行事「船祝い」
10	東京都	八丈島（はちじょうじま）	黄八丈
11	東京都	父島（ちちじま）	おがさわら丸「出港の時」
12	新潟県	佐渡島（さどしま）	トキと人が共存する島の環境づくり
13	新潟県	佐渡島（さどしま）	外海府・大野亀のトビシマカンゾウの大群落
14	新潟県	佐渡島（さどしま）	佐渡の伝統芸能と行事
15	石川県	舳倉島（へぐらじま）	海女によるケルン（山だめ）の島
16	石川県	能登島（のとじま）	イルカを温かくむかえる島の人々のやさしさ
17	静岡県	初島（はつしま）	受け継がれる知恵と自然の恵み「エビ網」
18	愛知県	佐久島（さくしま）	三河湾の黒真珠
19	愛知県	日間賀島（ひまかじま）	ほうろく祭り
20	愛知県	篠島（しのじま）	伊勢神宮に奉納される「御幣鯛（おんべだい）」
21	三重県	答志島（とうしじま）	八幡神社の神祭
22	三重県	菅島（すがしま）	しろんご祭り
23	兵庫県	沼島（ぬしま）	ダンジリ海に突入-沼島八幡神社春祭
24	兵庫県	家島（いえしま）	家島天神祭
25	島根県	島後（どうご）	隠岐・島後の舟小屋
26	島根県	島後（どうご）	隠岐の牛突き
27	島根県	西ノ島（にしのしま）	絶景と放牧の調和「牧畑」
28	島根県	知夫里島（ちぶりじま）	輪転式牧畑の名残を残す赤ハゲ山
29	岡山県	大多府島（おおたぶじま）	大多府漁港元禄防波堤
30	岡山県	前島（まえじま）	アマモの森
31	岡山県	犬島（いぬじま）	産業遺産を活用したアートの島
32	岡山県	白石島（しらいしじま）	白石踊
33	岡山県	真鍋島（まなべしま）	走り神輿
34	広島県	大崎上島（おおさきかみじま）	大崎上島櫂伝馬競漕
35	山口県	周防大島・屋代島（やしろじま）	久賀引山太鼓
36	山口県	祝島（いわいしま）	石垣の棚田
37	山口県	牛島（うしま）	藤田・西崎の波止
38	山口県	粭島（すくもじま）	貴船祭
39	山口県	蓋井島（ふたおいじま）	「山ノ神」神事
40	山口県	見島（みしま）	鬼ヨーズ（凧）
41	徳島県	大毛島（おおげじま）	鳴門の渡船
	徳島県	島田島（しまだじま）	鳴門の渡船
42	香川県	小豆島（しょうどしま）	農村歌舞伎と千枚田
43	香川県	小豆島（しょうどしま）	醤油蔵が続く醤の郷（ひしおのさと）
44	香川県	豊島（てしま）	大師ゆかりの水「唐櫃の清水」
45	香川県	女木島（めぎじま）	オオテ（石垣）
46	香川県	本島（ほんじま）	中世の城下町の面影を残す「笠島のまち並」
47	香川県	伊吹島（いぶきじま）	イリコの加工
48	愛媛県	岩城島（いわぎじま）	アマモ実る海
49	愛媛県	新居大島（にいおおしま）	秋祭り「夜宮」
50	愛媛県	小島（おしま）	しまなみ海道に残る芸予要塞

Column

日本に1番近い海外の島旅
——世界自然遺産・済州島

火山と溶岩洞窟群の世界自然遺産

日本に一番近い外国の世界自然遺産が何であるか、即座に答えられる人はそれほどいないのではないだろうか。日本に一番近い外国ということで、韓国、中国、あるいはロシアのものだろうか、と考えるものの具体的には答えが浮かばない。日本に一番近い外国の世界自然遺産は済州島にある。済州島の火山島と溶岩洞窟群が韓国初の世界自然遺産として2007年に登録された。日本では世界遺産に登録されると一時的にブームを起こして、多くの人が殺到するが、済州島は違うようだ。

済州島は韓国本土南岸から130㎞にある火山島で、面積1845㎢の韓国最大の島である。世界遺産の大きさは、約95㎢が核心地域、約94㎢が緩衝地域として登録されている。

核心地域は島の中央部と沿岸部に分かれている。済州島の中心部の核心地域中央には、韓国最高峰の漢拏山《ハンラサン》(1950m)がそびえる。済州島における火山の最後の噴火は約800年前のことであり、それ以降の噴火の記録はない。漢拏山の植物相はユニークでシダ植物や種子植物を総称する維管束植物が1500種類以上も見られ、これはひとつの山で見られるものとしては最多の部類に属し、そのうち30種以上が固有種といわれる。種類が多いのは、屋久島同様にひとつの山で亜熱帯、温帯、寒帯の植物が3つのゾーンで垂直分布していること、固有種が多いのは済州島が朝鮮半島から切り離されたのが1万年以上前のことであるのが理由といわれる。また、そのほかの核心地域として、島の北東部に拒文岳《コムン》の火山噴出によって形成された「拒文岳溶岩洞窟系」や、島の東部沿岸にある直径600mの火口が100mほどの高さの断崖でそびえたっている「城山日出峰《ソンサンイルチヨルボン》」がそれぞれ登録されている。

韓国ツアーの新しい形、済州島のエコツアー

日本では、屋久島や知床が世界自然遺産登録されるとともにブームとなり多くの旅行者を集め、日本のエコツーリズムの普及、推進を加速させた。一方、済州島の場合は、爆発的に世界遺産へのツアーが一気に増えているという訳ではないようだ。

実際にツアーを探してみると、比較的足を運びやすい拒文岳溶岩洞へのトレッキングツアーや城山日出峰へ行くツアーはあるものの、漢拏山へ訪れるツアーは見つからなかった。

今回の調査において「旅行した海外の島でもっとも印象に残っている島」という設問で済州島と答え、その印象を寄せた人の声を拾ってみると、「食べ物が美味しい」、「海産物が豊富で美味しかった」というコメントが多くあったが、それとともに「自然が素晴らしい」、「景色がきれい」、「手つかずの自然がすぐ近くにあった」と自然美に触れたコメントも数多くあった。しかし、世界遺産に触れたものはひとつもなかった。

日本人が気軽に訪れる韓国の魅力は、グルメ、買い物に加え、韓流ドラマのロケ地巡りなどさまざまなものがある。済州島にも、もちろん、そのどれもが存在している。美味しい海産物、大きなショッピングモール、日本でも有名な「大王四神紀」、「オールイン」、「宮廷女官　チャングムの誓い」などのドラマのロケ地と豊富な魅力にあふれている。

これらの魅力に世界遺産というスパイスを加えることが済州島には可能である。海外にある身近な世界自然遺産に触れてみたいと考えている日本人は少なからずいるはずであり、そんな人々に済州島はベストマッチのデスティネーションである。

島旅の魅力は、のんびり過ごす、リゾート気分を満喫する、島の人々とのふれあいを楽しむなど数々あるが、海外島旅のひとつの形が済州島に生まれるかもしれない。

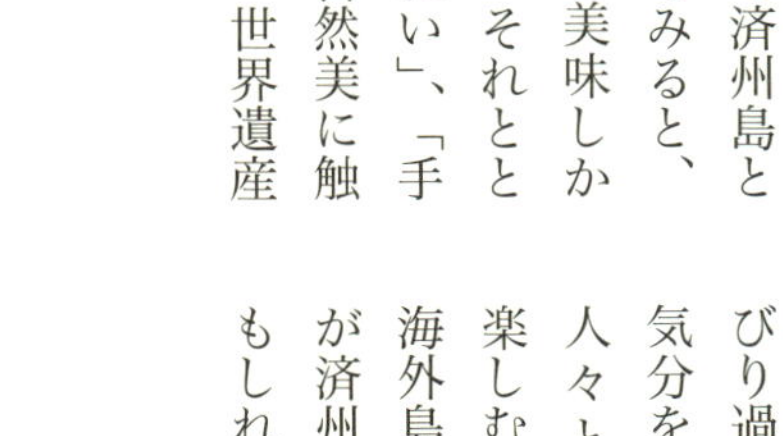

済州島の城山日出峰　韓国観光公社提供

第二部

日本の島旅　50の島々

凡例

『離島統計年報 2007』
（2005 年調査）
※一部、インターネット等によるものもある

島旅実態調査結果
（n= 2252）
認知度：認知者の割合
来島経験度：過去の旅行経験者の割合
来島意向度：今後行きたいと思っている人の割合

イメージレーダーチャート
各島の認知者に詳細な項目で確認したイメージ評価を、島気分、自然、海、文化・観光、宿泊・グルメ、アクセスの6グループに分類し、認知者における島イメージの概要を視覚化した。各島の評価の偏差値をスコア化。

※島の地図（輪郭イメージ）の縮尺は、掲載スペースの都合によりそれぞれ異なります。
※本文の「旅行日数」、「旅行費用」は来島者の平均旅行日数、平均旅行費用。「満足度」は積極的満足度（やや満足を除く）。観光資源イメージの順位は、各島の認知者におけるイメージ評価の全50島中の順位。

伊豆大島 ―― 東京にもっとも近い東京都の島

所在地：東京都大島町
面積：91.05㎢
人口：8,702 人
観光客数：221.4 千人

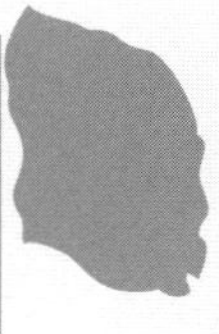

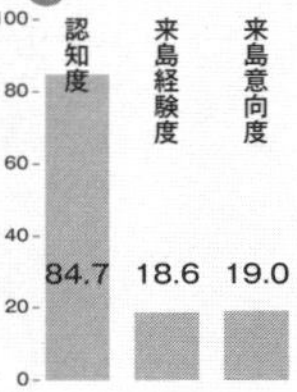

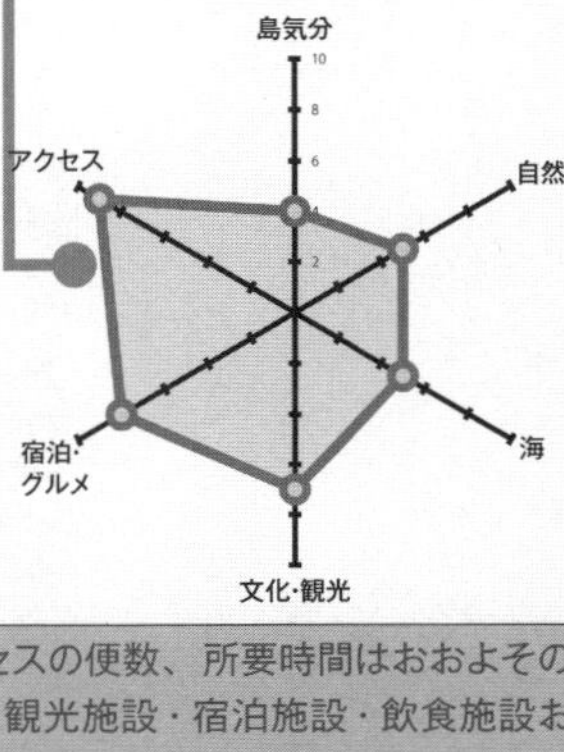

※本文で紹介の交通アクセスの便数、所要時間はおおよその目安です。観光スポット・観光施設・宿泊施設・飲食施設およびそれらの入場料金などは2009年1月現在のものです。実際に旅行する際は、各島の役場、観光協会のホームページ・交通機関などで最新情報をご確認ください。

礼文島——日本最北端の花の島

所在地：北海道礼文町
面積：80.95㎢
人口：3,410人
観光客数：229.4千人

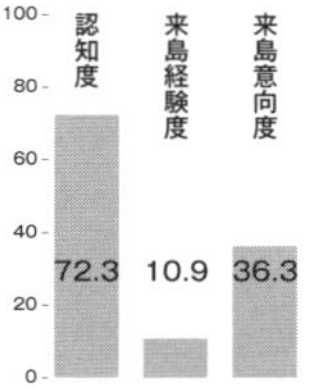

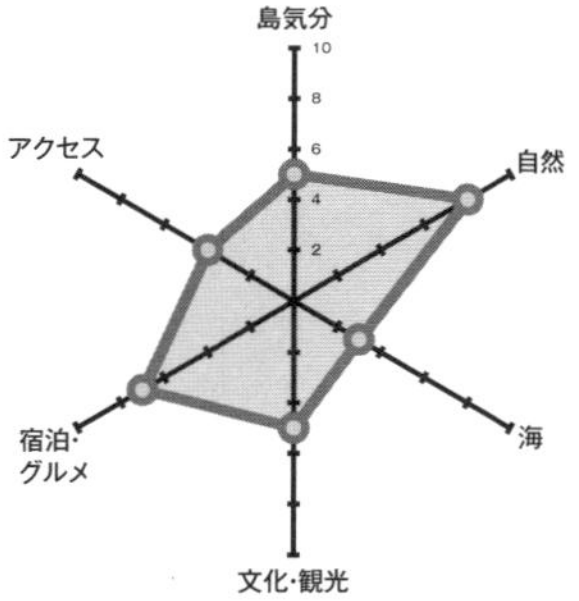

来島意向度6位、来島者の平均年齢は比較的高い

稚内市の西59㎞の日本海上に位置し、有人島としては日本最北端にある島。稚内フェリーターミナルからフェリーで2時間、1日2~5便が運航しており、直行便と利尻島経由便がある。礼文空港は利用率の低下などにより2003(平成15)年に廃止となっている。

認知度は72・3%で14位、来島経験度は10・9%で5位となっている。イメージチャートでは『自然』と『宿泊・グルメ』が高くなっており、『海』はそれほど高くない。

来島者の旅行目的は自然・景観観光が100%となっており、地元の美味しい食べ物・料理、ハイキング・トレッキング・登山が続いて多く50%を超えている。旅行日数は2・9日と全体平均を下回る一方、旅行費用は8万3933円で全体平均を上回っている。旅行形態では、自分で電話で予約した人が46・2%と多く、旅行会社のパッケージツアーが30・8%で続いて多い。来島者の平均年齢は52・3歳と高め。来島のきっかけとなった情報源は旅行ガイドブックが60・0%でもっとも多い。満足度は66・7%となっており比較的高い。

来島意向度は36・3%で6位と上位に入っている。

ハイキング・トレッキングとグルメの島

礼文島は「花の島」であり、本州では標高2000m級以上でしか見られない300種以上の高山植物が自生しており、世界的にも貴重な天然記念物のレブンアツモリソウの群生地がある。植物を楽しみながら歩けるトレッキングコースやハイキングコースも整備されており、トレッキングコースのシーズン中の花情報は、礼文町観光協会のウェブサイトで紹介されている。また、高山植物園・高山植物培養センターでは、シーズン中であれば高山植物をいつでも観賞することができる。毎年6月には礼文花まつりが行われており、観光シーズンの幕開けとなっている。

最北端の岬であるスコトン岬沖には、無人島であるトド島がある。季節によりゴマフアザラシが見られることもある。食材では、ウニやコンブなどの水産資源の全国的な知名度は高い。ホッケも名産となっている。

今回の調査でも来島者の半数以上が「地元の美味しい食べ物・料理」、「ハイキング・トレッキング・登山」を目的としており、島の魅力や目的が十分に旅行者に定着している好例といえ、高い満足度および来島意向度につながっていると考えられる。

旅行会社は利尻島や稚内観光を含む3日間から4日間のパッケージツアーなどを販売している。

2008（平成20）年には温泉掘削が成功し、09（平成21）年秋には温浴施設が開業の見通しとなっている。今後は、この温泉も組み込まれた新しい旅行商品の登場が期待される。

調査対象者のコメント（性別年齢・居住地）

「ハイキングをして、景観や花を満喫できた」（男性62歳・東海北陸）

「景色がきれい。昔の日本の姿を見ることができた」（女性39歳・東海北陸）

「礼文アツモリソウに憧れて行きました。トレッキングもしたかったのですが、シーズンから少しはずれていたのでかないませんでした」（女性65歳・首都圏）

「海鮮料理が美味しかった」（男性42歳・北海道東北）

桃岩展望台から西海岸　礼文町観光協会提供

利尻島——「利尻ブランド」が確立した島

所在地：北海道利尻郡利尻町・利尻富士町
面積：182.18㎢
人口：6,190人
観光客数：449.4千人

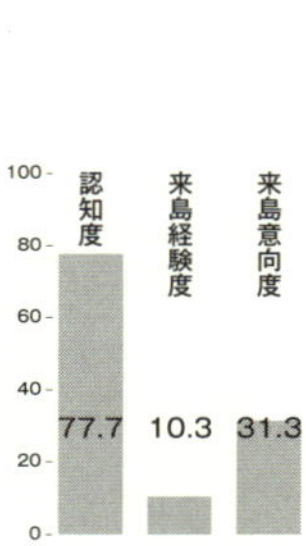

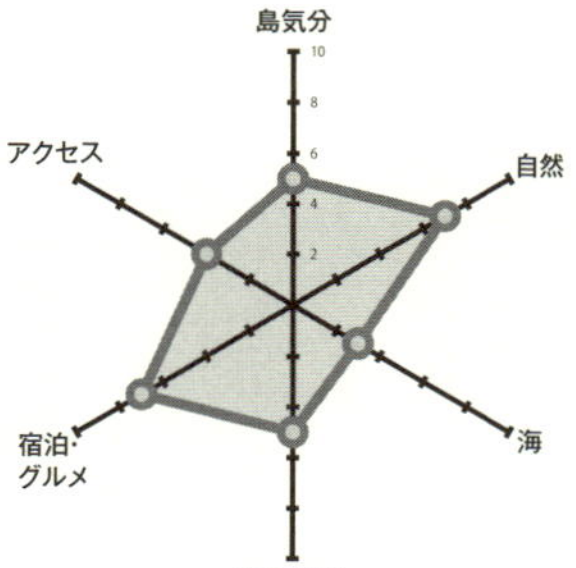

旅行会社のパッケージツアーが半数以上

稚内市より海上52㎞に位置する島。西北には礼文島がある。稚内フェリーターミナルからフェリーで1時間40分、1日数便が運航している。また、新千歳空港から飛行機が飛んでいる。

認知度は77・7％で9位、来島経験度は10・3％で7位となっている。来島者の目的は、自然・景観観が100％となっており、地元の美味しい食べ物・料理も平均を大きく上回った。旅行日数、旅行費用はそれぞれ4・0日、7万7700円と全体平均以上であるが礼文島と比較すると旅行費用は低めとなっている。旅行形態では旅行会社のパッケージ利用が55・6％と多いのが特徴であり、宿泊施設もホテルが80・0％と非常に多くなっている。男女比では2：3と女性が多い。満足度は70・0％と高い。

来島意向度は31・3％で8位と上位に入っている。

全国区の「利尻富士」「利尻昆布」

利尻島といえば、日本百名山に選ばれた利尻山を中心とした島である。利尻山は、標高1721mで利尻富士と呼ばれている。リシリヒナゲシなどの貴重な植物の宝庫となっており、海抜0mから登る珍しい山である。トレッキングコースと中上級者向けの登山道がある。また、姫沼やオタトマリ沼は、湖面に利尻山が映りこみ、観光スポットとなっている。南浜湿原での花を見ながらのハイキングも可能となった。来島者のコメントでも、利尻富士を目的としたというコメントが見られた。

礼文島と同じく、ウニ・コンブ・ホッケが特産となっている。特にコンブは利尻昆布として全国的に知名度が高く、夏期には、昆布干しの風景を見ることができる。「特産品など欲しいものがある」というイメージも高く、魅力ある観光資源となっているといえるだろう。

利尻島の西部から北東部にかけて1997(平成9)年に完成した約25kmのサイクリングコースがあり、利尻自動車道も利用すれば、島をサイクリングで一周することができる。このコースを利用し、毎年8月には、利尻島一周サイクリング大会が行われている。今回の調査では、島内での移動手段にレンタサイクルをあげた人はいないが、サイクリングロードの認知を高めることで新たな客層を捉えられるだろう。

沓形岬公園　利尻町観光協会提供

２００８(平成20)年には、ぱしふぃっくびぃなすの寄港地となった。旅行会社は利尻島のみの観光3日間や、利尻島や稚内観光を含んだパッケージツアーなどを販売している。ハイキング・トレッキング以外にも、釣りやサイクリング、パークゴルフなどのアクティビティが充実し、利尻富士を眺めながら入浴できる温泉もある。

調査対象者のコメント（性別年齢・居住地）

「利尻富士を登る目的で旅行をしたがあいにくの天候で利尻富士の全容を見ずに帰ってきた」（男性60歳・関西圏）

「ウニとカニが美味しかった」（女性40歳・北海道東北）

「こんなに美しくて可愛い花が有るのかと感動した」（男性66歳・東海北陸）

天売《てうり》・焼尻島《やぎしりとう》――海鳥の舞い踊る豊かな自然の島

所在地：北海道羽幌町
面積：10.71㎢
人口：738人
観光客数：18.7千人

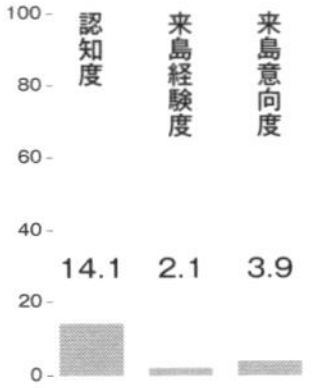

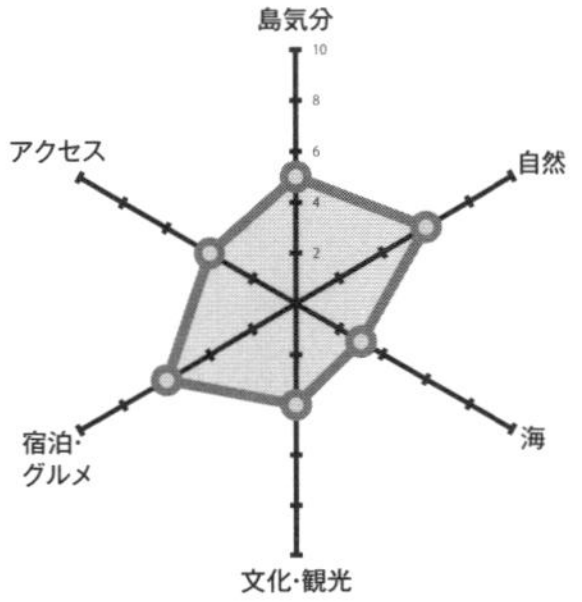

道立自然公園の島

天売島は羽幌港から28㎞、焼尻島は羽幌港から25㎞に位置しており、これらの2島で「天売焼尻道立自然公園」となっている。

羽幌港、天売港、焼尻港間には、フェリーと高速船が運航している。フェリーでは、羽幌―焼尻間が1時間、焼尻―天売間が25分、高速船では、羽幌―焼尻間が35分、焼尻―天売間が15分となっている。フェリー、高速船それぞれ1日数便運航している。

認知度は14・1%、来島経験度は2・1%であり、どちらも低い。来島者の目的は自然・景観観光が100%となっている。

豊かな自然の島をサイクリングで一周

「天売焼尻道立自然公園」は、「暑寒別《しょかんべつ》道立自然公園」とあわせて「暑寒別天売焼尻国定公園」に指定されている。天売島はウトウなどの100万羽を超える海鳥が繁殖のために飛来し、絶滅のおそれのあるウミガラスが営巣することが有名で、国の天然記念物に指定されている。海鳥繁殖地の中心には、海鳥観察舎展望台があり海鳥の観察ができる。焼尻島はオンコ、ミズナラ、アカエゾマツなどの天然林が約1・3㎢広がっており島全体

観音崎　羽幌町観光協会提供

の4分の1を占める。この「焼尻の自然林」は国の天然記念物に指定されているが、「島ならではの動・植物が楽しめる」は18・9%であり、まだ、これらの天然記念物は十分に認知されていないといえるだろう。

天売島・焼尻島ともにウニなどの海産物が特産物となっており、天売島では、マグロも特産物となっている。焼尻島では、めん羊の放牧が行われており、ジンギスカンも郷土料理となっている。

速さを競うのではなくママチャリでのんびりとそれぞれの島を半日かけて一周するイベントである「ツール・ド・天売&焼尻アイランド」が行われており、話題となっている。来島者のコメントにもサイクリングで島を一周したというものがあり、それぞれ個性のある天売島・焼尻島の魅力も楽しめるこのイベントは、両島の観光振興の起爆剤ともなるかもしれない。

今回の調査では、来島者は多くないが、ウトウ観察、釣り、サイクリングの体験がコメントであげられた。豊かな自然を楽しむ手段は提供されているといえるが、それがまだ旅行者に伝わるところまではいっていないと思われる。認知度を高めることが重要であるといえるだろう。

調査対象者のコメント（性別年齢・居住地）

「5、6万羽のウトウの群れが一斉に夕方島へ戻ってくる光景が素晴らしかった」（女性65歳・北海道東北）

「ソイ、ホッケ、ガヤ、70匹ほど釣りました」（男性56歳・北海道東北）

「島をサイクリングで一周」（女性64歳・北海道東北）

奥尻島 ——ウニ・アワビを求めて道内観光者が訪れる島

所在地：北海道奥尻町
面積：142.98㎢
人口：3,643人
観光客数：52.5千人

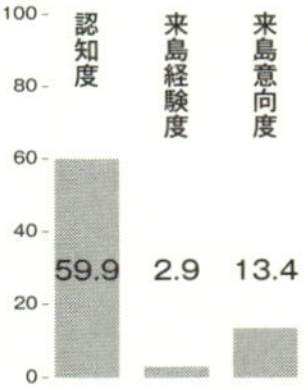

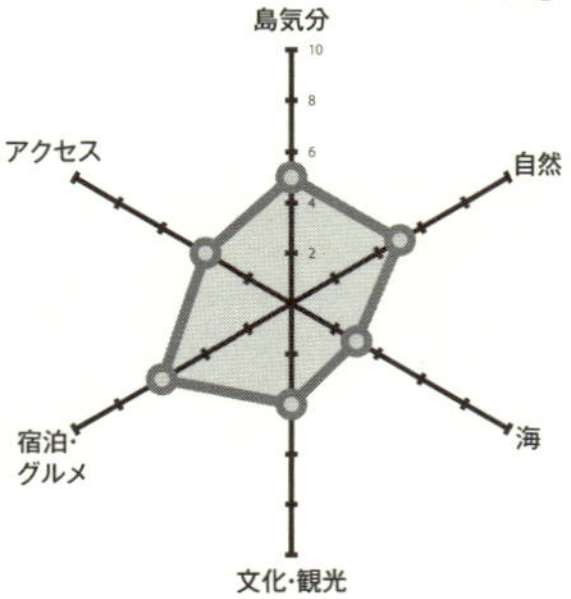

道内旅行者が中心、マイカー&フェリーで来島

北海道の江差町から西北61㎞に位置している。フェリーは江差から2時間20分、1日1～2便運航、瀬棚から1時間45分、1日1～2便運航している。また函館空港より飛行機が運航している。

認知度は59・9％で19位、来島経験度は2・9％で32位となっている。イメージとしては、「海が美しい」、「美しい自然や景勝地が豊富」、「美味しい食べ物・飲み物がある」が多い。来島目的としては、自然・景観観光がもっとも多く、地元の美味しい食べ物が次いでいる。宿泊施設は民宿・ペンションが中心となっている。旅行費用は1万7500円と全体平均を大きく下回っており、旅行日数も2日と短い。ほとんどがマイカー利用となっており、道内旅行者の多さが感じられる。また、飛行機を利用している人はいなかった。情報源は口コミが中心となっている。満足度は33・3％と低めである。

来島意向度は13・4％で22位となっている。

手頃にウニ・アワビなどの高級食材が楽しめる

今回の調査でも、北海道在住の人々がウニを楽しんだとコメントしているように、奥尻島では手頃な価格で新鮮なウニを食べることができる。また、同様に高級食材であるアワビや、なかなか焼魚以外では食べることができないホッケのしゃぶしゃぶが食べられるなど、海産物を堪能できる島である。島の食材を観光活性化に役立てようと、「奥尻島観光客倍増プロジェクト」の一環として、「奥尻島四季・旬の食メニュー開発事業」などが行われている。また、ワインづくりへの取り組みも行われている。しかし、今回の調査では、他の北海道の島に比べると地元の美味しい食べ物というイメージは低めとなっている。どのように差別化し、PRしていくかが重要だろう。

なべつる岩　旅の販促研究所撮影

観光スポットとしては、なべつる岩など変わった形の岩を海岸線で見ることができる。キャンプ場としても利用される賽の河原などがある。また、ブナ林など自然も豊富である。2008(平成20)年よりフットパスもスタートしている。

奥尻島は、1993(平成5)年に起こった北海道南西沖地震の津波により大きな被害を受けた。北海道津波到達地点の表示や、奥尻島津波館などがあり、地震についての記憶を伝えている。

旅行会社では、江差や洞爺湖と組み合わせたツアーなどが販売されているが、これらは奥尻島に宿泊をしないものが多い。

「奥尻島観光客倍増プロジェクト」では、島民自身が島についてよく知ろうという活動も行われており、観光素材の発見・育成によって、今後は旅行者の滞在スタイルの変化も期待される。

調査対象者のコメント

「とにかく自然を満喫できた旅行でした」(男性48歳・北海道東北)

「ウニ、アワビが美味しかった」(男性52歳・北海道東北)

「お魚が美味しかった。ウニは嫌いですが、現地で新鮮なのをいただきましたら食べられるようになりました」(女性61歳・北海道東北)

気仙沼大島――「島の学校」を目指す湾内の島

所在地：宮城県気仙沼市
面積：9.05㎢
人口：3,527人
観光客数：333.0千人

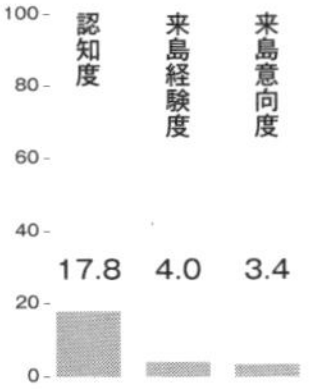

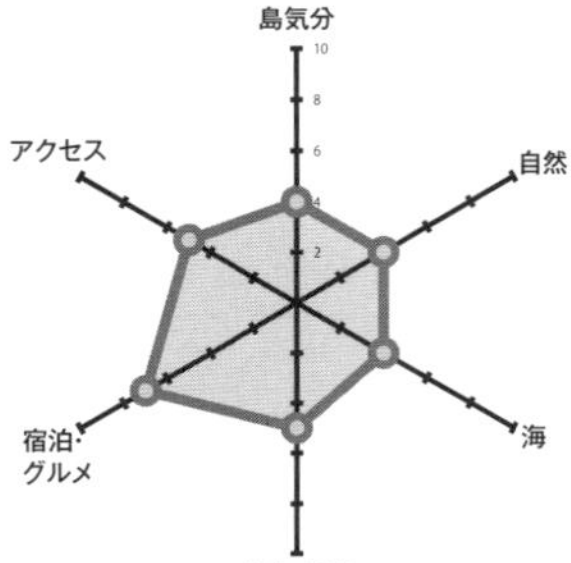

東北地方最大級の島

気仙沼湾内、本土から航路距離7・15kmに位置する島。東北地方では最大級の島となっている。浦の浜港から、旅客船とカーフェリーが運航している。旅客船、カーフェリーで25分、旅客船は1日14便、カーフェリーは10～15便運航している。イメージチャートでは『アクセス』があまり高くなっていないが、実際のアクセスが良いといえる。アクセスの良さのアピールも必要であるといえるだろう。

認知度は17・8%、来島経験度は4・0%で高いとはいえない。来島者の目的は、自然・景観観光と地元の美味しい食べ物・料理が中心となっている。

釣りスポットと豊富な体験学習メニュー

気仙沼大島は、宮城県内でも有数の釣りのスポットである。船釣りを初心者でも楽しむことができ、カレイなどの大物も穏やかな海で釣ることができる。カキやホヤなどの収穫が体験できる養殖いかだクルーズも行われている。今回の調査結果でも観光資源イメージでは、「美味しい食べ物・飲み物がある」が39・5%でもっとも高い。また特徴的なものとして「釣りが楽しめる」が19・8

%と比較的多く見られる。

北部には標高２３５ｍの亀山があり、亀山リフトという観光リフトで季節の花々を楽しみながら登ることができる。縄文時代の磯貝貝塚や裏の浜遺跡などもある。また、千年以上の歴史をもつ大島神社も亀山の中腹にある。

日本の快水浴場１００選で海の部特選に選ばれている小田の浜海水浴場、全国的にも珍しい鳴砂の浜として知られる十八鳴浜などもある。児童文学や詩歌などの作品を多数残している気仙沼出身の作家、水上不二によって「大島よ永遠に緑の真珠であれ」と謳われたほど、自然豊かな島である。

地引網体験　気仙沼市観光課提供

イベントとしては、有名選手も参加するつばきマラソンがあり、２０００人以上が参加する。ただし、「文化遺産・遺跡が豊富」や「興味のある祭・イベントが開かれる」というイメージは低い。

気仙沼市産業部観光課の畠山さんによると、「食や体験など明確な目的・テーマをもった旅行者が増加する傾向が見受けられる」という。「島の学校」として、野外フィールド体験、屋内施設体験、講話、オプションのジャンルで合計20種類を超える体験学習メニューが特徴的であり、修学旅行や生涯学習旅行グループ等の旅行にもすすめたいとしている。

本州からの近さもあわせ、体験学習の島として認知が高まれば、意識の高いファミリー旅行などでも積極的に訪れられる島となる可能性があるだろう。また、体験学習は島民の中でも島の魅力を再発見する原動力になることが期待できる。

２０１８年度には橋が架かる予定で、旅行日数の短期化の懸念がある。

調査対象者のコメント（性別年齢・居住地）

「鳴砂など手つかずの自然があった。ドライブ中カモシカにも出会った」（男性39歳・北海道東北）

Ⅱ　日本海の島

飛《とび》島——気候温暖な日本海に浮かぶ島

所在地：山形県酒田市
面積：2.70㎢
人口：275人
観光客数：15.9千人

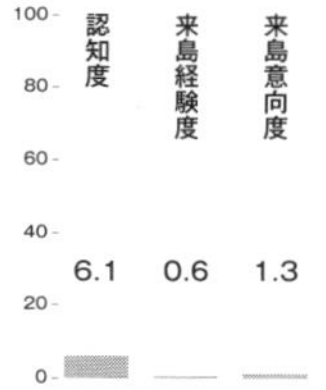

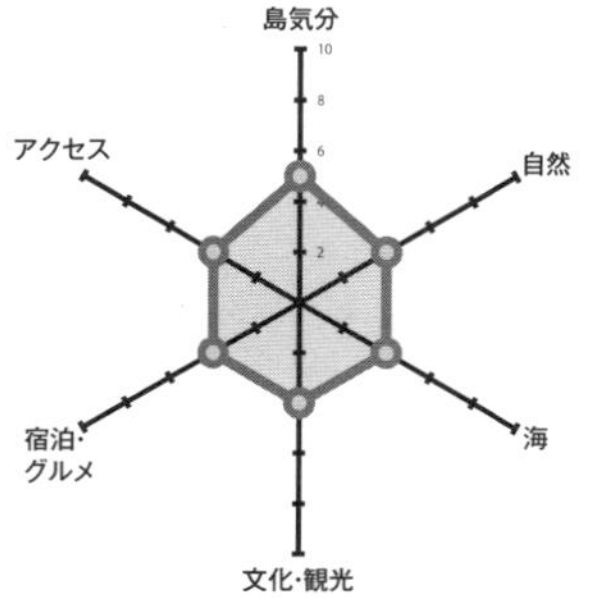

認知・経験度・来島意向度はこれからの島

酒田港の北西39㎞に位置する島。対馬海流が周囲を流れているため、年間平均気温が12度で気候は温暖である。酒田港から定期船で1時間30分、１日１～３便が運航している。

認知度は６・１％で49位、来島経験度は０・６％で47位と、どちらも低い。

来島意向度も１・３％と低い値になっている。

レンタサイクルとウォーキングで観光する島

約２７０種の野鳥が飛来する、日本有数の野鳥飛来地となっている。ウミネコ繁殖地では２万羽の大群が巣作りを行う様子が見られる。植物としては、飛島と佐渡島にしか自生が確認されていない高山植物であるトビシマカンゾウが有名で、日本の渚１００選に選ばれている荒崎海岸で見ることができる。暖地性と寒地性の植物のどちらも見ることができることも特徴的だ。

島内は、そう広くないこともあり、観光客の移動は基本的にはレンタサイクルとなっている。無料観光用自転車の貸し出しも行われている。案内板や標識も多数あり、１日あれば島内の見どころを回ることができる。酒田市ホームページの観光ページでは、ウォーキングコースも紹介されており、のんびりと散策が楽しめる島である。

周囲には大小の島が点在しており、遊覧船で島巡りをすることができる。ウミネコ繁殖地として国の天然記念物に指定されている御積島《おしやくじま》、寺島、荒島、百合島などがある。また、暖流と寒流が交差するため魚類も豊富で大型の魚を釣ることができる。全島が釣り場となっており、磯釣り、船釣りを楽しむことができる。飛島海づり公園には、釣り桟橋と日本初の浮体式展望塔があり、釣りと海中観察を楽しむことができる。産業としては、イカ漁を主とした漁業が中心となっており、珍しいイカの魚醤を３００年前からつくり続けている。

飛島全景　やまがた観光キャンペーン推進協議会提供

現時点では、あまり飛島へのイメージはかたまっていない。東北地方で温暖な気候という意外性、バードウォッチングや釣りが十分に楽しめること、サイクリングを楽しむことができること、魚醤などの特有の食文化など、さまざまな魅力をどのように新しい魅力として紹介できるかが今後の観光振興のポイントといえるだろう。

また、今回の調査では「夕日」、「サンセット」が良かったというコメントがあがった。「夕日」は島として特にＰＲされているものとはいえない。これは、旅行者が自分で魅力を発見することが可能な島ともいえるのではないだろうか。

調査対象者のコメント（性別年齢・居住地）

「サンセットが素晴らしい」（男性26歳・首都圏）
「自然」（男性41歳・北海道東北）
「夕日が良かった」（女性57歳・首都圏）

粟島——まだまだ知られていない歴史ある日本海の島

所在地：新潟県粟島浦村
面積：9.86㎢
人口：438人
観光客数：27.6千人

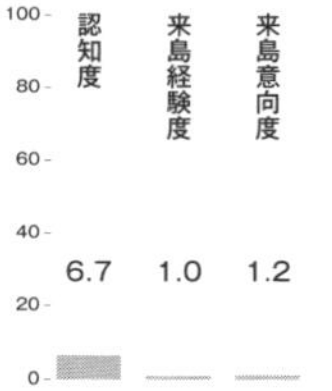

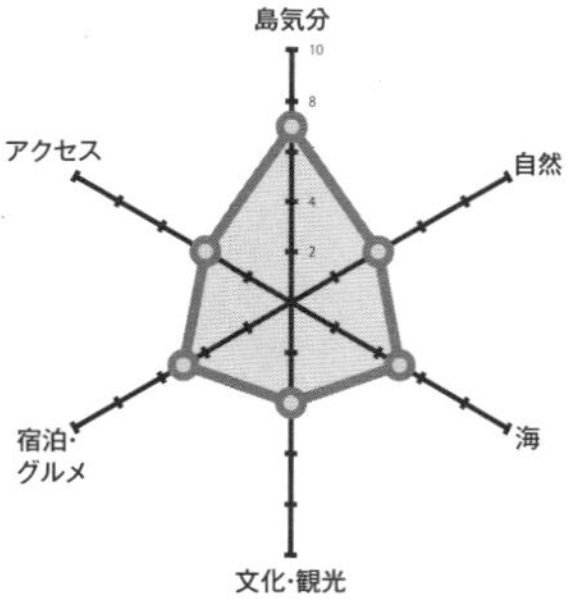

認知度・経験度・意向度はまだまだ低い島

新潟市の北63㎞に位置する島。新潟の岩船港から高速船で55分、フェリーで1時間30分、高速船は1日数便、フェリーは1日1～2便運航している。

イメージチャートは、『島気分』が高くなっているものの、そのほかのイメージは希薄なようだ。認知度は6・7%で47位、来島経験度は1・0%で44位となっている。来島意向度は1・2%で49位と低い。

わっぱ煮　粟島観光協会提供

ワッパ煮が名物、歴史が詰まったこれからの島

毎年5月初めには、島開きというイベントが行われる。特産物販売市、海洋釣堀、海上パレードなどが行われ、観光客で賑わう。焼いた石を入れてつくるワッパ煮は、粟島の名物であり、民宿で注文すれば食べることができる。早朝と夕方に行われる大謀網漁では、マダイやブリなどがとれる。希望すれば船上から見学をすることもできる。9月には磯ダコ捕りツアーが行われており、今回の

回答者でも参加した人がいた。

海水浴場付近にはキャンプ場が整備されている。島内を一周できるサイクリングロードやウォーキングロードがある。村役場ではレンタサイクル、テント、バンガローの貸し出しがされている。島一周の観光船があり、オオミズナギドリとウミウの繁殖地を見ることができる。

島の歴史は古く「万葉集」にも詠まれている。遺跡としては、板石塔婆である板碑が数多く残っている。鎌倉時代から室町時代にかけて、夕日の中に浮かぶ粟島が極楽浄土への入り口とみなされたことにより、一時期集中的に造立されたといわれている。

江戸時代には佐渡島や飛島に向かう北前船の風待ち港となり、とても賑わったという。また、1970年代の離島ブームでも自然観光やタイ釣りに多くの観光客が訪れている。

粟島にはとても面白い伝承がある。5月～6月頃の曇りの日、海上に巨大魚とも陸地ともつかない「浮き物」と呼ばれる物体が浮かんで見えるといわれている。おおよそ特定の場所に現れるが、海面を移動することもあり、人間が近づくと消え去ってしまうという。魚または海鳥の群、さらには未確認の巨大魚などの説がある。

観光資源は豊富とはいえないが、日本海を一望できる温泉もある。ワッパ煮が有名な地であったり、磯ダコ捕りツアーなど海産物を楽しむことができたり、ひとひねりがある島といえる。ただし、それが十分に認知されていない。アイランダーに出展をしていることで島に興味のある旅行者へのPRはできていると思うが、そこまで行かない旅行者に興味をもってもらえるようなさらなる工夫が必要なのではないだろうか。

調査対象者のコメント（性別年齢・居住地）

「簡単に海岸でタコが釣れること。短い竿の先に、ビニールの荷造り紐をくくりつけた仕掛けで、小型のタコがいっぱい釣れた。1泊で帰るつもりが、時化で船が欠航、予定外に2泊してしまったが、これも楽しかった」（男性63歳・関西圏）
「熱く焼いた石を鍋に入れ、食べる鍋」（女性67歳・首都圏）

佐渡島——日本最大の離島、トキ・金山の島

所在地：新潟県佐渡市
面積：855.11㎢
人口：67,386人
観光客数：674.5千人

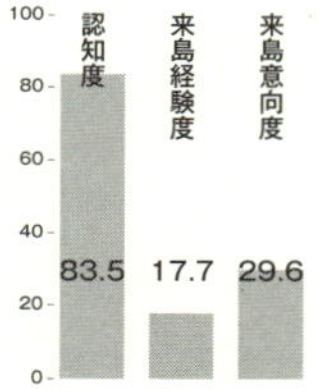

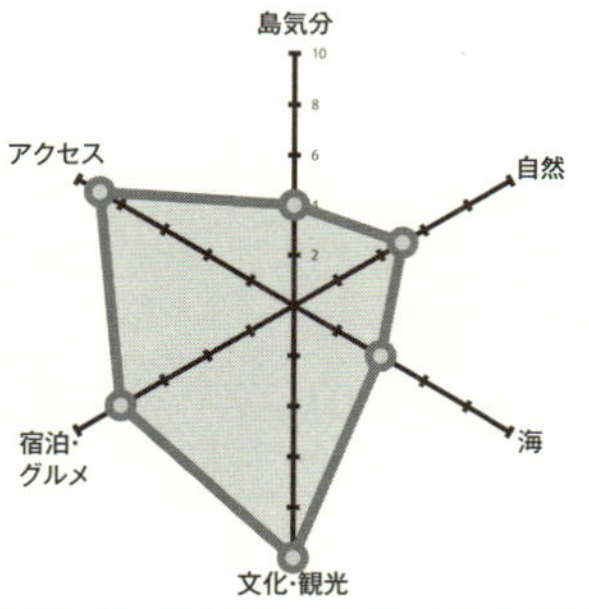

来島経験度第4位、観光バスでのツアーが盛んな島

新潟市の西45㎞の日本海に浮かぶ日本最大の離島。新潟港から両津港へジェットフォイルで1時間、フェリーで2時間20分、本数も多い。ほかに直江津から小木港へフェリー、寺泊から赤泊港へ高速艇が1日数便出ている。

認知度は7位、来島経験度は4位とよく知られている。イメージチャートでも『アクセス』や『文化・観光』、『宿泊・グルメ』のスコアが高い。観光資源イメージでは、「島内の交通手段が充実」や「興味のある祭・イベント」で1位、「文化遺産・史跡が豊富」、「博物館・郷土資料館・美術館など文化施設が豊富」、「良い温泉がある」で2位、「観光スポットが豊富」で3位となった。

来島者の旅行目的でも名所・旧跡観光や温泉、伝統芸能の鑑賞が高くなった。旅行日数、旅行費用は2・7日、5万2261円とアクセスが良い分、やや全体平均を下回る。宿泊は旅館とホテルが多く、旅行会社利用が50・0%とやや多くなった。島での交通手段は観光バスがもっとも多い。男女比はほぼ半々、満足度は34・8%と低くなっている。

来島意向度は29・6%で10位と高い。情報量の豊富さと文化的な要素が押し上げているのではと考えられる。

豪快な自然景観と能や人形などの伝統文化

東京23区の1・5倍と日本一大きな離島。対馬暖流の影響で冬の温度が新潟市内より1～2度高く、雪もほとんど積もらない。

歴史は古く、750年頃には国府が置かれた。佐渡金山の発見から歴史の表舞台に登場する。天領となり、最盛期の17世紀には世界一の金の産出量を誇った。流人貴族による文化が色濃く、能・狂言・人形芝居などの伝統文化が盛んだ。本間家能舞台など多くの能舞台が残されている。

宿根木の街並み　旅の販促研究所撮影

小木地区には宿根木という千石船で栄えた街並みが残っており、舟形家屋などの面白い形の民家が今も使われている。国際的にも鼓童を中心としたアースセレブレーションのイベントでも知られている。お土産も、無名異焼やおけさ柿が有名だ。スポーツでも、佐渡国際トライアスロン大会や一周210kmを回る日本最長のサイクルイベントがある。

課題は、航路と観光政策の一体性、高い旅行会社への依存度などだろう。佐渡市観光課の計良さんは、最近の旅行者の動きとして、「エコツアーや産業観光などが拡大している」としている。

調査対象者のコメント（性別年齢・居住地）

「有名なたらい舟に乗れたこと、金山も良かった。夫婦3組でタクシー観光したのでゆっくりしました」（女性66歳・関西圏）

「初めて陶芸の体験をした。ホテルが海岸線にあり、景色もよく過ごせた。ドンデン山でカンゾウの花を見ることができた」（男性65歳・首都圏）

「ジェットフォイルとレンタカーの時間調整でものすごくロスが出たため、あまり良い思い出にならなかった」（男性60歳・首都圏）

隠岐島《おきのしま》——進化を続ける、とって隠岐の島

所在地：島根県隠岐の島町・海士町・西ノ島町・知夫村
面積：346.19㎢
人口：23,696人
観光客数：432.8千人
※島後、中ノ島、西ノ島、知夫里島計

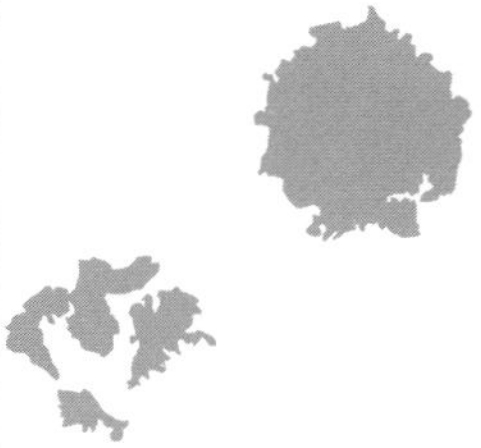

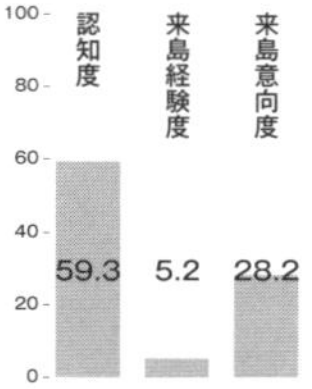

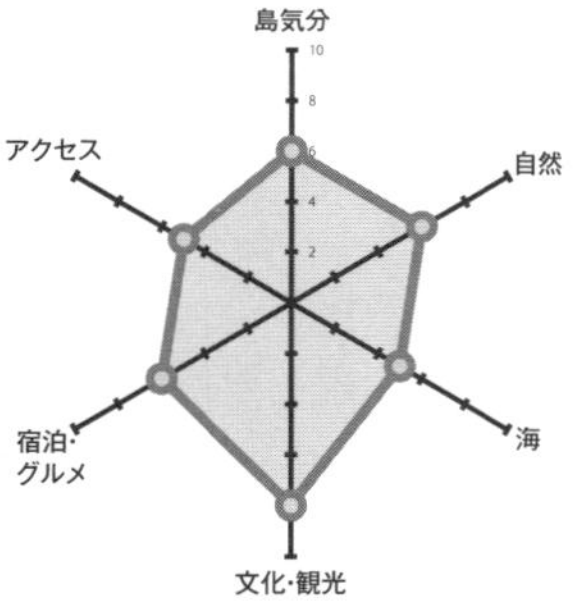

島前・島後と180以上の小島で構成される島

知夫里島《ちぶりじま》、中ノ島、西ノ島3島の島前、島後《どうご》島1島の島後、180以上の小島で構成されている。七類《しちるい》港または境港からはフェリー、高速艇が運航している。フェリーは最短で島後島まで2時間25分、西ノ島まで2時間35分、中ノ島まで3時間10分、知夫里島まで2時間となっている。高速船は七類港か境港より運航しており、最短で島後島まで1時間10分、中ノ島まで1時間50分、西ノ島まで2時間5分となっている。島後島には空港があり、出雲空港と伊丹空港から飛行機が飛んでいる。

認知度は59・3％で20位、来島経験度は5・2％で18位となっている。「海が美しい」、「美しい自然や景勝地が豊富」、「美味しい食べ物・飲み物がある」が主な観光資源イメージである。来島目的では自然・景観観光が85・7％となっておりほとんどの人が目的としている。

隠岐神社　旅の販促研究所撮影

旅行手配方法や交通手段は分散している。島内の移動手段ではタクシーがよく利用されている。平均年齢は55・4歳と比較的高い。満足度は50・0%と低めとなっている。
来島意向度は28・2%で12位と高くなっている。

配流にまつわる歴史と新しい取り組み

隠岐には、後醍醐天皇や後鳥羽上皇などが配流された歴史があり、島後島には隠岐国分寺、中ノ島には隠岐神社などの関連した史跡が残っている。中ノ島では後鳥羽上皇が和歌の達人であったことにちなみ、俳句大会・吟行ツアーが毎年行われている。後鳥羽上皇を慰めるために始まった「牛突き」は、年3回の本場所が現在も島後島で行われている。

自然の観光スポットも多く、ローソク島、西ノ島の国賀海岸などがある。隠岐風待ち海道倶楽部が実施する大自然を体感するエコツアーも話題になった。来島者のコメントでも自然の雄大さが印象に残ったというコメントが多くあげられている。

イベントとしては、4島を3日間かけて船とウォーキングでめぐる「とって隠岐スリーデーウォーク」が行われている。

中ノ島では、「島まるごとブランド化」として「さざえカレー」や「イワガキ」などの特産物の販売を行ったり、Iターンの積極的な受け入れや商品開発研修生の受け入れなど外部の視点を取り入れての島おこしが行われており、海士町は「地域づくり総務大臣表彰」大賞の第1号となった。

さらに、隠岐全体として、観光素材の育成に取り組むことが期待される。

調査対象者のコメント（性別年齢・居住地）

「自然の雄大さと料理」（男性51歳・中国四国）

「隠岐島には今回で3年連続行っています」（女性66歳・首都圏）

「西ノ島のウォーキングコースを歩いた」（女性64歳・関西圏）

「食べ物が美味しかった。また、海の景色が素晴らしかった」（男性60歳・中国四国）

伊豆大島――東京にもっとも近い東京都の島

所在地：東京都大島町
面積：91.05㎢
人口：8,702人
観光客数：211.4千人

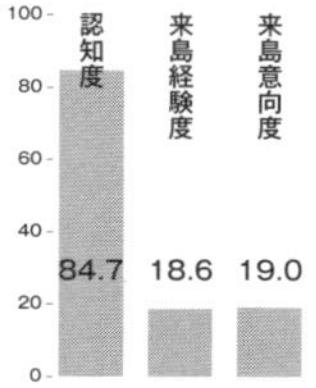

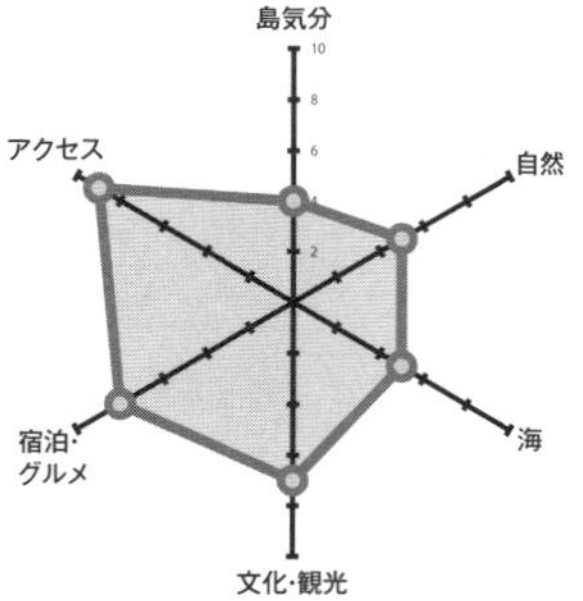

来島経験度3位、温泉イメージ1位の島

東京の南海上120㎞、伊豆諸島北部に位置する伊豆諸島最大の島。東京の竹芝桟橋からジェットフォイルで1時間45分、1日3便が運航している。ほかに東京竹芝桟橋と横浜港から客船が、熱海港、伊東港から高速艇が出ている。また、羽田空港からと東京調布飛行場から飛行機が飛んでいる。とてもアクセスのよい島といえるだろう。実際イメージチャートでも『アクセス』のスコアが非常に高い。

認知度は84・7％で6位、多くの人が知っている島と確認できた。来島経験度は18・6％で小豆島、石垣島に次いで3位となった。東京から近く、アクセスがよいだけでなく、『宿泊・グルメ』イメージも高く人気の観光地となっているからだろう。特に「良い温泉がある」は1位だった。

来島者の旅行目的は自然・景観観光が圧倒的で、温泉が全体平均を大きく上回った。旅行日数、旅行費用はそれぞれ2・5日、4万2140円と東京から近距離にあるため全体平均を下回っている。旅行形態では旅行会社の利用が47・2％と多いのが特徴だ。男女比では2：1と男性が多い。満足度は37・2％と低くなっている。

来島意向度は19・0％と、けっして低くないものの15位だった。来島者のリピーター化の課題がありそうだ。

三原山と温泉、椿、1年中楽しめる火山の島

伊豆大島の見所はなんといっても三原山だろう。三原山はハワイのキラウエア火山、イタリアのストロンボリー火山と共に世界三大流動性火山の一つに数えられている。１９８６(昭和61)年、２１０年ぶりの大噴火が起き全島民の島外避難もあったが、現在は平静を保ち四季折々に素晴らしい景観を見せている。三原山山頂口付近からは伊豆半島や富士山を望むこともできる。

島が歴史に登場するのは古く、日本書紀の飛鳥時代の記述までさかのぼる。その後、流刑地としての歴史も長く、保元の乱に敗れた源為朝の配流は有名である。１９２８(昭和３)年に東京との間に日航便が就航し、同年には「波浮の港」の唄が流行したこともあって観光地化が進んだといわれる。

三原山と並ぶ観光資源は温泉で、三原山温泉、御神火《ごじんか》温泉、浜の湯などがあり観光客を喜ばせている。椿の名所としても有名で1月下旬から3月にかけて開催される椿まつりには多くの観光客が来島する。海水浴や釣り、近年ではスキューバダイビングも盛んで幅広い来島者がある。旅行会社も船と宿泊、島内観光をセットにした、主に1泊のツアーを企画し販売している。島おこしも積極的に取り組んでいて、島内宿泊施設の女将や若女将が中心となった大島おかみの会などが活動している。

調査対象者のコメント（性別年齢・居住地）

「民宿のおばちゃんの人が良く、毎年行くのが楽しみになった」（男性36歳・首都圏）

「高速艇を利用したので短時間で行けた。島の人たちは皆親切で明るく迎えてくれた。景色も最高」（男性64歳・北海道東北）

「海が混まずにきれいだった。椿フォンデュをした。椿の実でできたキーホルダーをお土産に買った。レンタカーで島を一周した。庭でござをひいて寝転がり流れ星を見た。無料の動物園に行った」（女性29歳・関西圏）

伊豆大島椿まつり　旅の販促研究所撮影

新島《にいじま》――マリンアクティビティで若者を呼ぶ島

所在地：東京都新島村
面積：23.17 ㎢
人口：2,565 人
観光客数：43.4 千人

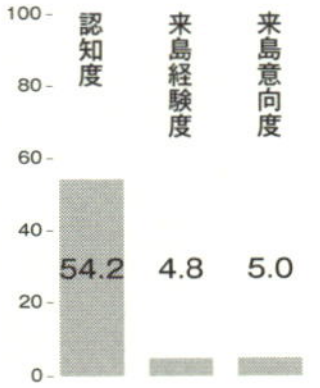

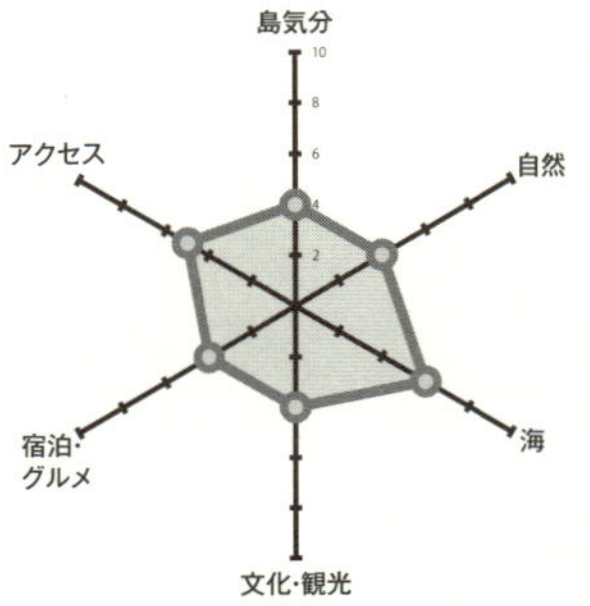

来島者の平均年齢がもっとも低い島

伊豆諸島の中心に位置する島。東京の竹芝桟橋から高速船で2時間20分、大型客船で10時間35分、ともに1日1便運航している。下田港からは客船で2時間40分、1日1便運航している。飛行機は調布飛行場より運航している。各地と結ばれているが、あまり『アクセス』のイメージは高くなっていない。

認知度は54・2%で23位となっており、半数以上の人が認知している。来島経験度は4・8%で21位となっている。「海が美しい」、「海水浴が楽しめる」、「釣りが楽しめる」、「マリンスポーツが楽しめる」が主なイメージとなっており、東京近隣で海のアクティビティを楽しめる環境が整っていることが認識されているといえる。来島者の平均年齢は30・3歳となっており、全島の中でもっとも低い。

来島意向度は5・0%で32位。同じ伊豆諸島にあり来島意向度15位の伊豆大島と比較すると「美しい自然や景勝地が豊富」というイメージ

羽伏浦海岸　新島村提供

が低く、マリンアクティビティを目的とする層以外の取り込みが十分になされていないことが理由と考えられる。

マリンアクティビティが楽しめる島

羽伏浦《はぶしうら》が世界有数のサーフィンのスポットとして知られているなど、サーフィンが楽しめるポイントがいくつもある。海岸は海水浴客が集まる。トライアスロン大会、アクアスロン大会、遠泳大会、サーフィン大会やボディボード大会などマリンスポーツの大会が行われている。これらの大会が、マリンアクティビティが楽しめる島としてのイメージのPRに大きく貢献していると考えられる。

島の特産品としては、明日葉、焼酎などがある。また、新島ではコーガ石を原料にガラス製品がつくられており、新島のガラスアートと世界のガラスアートが展示されているガラスアートミュージアムがある。新島国際ガラスアートフェスティバルとして、アーティストの制作の実技披露やワークショップなどが催される。ただし、「特産品など欲しいものがある」、「文化施設が豊富」というイメージは低いことから、まだまだ一般的に認知はされていないといえる。

旅行商品としては、フェリー利用で2～3泊、高速船利用で1～2泊というものが多い。パンフレットとしては伊豆七島がひとくくりになっているものが多く、その中でどのような特色を打ち出せるかが勝負となるといえるだろう。

新島村島づくり委員会では、島文化と歴史に浸るツアー、健康体験ツアーなどを打ち出している。これらのツアーの認知が歴史や文化、美味しい食べ物というイメージ形成に影響を与える可能性もあり、今後が期待される。ファミリーや年配者の旅行者が増えてきているという。現在のボリュームゾーンである若者以外にも、島の魅力が広がりつつあるといえる。

調査対象者のコメント（性別年齢・居住地）

「真っ暗な中での深夜ドライブ」（男性23歳・首都圏）
「島の地酒（焼酎）が美味しかった」（女性28歳・首都圏）

式根島――海中温泉でのんびりできる東京の島

所在地：東京都新島村
面積：3.69㎢
人口：596 人
観光客数：23.9 千人

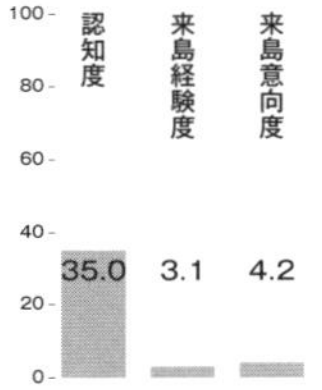

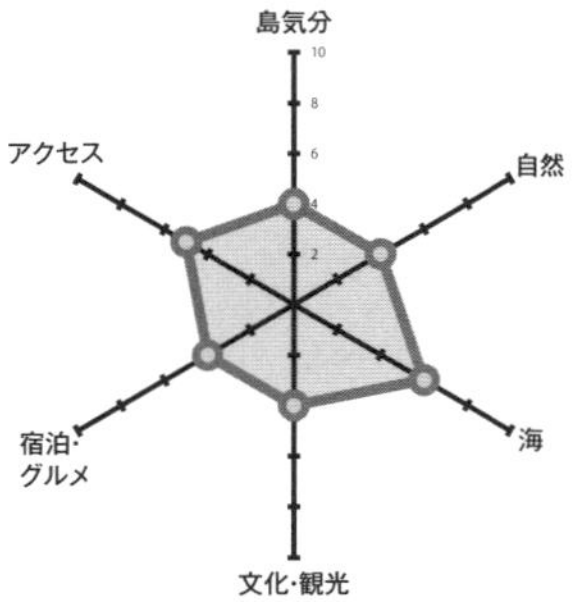

東京の島で小笠原に次いで海が美しいイメージの島

東京の南方160㎞、新島の南3㎞に位置している。東京の竹芝桟橋から高速船で2時間20分、大型客船で11時間5分、ともに1日1便運航している。下田港からは客船で3時間15分、1日1便運航している。新島から連絡船で10分となっている。

認知度は35・0％で31位、来島経験度は3・1％で31位。どちらもあまり高いとはいえない。

「海が美しい」、「海水浴が楽しめる」、「釣りが楽しめる」が主なイメージとなっており東京都の島の中では、小笠原島に次いで「海が美しい」というイメージが持たれている。来島目的としては、自然・景観観光と海水浴が中心となっている。来島意向度は4・2％で35位と低くなっている。

松と白浜が織り成す自然と温泉文化

式根島は「式根松島」という異名をもつなど、松と白浜が織り成す風景が特徴的な島である。遊歩道が整備されており、ハイキングルートとなっている。泊海岸は扇形の入り江になっており景観も楽しめる。

式根島は釣り人たちの聖地と呼ばれており、磯釣りが楽しめる。調査でも「釣りが楽しめる」イメージが高くなっている。海の幸も新鮮なものが食べられるが、「美味しい食べ物・飲み物がある」イメージはあまり高いとはいえない。

秘湯地鉈温泉、海を見ながら入浴できる足付温泉、松が下雅湯など風景も楽しめる露天風呂が多くあるが、良い温泉があるというイメージは低い。もともと与謝野晶子やサトウハチローが訪れたという温泉ホテルがあった温泉文化の深い島である。これらの認知が高まれば、来島意向もおのずと上がるものと思われる。

イベントとしては、東京アイランドシリーズとしてアクアスロン大会が毎年開催されている。また、２００８(平成20)年には、「式根島リゾートプロデュースイベント」がマイクロソフト社などによって行われ話題となった。

旅行商品としては、フェリー利用で2～3泊、高速船利用で1～2泊というものが多い。新島とは連絡船で10分と近い距離にあるが、それが分かりやすく伝えられているパンフレットは多くない。新島村島づくり委員会では、新島と式根島の2島まるごと体験というチラシを制作しており、式根島では自然観察ウォークが紹介されている。新島とは違う魅力をＰＲし、２つの島をどちらも体験したくなるようにすることが、今後必要となるだろう。

調査対象者のコメント（性別年齢・居住地）

「海の透明度がきれいなのでもりを持って魚をとることができた」（女性49歳・首都圏）

「釣り、景色、温泉と３、４日の旅行にはちょうど良い広さ。温泉が気に入りました」（男性58歳・首都圏）

「海の水からの塩づくり体験、藍染体験、天体観測」（女性43歳・首都圏）

「海の温泉に入ったこと。星がきれいで流れ星が見られたこと」（女性47歳・首都圏）

神引展望台　式根島観光協会提供

三宅島——観光復興が続くバードアイランド

所在地：東京都三宅村
面積：55.44㎢
人口：2,439人
観光客数：34.8千人

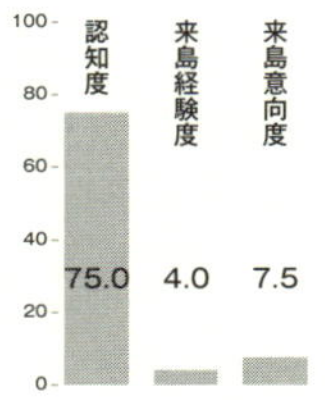

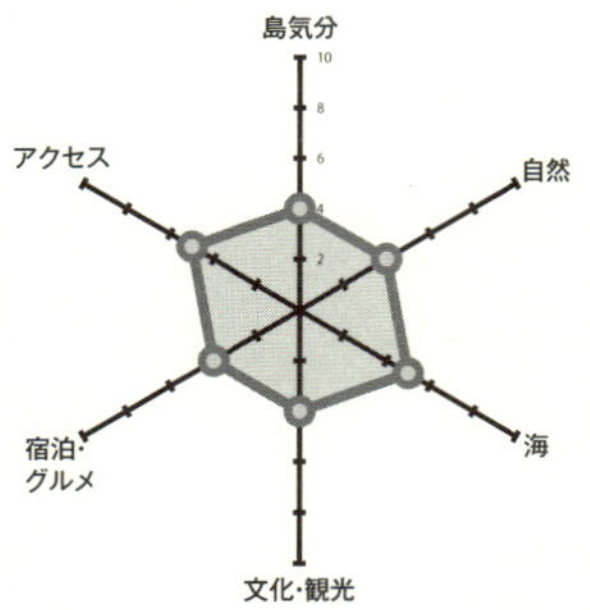

噴火での認知度も高い島

東京の南180㎞に位置している。東京の竹芝桟橋からフェリーで6時間40分、1日1便が運航している。羽田空港から飛行機も飛んでいる。御《み》蔵島《くらじま》などからはヘリコプターが運航している。

認知度は75・0%で12位と高いが、来島経験度は4・0%だった。観光資源イメージではあてはまるイメージはないという回答が20%を超えるなど、観光地という意味で知っているというより、2000(平成12)年の噴火に関連して知っている人が多いと考えられる。

観光復興に取り組んで、もう数年たっているが、来島意向度は7・5%で30位と低迷している。

2005年に観光再開、新たなイベントも開催

2000年（平成12年）に雄山が噴火し、全住民が島外避難という事態となったが、2005(平成17)年の2月には島外避難が解除され、5月には観光が再開されている。ガスマスクの携帯の義務付け、立ち入り禁止区域が設定されるなど噴火の影響は残っており、復興に向けてさまざまな取り組みが行われている。

噴火災害からの復興の起爆剤となることを目的とし、2007(平成19)年には、マン島TTレー

スを参考にした「チャレンジ三宅島　モーターサイクルフェスティバル」が始められた。空港を使ったドラッグレースや、閉校した学校の校庭を利用したモトクロスパフォーマンスなどが行われている。噴火で一時休止されていたサイクルロードレースも2007(平成19)年に再開されている。

　三宅島は、自然環境に恵まれており、バードウォッチング、海水浴、ダイビング、磯釣りなどを楽しむことができる島である。先の噴火による火山ガスや噴火による泥流によって、周辺海域を含めた島の広範囲が影響を受け環境が激変しているが、かつては200種以上の野鳥がおり「バードアイランド」と呼ばれ、バードウォッチングの愛好者が多く訪れていた。火山活動が比較的緩やかになったことで、これらの野鳥も回復しつつあるといわれている。特に、ツグミ科のアカコッコは固有種で、「アカコッコ館」は島のシンボルにもなっている。また、流人文化の影響も残されている島である。江戸時代、絵島生島事件で流刑となった役者生島新五郎などの墓も残されている。

正月の「船祝い」　三宅島観光協会提供

　また、三宅島の南19㎞に位置する御蔵島ではドルフィンウォッチング、ドルフィンスイムが全国的に有名になり、エコツーリズムの島として脚光を浴び始めており、昔より交流の深い、交通の拠点でもある三宅島の観光の1つの柱になりつつある。

　旅行会社では、まだ三宅島への旅行商品は定期的に販売されていない。前述したイベントなどさまざまなイベントが行われている以外にも、観光復興に向けてさまざまな取り組みが行われている。

神津島――ショートクルーズで行ける神話の島

所在地：東京都神津島村
面積：18.48㎢
人口：2,068人
観光客数：32.0千人

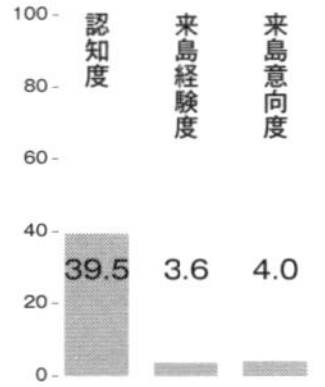

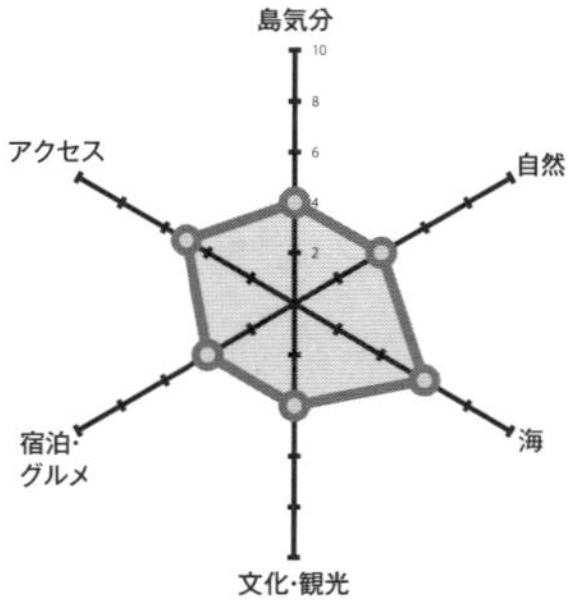

伊豆諸島の中間に位置する島

伊豆諸島の中間、東京の南約178㎞に位置している。東京の竹芝桟橋から高速船で3時間45分、大型客船で13時間、ともに1日1便運航している。下田港からは客船で2時間30分、1日1便運航している。調布飛行場より、飛行機が飛んでいるが、島への『アクセス』がよいというイメージは低い。

認知度は39・5％で28位、来島経験度は3・6％で27位となっている。観光資源イメージとしては「海が美しい」、「海水浴が楽しめる」、「釣りが楽しめる」の順となっている。

情報源は、来島経験者全員が友人知人からの口コミのみを回答している。物産展やイベントなどで積極的なPRが行われているようだが、なかなかそれらの情報が伝播していないといえる。満足度に関しては全員がやや満足という回答にとどまっている。

「神話の島」を観光とどう結び付けていくのかが課題

島の中央には天上山があり、新日本百名山、関東百名山、花の百名山に選ばれている。トレッキングも楽しむことができ、展望台からは天気の良い日には富士山を眺めることができる。

赤崎遊歩道という、木造の海岸遊歩道がある。

小さな入り江にもなっているため、海水浴などを楽しむことができる。海水浴場としては、多幸湾《たこうわん》海水浴場や、前浜海水浴場などがある。ダイビングも楽しむことができる。ウォーキングコースが7コース設定されており、海水浴以外の楽しみ方も提案されている。

「神々が集いし伝説の島」というキャッチフレーズがあり、事代主命という神様が、伊豆の島々をつくるために神々を集めて相談をする拠点としたという伝説があり、この伝説についてのCGアニメと観光情報をあわせたDVDを観光協会が販売している。

赤崎遊歩道　NPO 法人 神津島観光協会提供

地下水が豊富で、島の各所から湧水がわいており、伊豆諸島の島々に水を配るための神々の会議が行われたという伝説もある。ただ、現時点ではこれらの神話・伝説が観光とうまく結び付いているとはいえない。

ジュリア祭という、流刑に処せられた韓国人女性キリシタンおたあジュリアを祀る祭が毎年5月に行われており、韓国からも訪問団が訪れる。また、このおたあジュリアを記念した大十字架が建てられている。

2000(平成12)年の群発地震では、島内各地で崩壊が起こるなど大きな被害があり、観光客数が激減したが、観光・産業復興や誘致活動により、少しずつ回復してきている。

旅行商品としては、フェリー利用で2～3泊、高速船利用で1～2泊というものが多い。また飛島IIが、横浜湾花火大会見物と神津島寄港を組み合わせたショートクルーズを行っている。

調査対象者のコメント（性別年齢・居住地）

「かなり釣れて楽しかった」（男性53歳・首都圏）

「海につながった温泉が印象に残っている。」（女性50歳・首都圏）

八丈島——観光スポットが豊富な温泉の島

所在地：東京都八丈町
面積：69.48 ㎢
人口：8,837 人
観光客数：82.7 千人

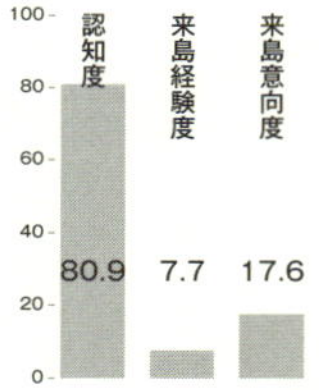

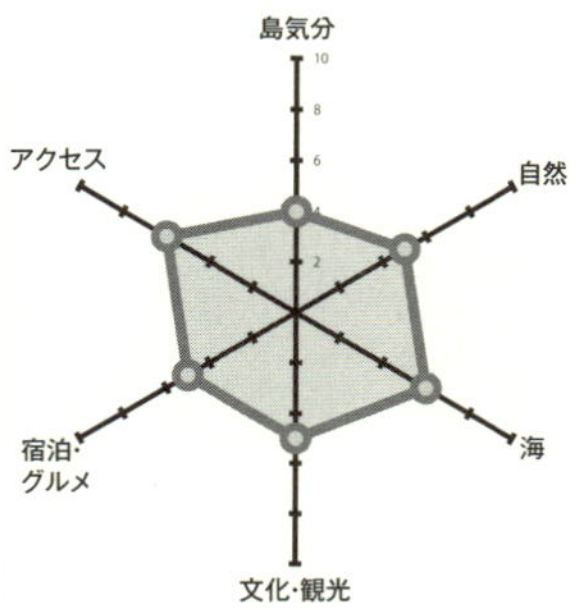

旅行会社利用者の多い島

伊豆諸島の南部、東京から南287㎞に位置している。東京の竹芝桟橋から11時間10分、1日1便運航している。羽田空港から飛行機が飛んでいる。

認知度は80・9%で8位となっており、かなり高い。来島経験度は7・7%で13位となっている。観光資源イメージは、「海が美しい」、「気候が良い」、「美しい自然や景勝地が豊富」などが高い。伊豆大島と上位イメージが共通している。

来島者の目的は、自然・景観がもっとも多く、地元の美味しい食べ物・料理が次に多くなっている。魚を醤油に漬け込んでつくられる島寿司やあしたばうどんなど、島の郷土料理がうまくPRされているからだといえるだろう。旅行会社を利用している人が多く、情報源でも旅行会社のパンフレットがもっとも多かった。満足度は33・3%と低い。

来島意向度は17・6%で18位となっており、あまり高いとはいえない。

歴史遺産が多く、観光スポットが豊富な島

八丈島は観光スポットも数多い。気候は、温暖で雨が多い海洋性気候となっており、亜熱帯のような環境が特徴となっている。また、釣りやダイ

ビング、海水浴などマリンアクティビティを楽しむことができる。西には八丈富士、東には三原山があり、八丈富士は環状道路が整備されており、ドライブができる。三原山は、川、沼、数多くの滝があり、これらをめぐる散策コースも多く設定されている。

八丈島は、多くの流人が流されたことから、流人によってつくられた独特の習慣や生活様式が残っている。伝統芸能として現在も披露される八丈太鼓は流人が望郷の思いを打ち鳴らした太鼓であり、島酒は流人が伝えた焼酎である。江戸幕府の御用船預かり役の服部家屋敷跡、島役所跡などの遺跡もあり、歴史に触れられる島であるといえる。また、南国情緒と温泉は最大の特徴といえよう。

島寿司　旅の販促研究所撮影

このように観光地としての魅力は豊富であるにもかかわらず、イメージの近い伊豆大島と同様、積極的満足度は低い。

旅行商品としては、飛行機利用で1〜2泊というものが多いようだ。リゾートホテルもあり、宿泊施設も充実しているといえる。

調査対象者のコメント（性別年齢・居住地）

「自然の美しさ、子供を自由に遊ばせていても安心できる環境が良かった」（男性38歳・首都圏）

「八丈島に行ったので、八丈富士に登りました。夏のとても暑い日でしたが頂上は長袖を着ていても寒いくらいで、更に曇っていたので雲に突入するような感じで面白かったです」（女性22歳・首都圏）

「自然が残っているので、身近な場所にもかかわらず、ハイテクな現在を忘れられる」（女性45歳・首都圏）

小笠原島（父島・母島）――もっとも遠い東京、元祖エコツーリズムの島

所在地：東京都小笠原村
面積：44.01㎢
人口：2,325人
観光客数：26.9千人

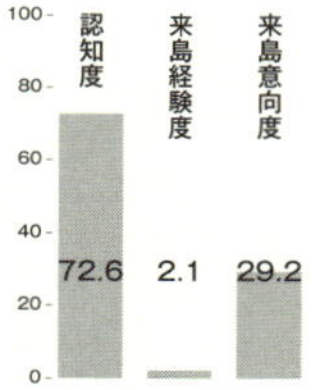

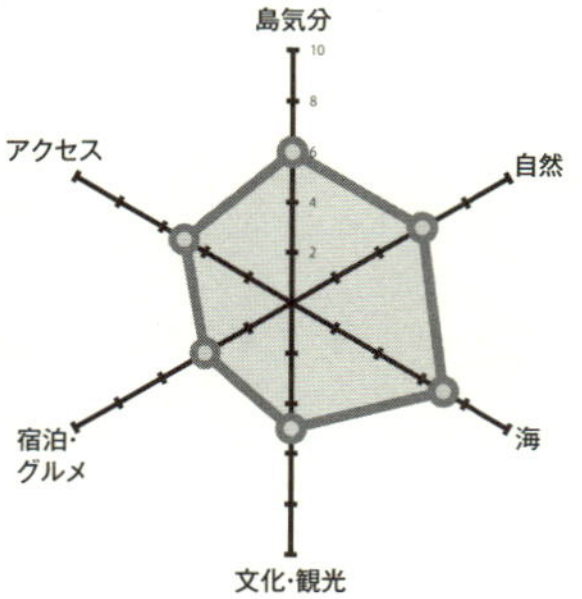

25時間以上の航海でも満足度の高い島

東京から南に約１０００㎞、〝東洋のガラパゴス〟と称される洋上に隔絶された海洋島。東京・竹芝桟橋から出港する定期船「おがさわら丸」が唯一の交通手段で、繁忙期を除き6日に1回の運航スケジュール。行きと同じ船に乗って帰ると船内泊を含めて5泊6日となり、これが旅の最小単位となる。父島の二見港まで25時間30分。母島には父島から出港する「ははじま丸」で2時間。ほぼ1日1便運航されている。

イメージチャートでは『海』がやや高くなったが、『アクセス』や『宿泊・グルメ』、『文化・観光』は低くなっている。観光資源イメージでは、「ホエール・イルカウォッチングが楽しめる」がすべての島の中で1位、「島ならではの動植物が楽しめる」が10位となった。

来島者の旅行目的もホエール・イルカウォッチング、自然・景観観光、シュノーケリングやダイビングが高かった。注目は地元の人々との交流が高いことで、リピートにもつながっている。特に最終日の父島での見送り船は感動的でまた来ようと思わせる。旅行日数・旅行費用は8・7日、13万1286円で旅行費用はもっとも高くなった。宿泊は、民宿・ペンションが85・7％を占めている。旅行会社利用と個人で予約が半々であった。

男女比ではやや女性が多い。満足度は71・4%と高い。情報源として小説など書籍もあがった。

来島意向度は29・2%と11位で、男性の40～60代の意向が高くなっている。

固有種を多く残す独自の生態系、美しい海と山の景観

ユネスコ世界自然遺産登録候補地でもある小笠原は、珍しい固有種が多く生息する。父島は小笠原諸島最大の島で1年中イルカが泳ぎ　クジラも子育てにやってくる。オガサワラオオコウモリも生息している。母島は父島からさらに南に50㎞、ダイビングでクジラやウミガメに遭遇できる。母島でしか見られないハハジマメグロやアカガシラカラスバトもいて、バードウォッチングの島でもある。

父島での感動的な見送り風景　旅の販促研究所撮影

日本で初のホエールウォッチングが実施された島だ。関係者は先進地ハワイに視察に行って、クジラの見せ方やルールを学んだ。その後、小笠原ホエールウォッチング協会が設立され、エコツーリズム導入の先駆けとなった。島の課題は、自然保護と観光の両立だろう。２００８(平成20)年は、返還40周年イベントが数多く催された。小笠原村産業観光課の大田さんは、最近の旅行者の変化として「ガイドツアーへの参加など、島での過ごし方が多様化している」ことをあげている。

調査対象者のコメント（性別年齢・居住地）

「世界で母島にしか生息しないメグロの観察とホエールウォッチング。母島へ向かうのに海が荒れて船酔いがひどかった」（女性63歳・首都圏）
「天気次第で行けるか、帰れるかやきもきした。イルカが一緒に泳いでくれてとても素晴らしいところでした」（男性66歳・北海道東北）
「海がすごくきれいだった。船で25時間は遠かった」（女性27歳・首都圏）

Ⅳ　東　海　の　島

初島――高級ホテルでリゾート気分を味わう島

所在地：静岡県熱海市
面積：0.44㎢
人口：353人
観光客数：226.2千人

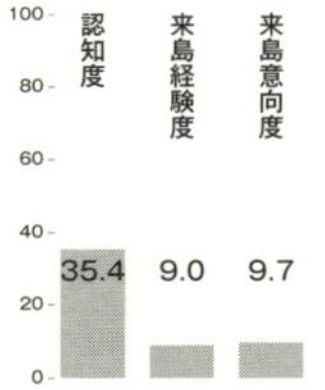

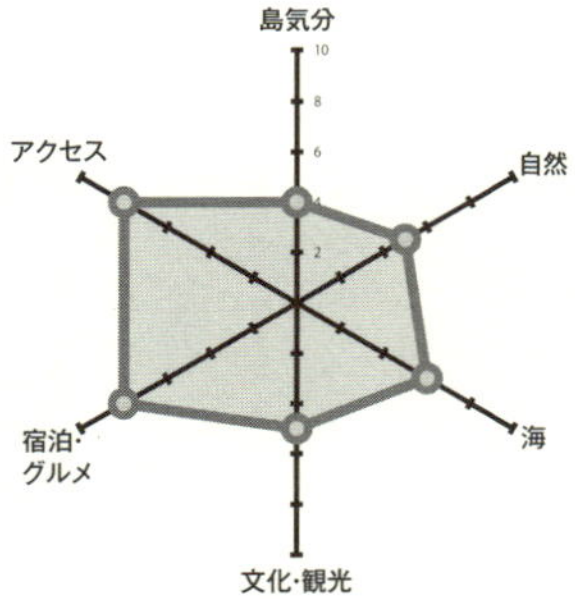

高級ホテル滞在が目的の島

周囲約4㎞の小さな島で、熱海港から約10㎞に位置している。熱海港から客船で25分、1日7～10便が運航している。また、伊東から客船で25分、1日2便が運航している。アクセスが便利な島といえる。

認知度は35・4％で30位とあまり高くないが、来島経験度は9・0％で10位となっている。イメージとしては、「良い宿泊施設がある」が29・5％と高いのが特徴となっている。来島者の目的でも、宿泊施設でのんびり過ごす、高級リゾートホテル滞在が約7割と多い。ちなみに、高級リゾートホテル滞在を目的として30％以上が回答している島は、初島と小浜島のみとなっている。手配方法では、旅行会社を通じて予約した人はいなかった。満足度は53・8％と平均を下回っている。来島意向度は9・7％で26位となっている。

高級リゾート施設と漁師の町のどちらも楽しめる島

島の南部には初島アイランドリゾート、グランドエクシブ初島クラブというふたつの高級リゾート施設がある。初島アイランドリゾートは、アジアンガーデン、キャンプヴィラ、プール、海水浴施設などを擁している。前身の初島バケーションランドは、東海道新幹線の開通とともにオープンし、ピーク時には年間15万人の来場者があった。グランドエクシブ初島クラブは、付帯施設として海中展望船も運航するマリーナ、ヘリポート、スポーツゾーンなどがある会員制のリゾートホテルである。どちらも大規模なリゾート施設で、これらの施設が来島者の目的に影響していると考えられる。

初島全景　初島区事業協同組合提供

北部には、海洋研究開発機構が運営する初島海洋資料館、初島ダイビングセンター、民宿街、食堂街などが集まっている。食堂街は漁師が経営する食堂が21軒並んでいる。スーパーマーケット、ダイビングセンターは漁協が直営している。観光を主体に漁業・農業が営まれている。２００6（平成18）年には、島を一周する周遊道が完成した。

初島エコアイランド事業が行われており、生ゴミの堆肥化計画、空き缶のデポジット制などクリーンエネルギーの研究等に島全体が取り組んでいる。

半数以上が積極的満足度を示していることから、旅行者の目的が十分達せられていると考えられるが、来島者のコメントの中には年配者に必要ない設備が多いというものもあった。50代と60代以上の女性も増えているようだ。この層にも満足できる高級リゾートづくりが、新しい可能性をもつのではないだろうか。

調査対象者のコメント（性別年齢・居住地）

「伊東市の花火を海上の船（ホテルのクルーザー）から見た」（男性45歳・東海北陸）

「昼食に民宿で獲れたての魚介類と生ビールを飲んだ」（男性39歳・北関東甲信越）

「初島は住まいの横浜からは近いが別世界の感覚で行け楽しめる」（男性62歳・首都圏）

日間賀島《ひまかじま》――大人気、タコとフグのグルメ島

所在地：愛知県南知多町
面積：0.77㎢
人口：2,164人
観光客数：272.0千人

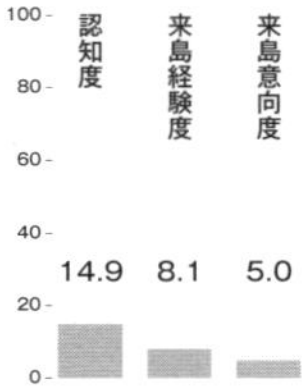

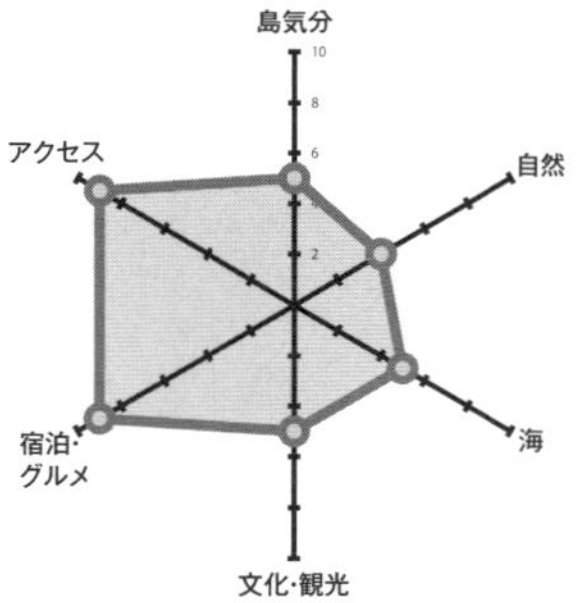

アクセスが便利、グルメイメージの強い島

知多半島から東へ４㎞に位置している。師崎港から高速船で10分、１日23、24便運航している。また、伊良湖港から高速船で30分、１日３便運航、河和港から高速船で20分、１日11便運航している。アクセスはかなり良いといえる。

認知度は14・９％で37位と高くないが、来島経験度は８・１％で11位となっている。イメージとしては、「美味しい食べ物・飲み物がある」が67・３％とかなり高いことが特徴となっている。来島者の目的でも、地元の美味しい食べ物・料理が約６割となっている。旅行日数は１・７日、旅行費用は２万２８６円となっており、安くて短い旅行先となっている。満足度は71・４％と高い。情報源は、友人・知人・趣味の仲間などの口コミが約７割となっている。男女比は４：１で圧倒的に男性が多い。

来島意向度は５・０％で32位となっている。

新たな食材、フグでの島おこしに成功している

「多幸《たこ》の島　福《ふぐ》の島」というキャッチフレーズの通り、タコとフグが特産品として有名である。フグを提供する宿泊施設は約60軒あり、ふぐ祭りが開かれる。島の料理人が技術を磨くためのコ

日間賀島全景　南知多町観光協会提供

ンテスト「てっさコンテスト」も毎年開かれている。フグは下関に送られるものだったが、１９８９（平成1）年の九州でのフグの不漁をきっかけに、冬の閑散期にも人を呼べる名物として旅館関係者に注目され、ふぐ料理が広まった。名鉄営業推進部が１９９６（平成8）年に売り出した「日間賀島ふぐづくしプラン」がその後押しとなった。フグを売り出した中山勝比古氏は観光カリスマに選ばれている。タコに関しては、安楽寺の本尊である蛸阿弥陀如来が漁師の網にかかり引き上げられた際、大ダコに守られていたという言い伝えがある。

もともと海水浴、釣りなどが盛んな島であり、最近では体験学校など漁業体験事業への取り組みも行われている。夏には、島にやってきたイルカを間近で見たりさわったりすることができる。

中部圏から簡単に訪れることができる、フグというグルメで満足できる島、季節によってはイルカとふれあえる島というお得感が積極的満足度の高さにつながっていると考えられる。

南知多町商工観光課の鈴木さんによると「メディア取材を積極的に受ける。旅行会社を通じた観光PR。ふぐ料理の商品開発。イベントの実施など」多岐にわたった島のPRが行われている。

調査対象者のコメント（性別年齢・居住地）

「タコ漁をした」（男性23歳・東海北陸）

「釣り目的だったのですが大きさ・種類ともに充実していて大満足でした」（男性35歳・東海北陸）

「フグが食べたかったので、美味しい食事で満足したし、のんびりできた」（男性51歳・東海北陸）

篠島——伊勢神宮とつながりの深いグルメ島

愛知県南知多町
面積：0.93㎢
人口：1878人
観光客数：245.0千人

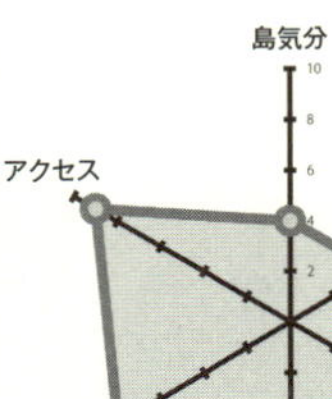

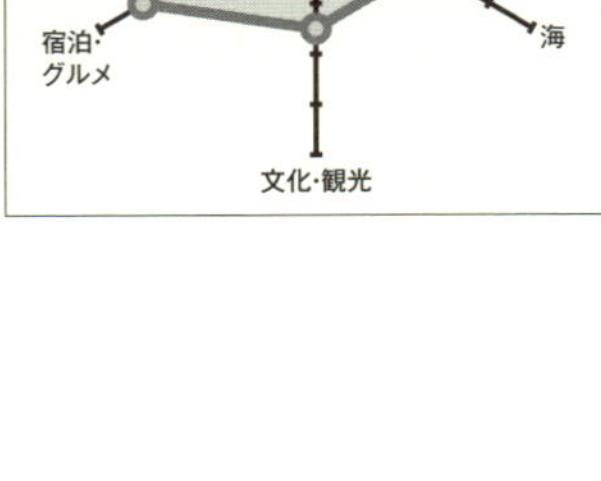

気軽に日帰りグルメの島

師崎港から高速船で10分、1日23、24便運航しており、フェリーでは15分、1日6便運航している。また、河和港から高速船で25分、1日11便運航しており、伊良湖港からは高速船で25分、1日数便運航している。アクセスはかなり便利といえる。

認知度は13・0％で41位と高くないが、来島経験度は6・3％で16位となっている。イメージとしては、「美味しい食べ物・飲み物がある」が55・8％と日間賀島に続いて高くなっている。旅行日数は1・4日で、全島の中でもっとも短く、日帰り・宿泊していない人が42・9％となっている。それに従い、旅行費用も1万6429円で全島の中でもっとも低くなっている。近距離からの旅行者の多い島である。男女比は3：7で女性が多い。

来島意向度は2・9％で41位と低い。

伊勢神宮とつながりの深い島

千年以上にわたって、伊勢神宮に年に3回「おんべ鯛」が献上されている。毎年10月12日には、おんべ鯛奉納祭が開催されている。伊勢神宮とのかかわりが昔から深く、式年遷宮で伊勢神宮の社に使われていた材料が篠島の神社に移築され、伊勢神宮の1年後に御遷宮がお下がりの材料で行われている。

漁業が盛んで新鮮な魚介類が特産となっている。特にふぐが有名で、毎年ふぐまつりが開催されている。また、大漁旗をかかげた漁船が海上を走り回る野島まつりが7月に行われる。

義良親王に由来する井戸である帝井、加藤清正の枕石など名所旧跡が多い。また、島内一周道路は「弘法道」と呼ばれている。弘法道には、弘法大師の石像が88体祀られており、篠島八十八ヶ所「島弘法」とされている。

篠島鯨浜　南知多町観光協会提供

来島者のコメントでは、「万葉の故事のある島であることを初めて知った」というものがあった。まだ歴史的な面では旅行者に知られていない部分も多い。全国的に見れば島としての知名度も低い。つながりの深い伊勢神宮はいうまでもないが全国に知られている。伊勢神宮とのつながりの認知を高めるなど、今後は全国的なPRも重要となってくるのではないだろうか。

名鉄と連携して、商品開発が行われており、はも料理などの取り組みも始まっている。南知多町商工観光課の鈴木さんによると、「昔は夏のお客さんが多かったが、現在は11、12月のフグを食べにくるお客さんの方が多い」そうだ。日帰りで、美味しいものを食べられる島としてのイメージが着実に定着しているといえる。

調査対象者のコメント（性別年齢・居住地）

「以前にも行ったことはあったが、万葉の故事がある島であることを初めて知った」（男性68歳・首都圏）

「四国にちなんで約88ヶ所のお地蔵様が奉られていた」（女性29歳・関西圏）

「のんびりしていた」（女性32歳・東海北陸）

神島——潮騒が聞こえるネイチャーアイランド

所在地：三重県鳥羽市
面積：0.76㎢
人口：462人
観光客数：25.3千人

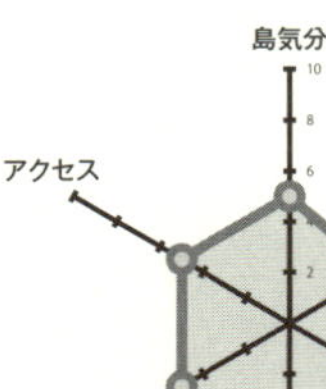

伊勢湾口に浮かぶ小さな島

神島全景　鳥羽市観光協会提供

鳥羽港の東北12㎞、愛知県伊良湖岬西約3・5㎞に位置している。伊良湖港から15分、佐田浜港から45分、1日数便運航している。

認知度は14・3%で38位、来島経験度は2・1%で36位となっている。イメージとしては、「海が美しい」、「美味しい食べ物・飲み物がある」、「気候が良い」などが評価されている。

来島意向度は3・1%で40位となっている。

「潮騒」の舞台から ネイチャーアイランドへ

三島由紀夫の小説『潮騒』の舞台となったことで有名な島である。神島灯台、監的哨跡《かんてきしょうあと》、八代神社など小説の舞台となった施設を見学することができる。また、柳田國男は神島についての紀行文『伊勢の海』を書いている。ただ、このような名作の舞台となっているにもかかわらず認知度は14・3％と低い。『潮騒』は映画としても、吉永小百合や山口百恵が主演するなどメジャーな作品が多い。ただ、最後の映画化は1985(昭和60)年であり、一時ほど観光客の吸引力は強くないと考えられる。新たな観光資源の育成が重要であるといえる。

『潮騒』の舞台であること以外では、次のような観光資源があげられる。まず、元旦の夜明けには奇祭「ゲーター祭り」が行われる。竹でアワを高く持ち上げ、高く上がれば上がるほどその年は豊漁とされ、豊饒を祈る祭り、太陽信仰の祭りともいわれている。

島の街並みは、港から背後の山頂にかけて階段状に家々が密集する独特のものとなっている。共同井戸や共同洗濯場の跡、時計台跡なども残されている。

四季を通じて新鮮な魚介類が楽しめる。伊勢海老・アワビ・マダイなどの高級活魚、アジ・マイワシなどを多く水揚げしている。美味しい食べ物・飲み物があるというイメージはここから来ているといえる。

イベントとしては、鳥羽から神島までカヌーで往復するカヌートライアルがある。また、サシバの観察地としても注目されており、10月上旬には、観察会「ネイチャーアイランド神島」が行われる。また、神島はさまざまな祭りが伝承されていることから「民俗学の宝庫」と呼ばれる。

2006(平成18)年、神島は愛を誓いプロポーズをするのにふさわしい観光スポットとして、長崎県のハウステンボスや岡山県の倉敷チボリ公園などとともに恋人の聖地の30ヶ所の1つに選ばれ、神島灯台そばの広場にプレートが設置されている。

ただし、トイレ不足、土産品を買う場所がないなどの問題点があげられている。旅行者を呼ぶためには、受け入れ態勢を整備する必要があろう。

調査対象者のコメント（性別年齢・居住地）

「シーカヤックツアーは大変面白かった」（女性52歳・東海北陸）

答志島《とうしじま》——島民プロデュースのエコツーリズムの島

所在地：三重県鳥羽市
面積：6.98㎢
人口：2,687人
観光客数：185.1千人

鳥羽からのアクセスが便利、来島者の平均年齢は低い島

鳥羽港の北東１・４㎞に位置している。答志、和具、桃取の３つの乗り場と、鳥羽の佐田浜、中之郷の２つの乗り場の間に定期船が数多く運航している。最短では佐田浜と和具間18分の便がある。

認知度は15・１％で36位、来島経験度は５・０％で20位となっている。イメージとしては、「美味しい食べ物・飲み物がある」と「海が美しい」がそれぞれ約半数となっている。来島者の旅行費用は２万５３３３円となっている。また、自分でインターネットで予約した人が多い。島への交通手段では、全員がマイカーを使用しており、旅行費用には港の駐車料金も含まれていると考えられる。来島者の平均年齢は37・８歳と全体と比較して低めである。満足度は33・３％と低い。

来島意向度も３・２％で39位と低くなっている。

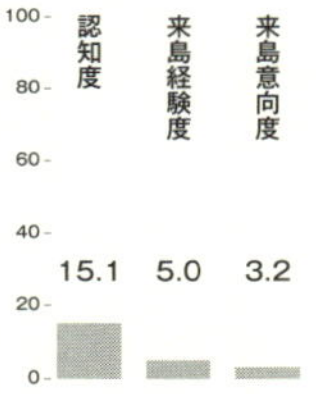

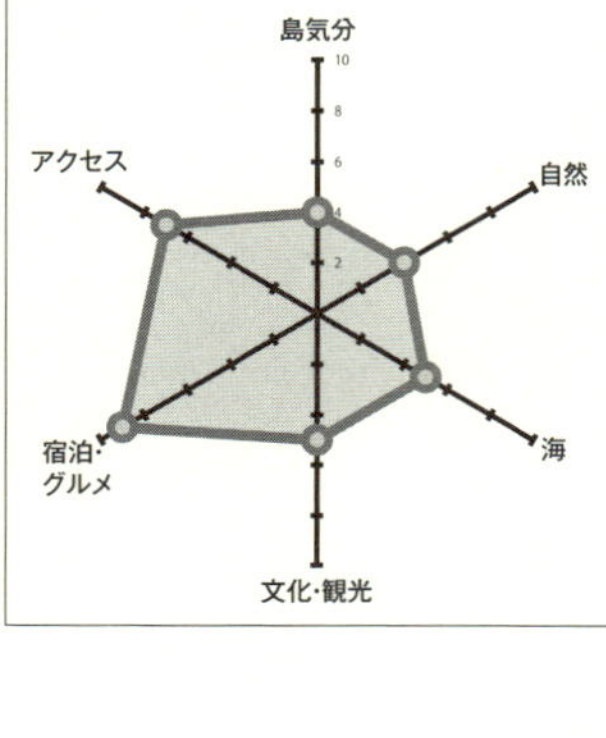

「島の旅社」や「海島遊民くらぶ」のエコツアーが魅力

鳥羽市の中でもっとも大きな離島である。和具サンシャインビーチや、サンビーチ桃取などの人工ビーチ、歴史的スポット、答志スカイラインなどがある。答志スカイラインでは、毎年ファミリーハイキングが行われている。イベントでは、答志島シーカヤックマラソン大会も行われている。

戦国時代、九鬼水軍を率いた九鬼嘉隆《くきよしたか》が自害した地であり、首塚など関連した史跡がある。

また、イセエビ、アワビなどの海産物が四季を通じて楽しめる。「まるかじり答志島」というイベントでは、とれたての魚や干物などの特産品が販売されている。答志島にある旅館・ペンション・ホテルが構成する答志島旅館組合は、タコのつかみどり大会や野外コンサートのイベントを開催するなど積極的に活動している。

来島者のコメントでは、昔ながらの生活文化を評価しているものも多い。この魅力が伝われば、積極的満足度や来島意向度の上昇にも結び付くのではないだろうか。

市民で構成されている「島の旅社」が活躍している。海女小屋体験や路地裏つまみ食い体験など個性的なツアーが企画・実施されている。「海島遊民くらぶ」が行っている「島の裏側たんけんツアー」などはグッドエコツアーにも選ばれている。無人の浜での磯観察や島の人との交流が行われている。このようなツアーが行える環境であるということをPRしていくことが今後集客のための課題となるといえるだろう。

調査対象者のコメント（性別年齢・居住地）

「時間が止まったような島で、30年位前の本州といった印象を受けました」（女性38歳・関西圏）

「2泊3日の鳥羽旅行でその中の1日答志島に行ってみた。のんびり自然を満喫できた」（男性54歳・首都圏）

「小さい島で、小さい民宿だったけど、だからこそ家族のようにもてなされたこと」（男性30歳・東海北陸）

答志島の路地　鳥羽市観光協会提供

家島群島（家島・坊勢島《ほうぜじま》・男鹿島・西島）

——姫路の対岸、関西の魚釣りのメッカ

所在地：兵庫県姫路市
面積：18.49㎢
人口：7,724人
観光客数：146.0千人

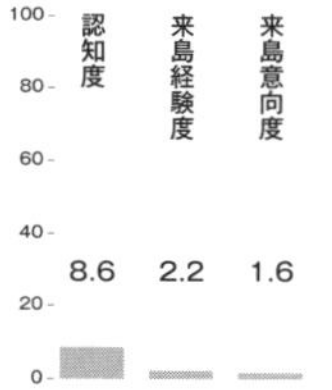

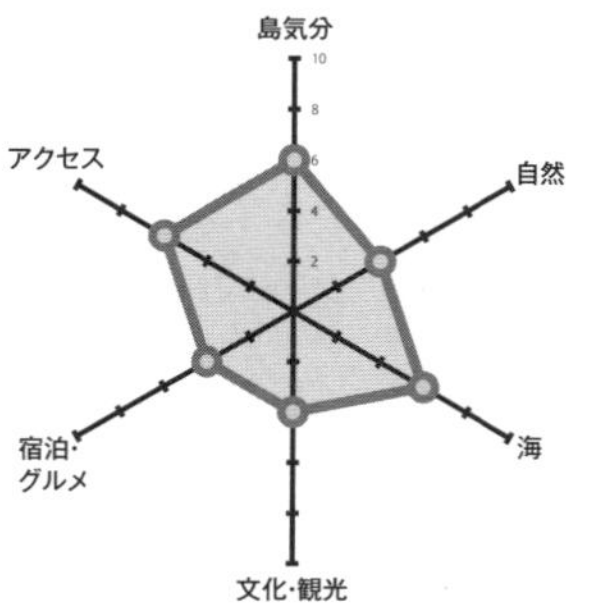

釣りが楽しめるイメージで1位の島

姫路市の南西18㎞の播磨灘にある家島群島は、家島を中心に坊勢島・男鹿島・西島などを含んだ40余りの島々からなっている。姫路港から家島へは定期船の高速いえしまと高福ライナーで真浦港へ28分と近い。ほかの島へも姫路港や家島から高速船が運航されている。また、チャーター船も出ている。

観光資源イメージで「釣りが楽しめる」で1位になっているように、穏やかな瀬戸内海のとりわけ多くの魚が回遊する好漁場で、あなごやサバなど「前どれ」の魚が上がる島として知られている。周辺の坊勢島や西島との移動もしやすく関西の太公望に人気だ。経験者の居住地も関西が多い。

旅行目的は、8月の海水浴以外では釣りが多く、男性が多くなるが、家島の観光案内所の方に聞くと、「最近は島の一周ウォーキングで中高年の女性も増えてきている」という。体を動かした後に地元の小魚をふんだんに使った島の名物の雑魚《じゃこ》鍋を食べるのが楽しみのようだ。

来島意向度は1・6%と低かった。

瀬戸内海国立公園の景観と新鮮な魚

家島群島は全島が釣りの島として関西で有名で

ある。阪神間からのアクセスがよく、内海のため海が荒れることも少なく、手頃な磯釣り場として人気を博している。歴史のある島で古墳や遺跡が発見され、坊勢島では2億年前の化石も出土している。

家島本島は瀬戸内海を航海中に寄った天皇が「波静かにして家の中にいるようである」と言ったことから家島との名前になったともいわれているほど波の荒れない港を持つ。坊勢島は兵庫県下でも有数の漁獲高を誇る島。漁業が盛んで人口増加を示している。特に坊勢サバやワタリガニは関西のグルメでは有名。祭りでは、船だんじりともいう家島天神祭が毎年7月24・25日に開催される。観光名所の家島十景のひとつ間浦古郭に登ると、対岸の姫路の街が見渡せる。

どんがめっさん　旅の販促研究所撮影

NPO法人「いえしま」では、新鮮なメバルの煮つけを真空パックにして「手間いらず、嫁いらず」シリーズとして東京の「アイランダー」の会場でPRしている。姫路市観光交流推進室の山口さんは、島のPRポイントとして瀬戸内海の新鮮な魚介類をあげる。キャッチフレーズは「海と空のであう島」だ。以前は魚料理を目的にした旅行者が多かったが、最近は、島内ウォーキング、写生、釣りが増えた。道が狭いため旅行者の交通手段が徒歩かレンタサイクルに限られるため、島内での交通手段の不足が課題とされているが、路地散策もふれあいがあって楽しい島である。

調査対象者のコメント（性別年齢・居住地）

「ちょうどお祭りの日だったので、独特の雰囲気が楽しめた」（男性38歳・関西圏）

「姫路観光のついでに寄った。雑魚鍋が美味しそう」（男性47歳・関西圏）

大崎上島 ——瀬戸内海の真ん中に浮かぶ島

広島県大崎上島町
面積：41.68㎢
人口：9,178人
観光客数：96.4千人
※大崎上島・生野島・長島

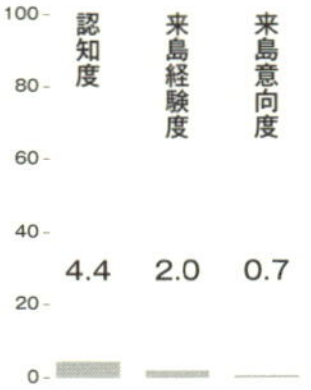

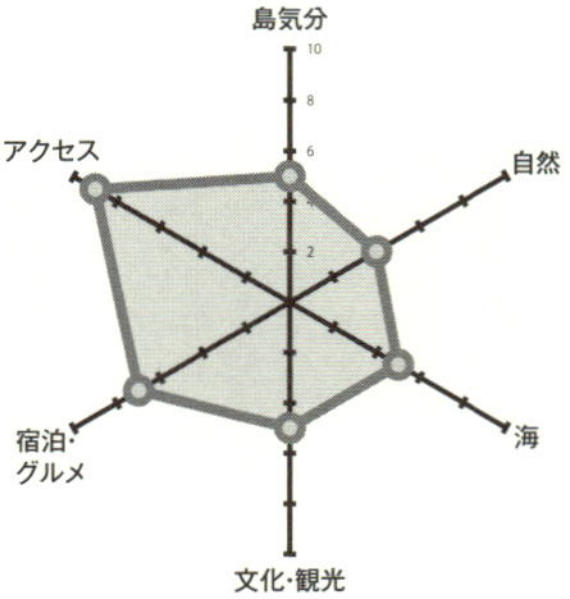

みかんとブルーベリーの島

広島県の竹原市、安芸津町から南に10㎞、瀬戸内海のほぼ中央の芸予諸島に浮かぶ島々である。南は愛媛県の今治にも近い。広島の竹原港や安芸津港からフェリーや高速船で約30分で結ばれている。また、大崎下島など周辺の島との運航も多く、長島とは橋で結ばれている。「周辺の島々との移動がしやすい」というイメージは1位だった。また、「釣りが楽しめる」で4位となった。古くから九州と上方を結ぶ海運航路の潮待ち港として発展を遂げた。瀬戸内海特有の降雪・降雨も少ない気候温暖な島である。認知度は4・4％程度と低い。

来島意向度も0・7％と低くなった。

瀬戸内海を望む　大崎上島町商工観光課提供

観光要素の少ない島だが、近年は島へ観光客を呼び込む企画を積極的に行っている。ブルーベリーやみかん狩りなどに、製造場の見学や観光を組み合わせた日帰りバスツアーも盛況のようだ。また、「ユニバーサルデザイン農園」として、誰でも参加できる観光みかん農園を島の南側に作るなどさまざまな試みを行っている。車いすの人でも採りやすいように整地し、樹形を整えていて気軽にみかん狩りを楽しめる。

九州と上方を結ぶ瀬戸内海の拠点として発展

広島県の平成の新設合併1号として3町が合併して大崎上島町となった。造船業と柑橘類の栽培が主な産業の島。神峰山からの眺望が素晴らしく、115の島々が見える多島美は日本一ともいわれている。特産品はFF（フルーツとフィッシュ）と宣言していて、クルマエビやワタリガニ、みかんやブルーベリーが通販でも人気になっている。キャッチフレーズは「みかんと造船の島」だ。10月中旬から収穫されるみかんは糖度が高く、全国に出荷されている。みかん蜂蜜など農作物・海産物等の島の物産の開発に力を入れている。

観光施設としては、木江ふれあい郷土資料館という船の形をした博物館があり、豊臣秀吉の軍船を造船した歴史などを知ることができる。200年の伝統を受け継ぐ夏祭りでの櫂伝馬競漕や秋祭りの喧嘩神輿も見どころのひとつだ。

観光促進のためのモニターツアーも実施している。大崎上島町商工観光課の吉本さんは「家族や少人数のグループが食事、温泉、祭り、みかん狩りなどを目的に来るケースが増えている」と言っている。また、海上交通の便が少ないことと車を利用する場合の料金が高いことが課題となっている。

調査対象者のコメント（性別年齢・居住地）

「ゆっくり風呂に入って、美味しい食事をして、部屋でくつろいだ」（男性54歳・中国四国）

「八朔畑で、取れたての八朔を食べた。昔はみかんの島だったのに、ブルーベリーの島になっていた」（女性52歳・首都圏）

小豆島——観光スポットとグルメ、バランスのとれた観光先進島

所在地：香川県土庄町・小豆島町
面積：153.29㎢
人口：32,432人
観光客数：1157.5千人
※香川県調べ

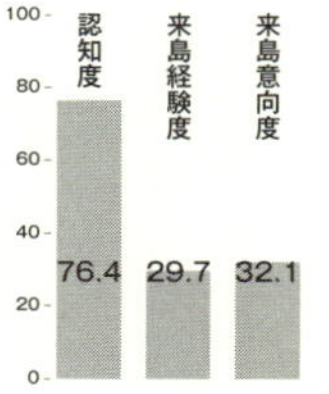

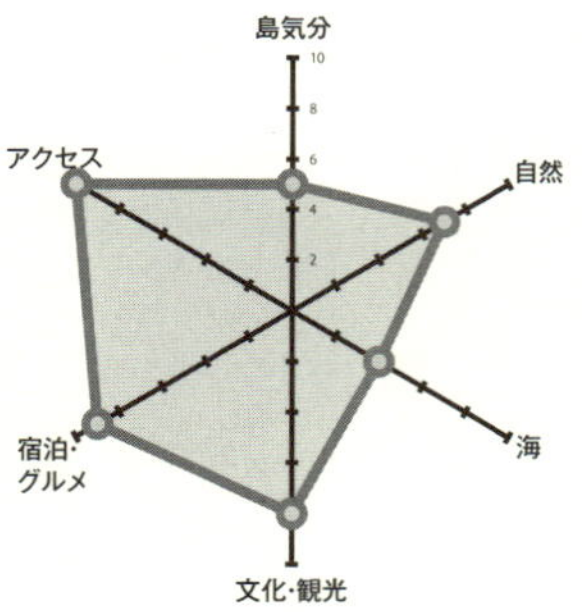

来島経験度1位、観光スポットの豊富さイメージで1位の島

高松市の沖合、瀬戸内海の播磨灘に浮かぶ小豆島は大阪南港、姫路港、高松港、新岡山港、宇野港、日生港など多くの港とつながっている。一番便数の多いのが高松港からで高速船が土庄港まで30分、毎日数多く運航されている。そのほかにも、土庄東港や坂手港にもフェリーが運航している。

認知度は76・4％で11位だが、来島経験度は29・7％と断トツの1位となった。特に四国・中国・関西地域で高い。イメージチャートで『アクセス』と『宿泊・グルメ』がとても高くなった。『二十四の瞳』に代表される文化資源や寒霞渓などの自然も豊富だ。観光資源イメージでは、「観光スポットが豊富」と「特産品など欲しいものがある」で1位、「島内の交通手段が充実している」で2位、「気候が良い」では沖縄方面の島がほとんどの中で5位と健闘した。

旅行目的では、自然・景観観光や島の特産品の買い物、地元の美味しい食べ物の比率も高くなった。旅行日数・旅行費用は、2・6日、3万1273円となった。宿泊先はホテルが45・5％、続いて民宿・ペンション、旅館の順となった。旅行会社利用は25・0％で、自分でインターネットや電話で予約が75・0％と高くなった。島での交通手段は、マイカーが半数を占め、観光バス、レン

タカー、路線バス、タクシーが続いた。満足度は34・5%と低くなった。男女比はやや女性が多い。情報源として、小説など書籍や映画をあげる対象者もいた。

来島意向度は32・1%で7位と高い。

オリーブと「二十四の瞳」、紅葉も楽しめる

小豆島は海岸線から最高峰の星ケ城（817m）にかけての複雑な地形などから1000種余りの植物が分布し、天然の博物館ともいわれている。

太平洋戦争を挟んで大石先生と12人の子供との交流と平和の尊さを描いた壺井栄の『二十四の瞳』が有名。田中裕子主演の1987（昭和62）年の映画のオープンセットがそのまま残され二十四の瞳映画村として公開されている。日本のオリーブ栽培発祥の地としても知られ、オリーブ園や道の駅小豆島オリーブ公園などがある。200万年の歳月が刻んだ渓谷美で有名な国立公園名勝寒霞渓にはロープウェイが通っていて秋には紅葉が楽しめる。島四国ともいわれ、八十八ケ所霊場があり、1年中お遍路さんが歩く姿に出会う。貸切バスで3泊4日のコースで回れる。天然温泉付きのオートキャンプ場もあり、小豆島オリーブマラソン全国大会も開かれている。

調査対象者のコメント（性別年齢・居住地）

「二十四の瞳のロケ地に行けたことがうれしかった」（女性28歳・中国四国）

「ゴマ油工場見学ができてよかった」（女性44歳・首都圏）

「寒霞渓からの瀬戸内海の眺めがよかった。素麺工場の見学が面白かった」（男性55歳・関西圏）

紅葉の寒霞渓ロープウェイ　㈳小豆島観光協会提供

直島——アートの発信力でブレイクした島

所在地：香川県直島町
面積：7.81㎢
人口：3,476人
観光客数：175.4千人

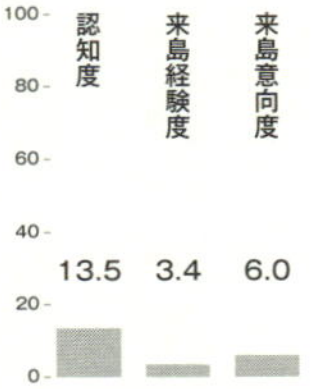

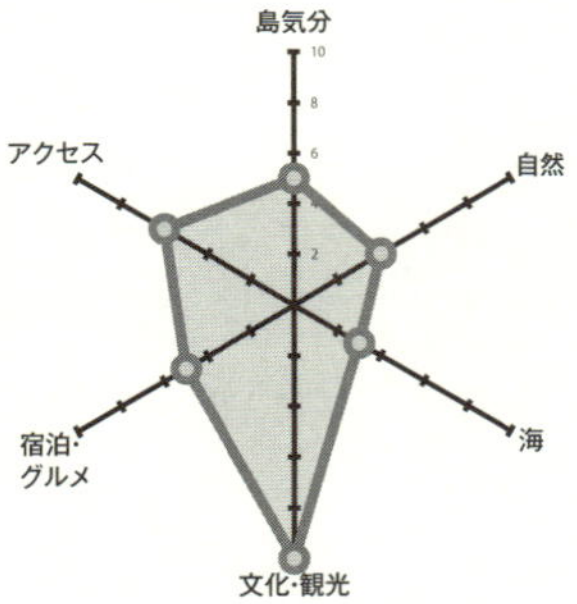

美術館など文化施設が豊富のイメージで1位

高松市の北13㎞、岡山県玉野市の南3㎞、宇野港からフェリー・旅客船が宮浦港や本村港へ20分で運航している。また、高松港からもフェリーで宮浦港へ1時間、1日5便の運航がある。イメージチャートでは『文化・観光』が突出した。この島のメインは、ベネッセアートサイト直島である。

観光資源イメージでは、「博物館・郷土資料館・美術館など文化施設が豊富」で1位、「良い宿泊施設がある」で3位になった。旅行目的は、博物館・美術館の見学が64・7％と非常に多い。また、家プロジェクトなどもあり街並み観光も35・3％と高くなった。旅行日数、旅行費用は2・3日、3万5294円とやや低い。

直島全景　NPO法人直島町観光協会提供

宿泊はホテル、民宿・ペンション、キャンプ場の順。旅行手配方法は自分でインターネットや電話で予約が81・8％を占めた。日帰りも29・4％いる。満足度は70・6％と高くなった。男女比は女性が8割と高く、情報源は旅行雑誌、一般雑誌、ホームページのほか、口コミも多かった。

　来島意向度は6・0％で31位と高くはないが、同じ瀬戸内海の犬島（岡山県）でもベネッセコーポレーションによるアートをテーマにした再生が進んでおり、地域としての魅力度が今後ますます上がってくると考えられる。

アートとエコで注目される島

　ベネッセアートサイト直島は、ベネッセコーポレーションと直島福武美術財団によって直島で運営されるアートの総称である。施設や景観を実際にアーティストに見てもらい、直島だけのために制作・設置される作品が多い。その中核が１９９２(平成４)年に完成した安藤忠雄設計の現代アートを展示するホテルのベネッセハウスや家プロジェクト、地中美術館だ。

　地中美術館は自然と人間の関係性を考える美術館として、自然の光そのものをアートとして捉えたジェームズ・タレルやウォルター・デ・マリアの作品が並ぶ。家プロジェクトは１９９８(平成10)年に本村地区を舞台に始まった活動で、古民家や神社を再生し、空間そのものをアートにする試みだ。

　直島は「エコアイランドなおしまプラン」として全国で15番目（島では初めて）のエコタウンプランの承認を受け、循環型社会の町づくりを行い、環境のまち宣言をしている。また、現代アート以外にも、直島女文楽などの伝統文化も根付いている。今、もっとも注目されている日本の島といっていいだろう。

調査対象者のコメント（性別年齢・居住地）

「地中美術館で自然光でモネの睡蓮を見たことや現代美術の楽しさを味わったこと。島全体が美術館のよう。街並みも訪れる人が楽しめるよう工夫していた」（女性60歳・中国四国）
「安藤忠雄設計の建築物がとても素敵だった」（女性62歳・九州沖縄）
「家プロジェクトは何度見ても飽きない。年に一度の心の浄化」（女性31歳・首都圏）

Ⅵ 九州北部の島

対馬島——文化財が豊富な国境の島

所在地：長崎県対馬市
面積：696.29㎢
人口：38,301人
観光客数：289.9千人

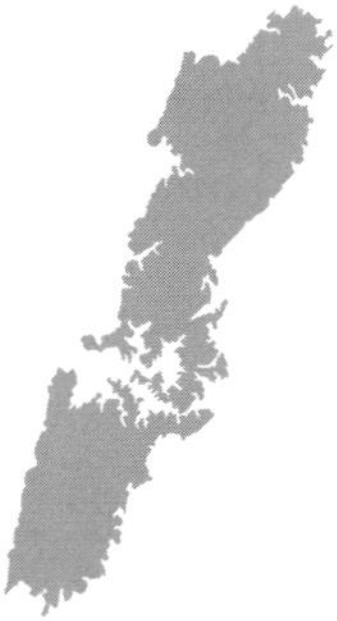

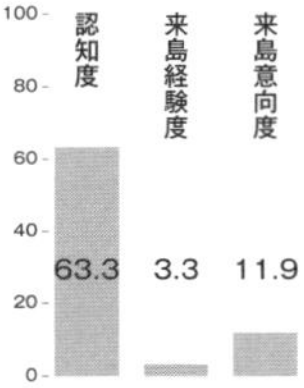

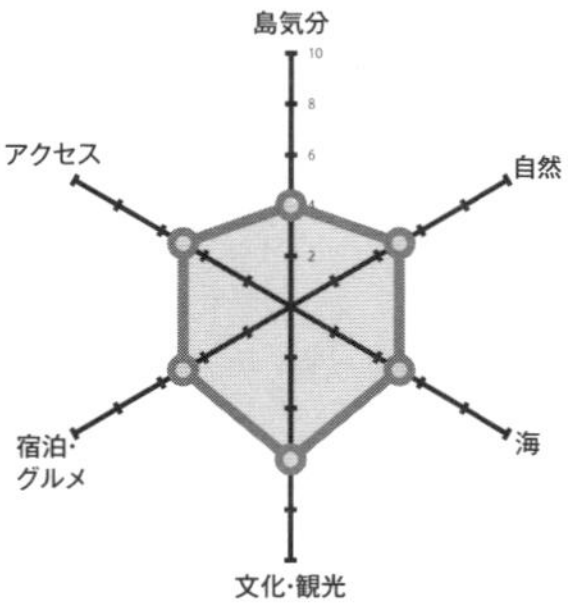

アクセスの種類が多い島

防人が睨んだ水平線　対馬市提供

福岡市から147㎞に位置しており、国境の島となっている。博多と厳原間はフェリーで、4時間40分、1日2便運航している。ジェットフォイルでは2時間15分、1日2便が運航している。博多と比田勝間はフェリーで5時間50分、1日1便運航している。福岡と厳原間はフェリーで4時間30分、1日1便運航している。福岡と比田勝間はフェリーで7時間30分、1日1便運航している。また対馬空港があり、福岡空港と長崎空港から飛行機が運航している。アクセスとしては種類が多いが、時間などの関係からか『アクセス』イメージは高くない。韓国釜山からのジェットフォイルが運航されている。

認知度は63・3％で18位となっており、多くの人に認知されているといえるが、来島経験度は、3・3％で29位となっている。

イメージとしては、「海が美しい」、「美しい自然や景勝地が豊富」、「気候が良い」の順で多い。来島者の目的では、自然・景観観光に続いて、名所・旧跡観光が多くなっている。男女比は３：１で男性が多い。

来島意向度は11・９％で23位となっている。

大陸との交流の歴史を肌で感じる島

もともとは南北１つの島だったが、江戸時代、明治時代に掘り割られ、現在は南北２つの島に分かれている。

韓国釜山からは、わずか49・５㎞の距離であり、原始・古代以来、大陸との文化の窓口・交通の要衝となっていた。そのため、多くの書物や仏像、建造物、古墳などの文化財が残っている。大陸との交流には長い歴史があるため、歴史的な観光でもさまざまな切り口が可能であり、対馬観光物産協会ウェブサイトにもさまざまなモデルコースが提示されている。また、山地が９割を占めることもあり、トレッキング・登山やツシマヤマネコなどの動物観察・バードウォッチングが楽しめる。ただし、今回の調査ではこれらのイメージは弱い。

プロの観光ガイドや教職員ＯＢなどの対馬観光ガイドの会「やんこも」という組織があり、まち歩きやトレッキングのガイドを行っている。

対馬市観光物産推進本部の大塔さんによれば、「最近の傾向として、韓国からの観光客が急増している」という。

調査対象者のコメント（性別年齢・居住地）

「韓国との歴史を感じました。ツシマヤマネコと自然も触れられて…釜山は天気が良くなくて見られませんでしたが、朝鮮通信使の足跡を目で見られました」（女性46歳・九州沖縄）

「海岸を散策すると小さなウニがごろごろあり持って帰りたいくらいでした。自然があふれていました。行きの船の横ではトビウオが跳ねており黄金色に輝いていました」（女性53歳・九州沖縄）

「韓国人旅行客が多かった」（男性62歳・九州沖縄）

「釣りをしたり、貝を獲ったりした」（男性61歳・首都圏）

壱岐島——歴史と焼酎の癒しの島

所在地：長崎県壱岐市
面積：133.82㎢
人口：30,895人
観光客数：230.2千人

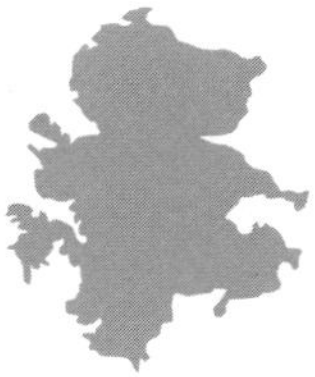

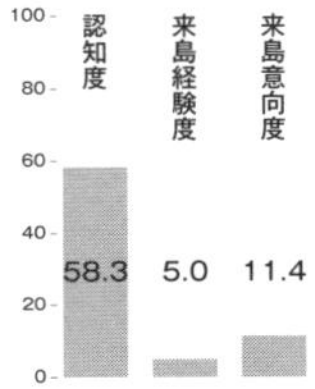

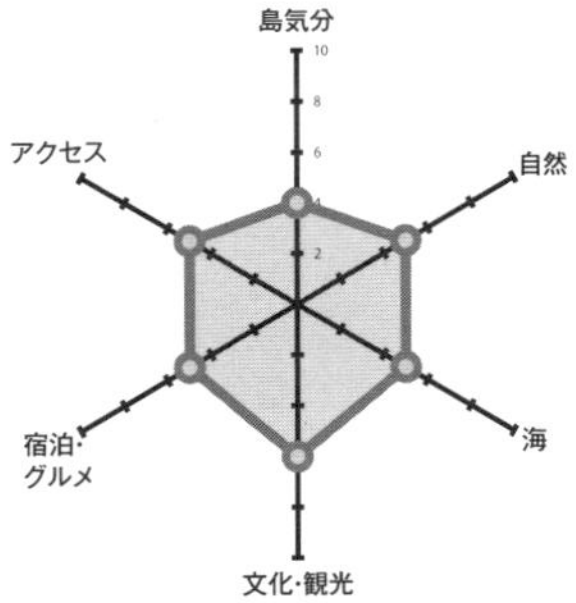

福岡から1時間で来島できる島

福岡から67㎞に位置している。博多と壱岐間はフェリーで2時間10～20分、1日数便運航している。高速船で1時間5～10分、1日数便運航している。唐津と壱岐間はフェリーで1時間40分、1日数便運航している。また、長崎空港からの飛行機が飛んでいる。

認知度は58・3％で21位、来島経験度は5・0％で19位となっている。イメージとしては、「海が美しい」、「美しい自然や景勝地が豊富」、「美味しい食べ物・飲み物がある」の順で多くなっている。旅行会社の利用が中心となっている。男女比は2：1で男性が多い。満足度は55・6％となっている。

来島意向度は11・4％で24位となっている。

島内周遊を提案する歴史の島

「魏志倭人伝」の中の一支国の王都として特定された原の辻遺跡など、旧跡・遺跡が豊富であり、古墳群や山城跡を見ることができる壱岐風土記の丘という公園もある。また、断崖に周囲110ｍの大穴があいている「鬼の足跡」や、高さ45ｍの猿に似ている玄武岩「猿岩」など、岩石がつくりあげた景勝地がある。

原の辻遺跡復元建物　壱岐市観光商工課提供

特産品としては、焼酎が有名である。壱岐は、麦焼酎の発祥の地といわれており、７つの蔵元がある。壱岐市観光協会では、蔵元巡りをしながら散策をするモデルコースをつくっている。また、アワビやイカ、ウニなどの新鮮な海産物や壱岐牛など食材も豊富であり、海産物や野菜などの地元の食材が手に入る江戸時代から続く勝本の朝市も有名である。八幡半島周辺の海では、海女漁が営まれている。

壱岐神楽が国指定重要無形民俗文化財に指定されており、夜神楽を観光として見学できる。来島者のコメントでは、やはり酒と海産物への評価が高い。景勝地に関しても評価されている。島全域を自転車で駆け巡る壱岐サイクルフェスティバルや春一番イベント「風のフェスタ」など島らしいイベントも島外からの旅行者を集めている。

壱岐市観光協会では、「一支國国民証」というカードを１０００円で発行しており、宿泊施設、観光施設、交通機関、土産店などで割引や特典を受けることができる。また、「リンクる壱岐」として、バス停に設置されたＱＲコードを携帯電話で読み込むと観光案内が表示されるというサービスも行われており、島の中を周遊する楽しみ方が多く提案されているといえる。

調査対象者のコメント（性別年齢・居住地）

「海鮮と酒が美味しかったです。麦焼酎発祥の地であり、周りが日本海なので、食べ物と飲み物は本当に美味しいです」（男性25歳・中国四国）

「辰の島渡船…素晴らしく美しい海と無人島だが案内をしてくれる方が島に1人いて、見所をいろいろ教えてくれる」（男性52歳・九州沖縄）

「素晴らしい伝統産業があって、歴史的な史跡もあったこと」（男性65歳・首都圏）

「海の青さと木々の美しさ。高台から見る景色のよさ」（女性63歳・関西圏）

五島列島
——キリスト教会が沢山ある美しい島々

所在地：長崎県五島市・新上五島町
面積：614.71㎢
人口：69804人
観光客数：370.6千人
※中通島、頭ケ島、桐ノ小島、若松島、日ノ島、有福島、漁生浦島、奈留島、前島、久賀島、蕨小島、椛島、福江島、赤島、黄島、黒島、島山島、嵯峨島計

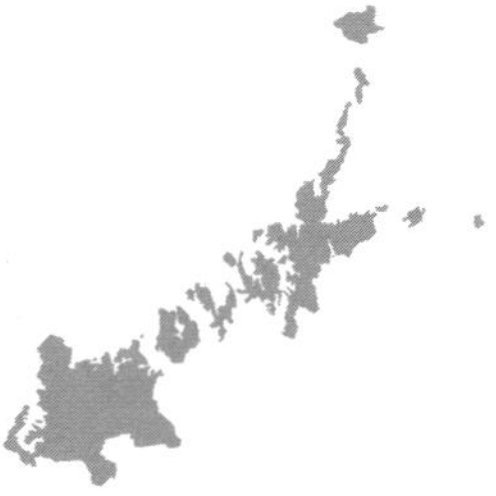

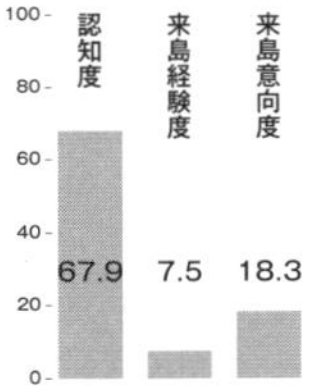

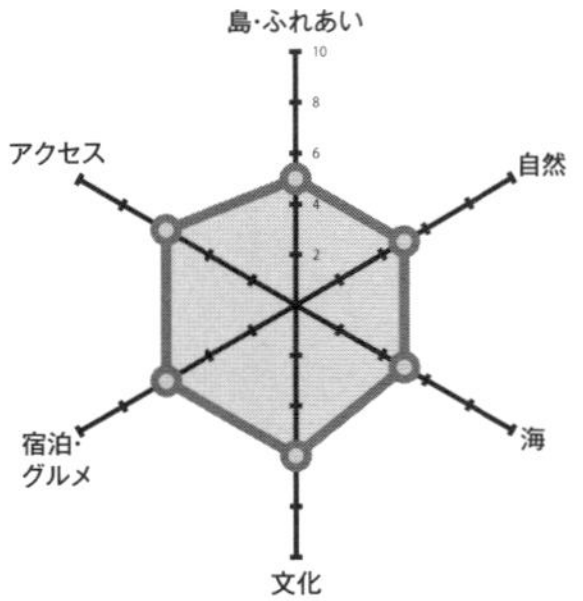

140以上の島々で構成される

長崎の西100㎞、140以上の島々で構成されている。そのうち、中通島《なかどおりじま》、若松島、奈留島《なるじま》、久賀島、福江島の5島が幹島となっており、福江島を中心とした南西の島々は「下五島」、中通島を中心とした北東部の島々は「上五島」と呼ばれる。

福江島は長崎港からジェットフォイルで1時間25分、1日2~7便運航、カーフェリーで3時間25分、1日2~3便運航、博多港からフェリーで9時間、1日1便運航している。また、長崎空港と福岡空港から飛行機が運航している。中通島は長崎港、佐世保港、博多港から高速船・フェリーで結ばれている。

福江島の堂崎教会　旅の販促研究所撮影

認知度は67・9%で16位、来島経験度は7・5%で14位となっている。イメージとしては「海が美しい」、「美しい自然や景勝地が豊富」、「気候が良い」の順となっている。また「観光スポット

が豊富」、「文化遺産・史跡が豊富」も多くなっている。来島者の目的では、街並み観光が比較的多くなっている。宿泊施設では半数がホテルと回答しており、7割が旅行会社で手配している。

来島意向度は、18・3％で16位となっている。

キリスト教文化、遣唐使文化など歴史が味わえる島

堂崎教会（福江島）や、国の重要文化財にも指定されている旧五輪教会堂（久賀島）、青砂ヶ浦教会（中通島）などが「長崎の教会群とキリスト教関連遺産」として世界遺産暫定リストに掲載されるなど、キリスト教文化が深く根付く島であるといえる。

そのほかにも歴史遺産が多い。福江島には、遣唐使の航路として空海や最澄も訪れており、空海の辞本涯の碑が立っている。また、五島藩主の城である福江城跡、上部にかまぼこ状に石が乗せられた特徴的な石垣が並ぶ武家屋敷通り、国の名勝に指定されている五島邸庭園の心字が池などがある。

福江島の高浜海水浴場は、日本経済新聞で日本で一番美しい海水浴場に選ばれており、今回の来島者の感想でも海の美しさがコメントとしてあげられている。

名産品としては、五島うどん、五島牛、椿油などが有名である。また、工芸品ではばらもん凧やサンゴ加工品などがある。

主に福江島を中心にツアーが販売されている。フリーのツアーももちろんあるが、ＪＴＢでは専門ガイドが同行し解説するエコツアー「ファーブル」のコースともなっているなど幅広い商品がつくられている。

調査対象者のコメント（性別年齢・居住地）

「海水浴場が多く、人で込み合うことがなく、のんびり海水浴を楽しむことができた」（女性26歳・九州沖縄）

「建築物としての教会群が見事」（男性60歳・首都圏）

「教会が多い。ルルドの水。愉快なバスガイド」（男性64歳・関西圏）

「食べ物が美味しかった。海がきれいだった」（男性28歳・関西圏）

伊王島——手軽に訪れるリゾート温泉の島

所在地：長崎県長崎市
面積：2.20㎢
人口：807 人
観光客数：198.2 千人（06 年版）
※伊王島、沖之島計

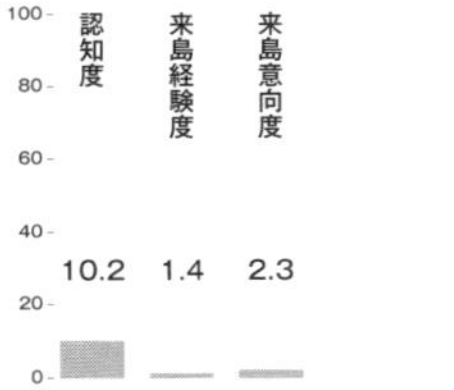

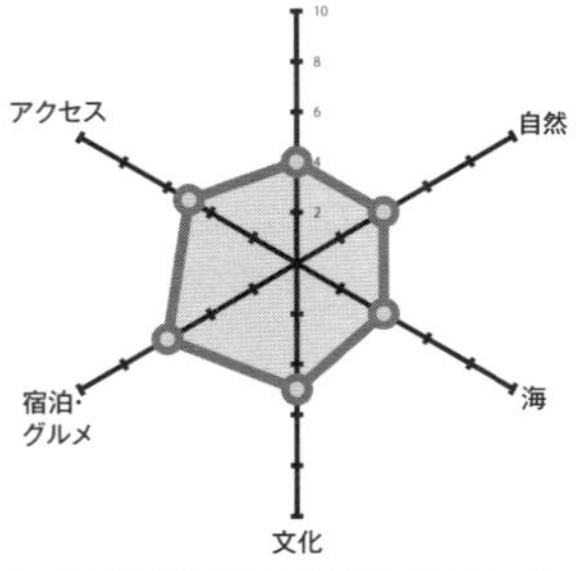

良い宿泊施設・良い温泉のある島というイメージ

長崎市の南西10㎞に位置している。30ｍの瀬戸をはさんで橋でつながった伊王島と沖之島がある。長崎港から定期船で20分、1日11便が運航している。長崎港からは近いが『アクセス』のイメージは高くない。

認知度は10・2％で42位、来島経験度は1・4％で42位と低い。イメージとしては、「海が美しい」がもっとも多い。「良い宿泊施設がある」が13・5％、「良い温泉がある」が6・6％で、九州のほかの島よりも高くなっている。来島者の多くが温泉を目的に来島している。しかし、宿泊施設でのんびり過ごす、高級リゾートホテル滞在は全体と比較してもあまり高くない。宿泊施設を見てみると、全員が違う形態の宿泊施設に宿泊している。満足度は60・0％となっている。

旅行意向度は2・3％で43位と低くなっている。

温泉施設のあるリゾートホテルを中心とした島

島民の半数以上がキリスト教徒であり、沖之島天主堂が有名である。また、明治初期に建てられた伊王灯台がある。ここからは軍艦島や高島などを望むことができる。

長崎温泉やすらぎ伊王島というリゾートホテル

があり、天然温泉が楽しめ、宿泊客だけではなく日帰り客も多い。夏は海水浴場としても賑わう。

また、やすらぎ伊王島では、「伊王島オリーブの島宣言」に基づいてオリーブの植樹を行っている。伊王島をオリーブの島とし、将来的に土産物などに利用していこうというプロジェクトである。オリーブ植樹の里親募集も行われており、連動してイベントも開催されている。

港の風景　旅の販促研究所撮影

島の観光にはレンタサイクルが用意されていて、島をめぐる道路もよく整備されている。青い海を見ながらのサイクリングは心を癒してくれる。流刑された俊寛僧都の墓や俊寛を詠んだ北原白秋の歌碑などもある。

海をテーマに年間を通じて島を楽しむ「伊王島マリンフェスタ」が行われており、春はウォーキング、夏はカヌーやペーロン体験、冬はイルミネーションなどが行われている。

調査対象者のコメント（性別年齢・居住地）

「夕陽がきれいだった」（男性53歳・東海北陸）

「露天風呂が開放感がある」（女性41歳・九州沖縄）

「ホテルの敷地が広々していてリゾート観光地のようないい雰囲気だった」（女性24歳・九州沖縄）

姫島——名産のブランド化に取り組む大分の島

所在地：大分県姫島村
面積：6.85㎢
人口：2,469人
観光客数：42.0千人

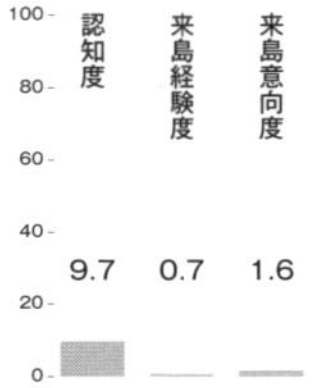

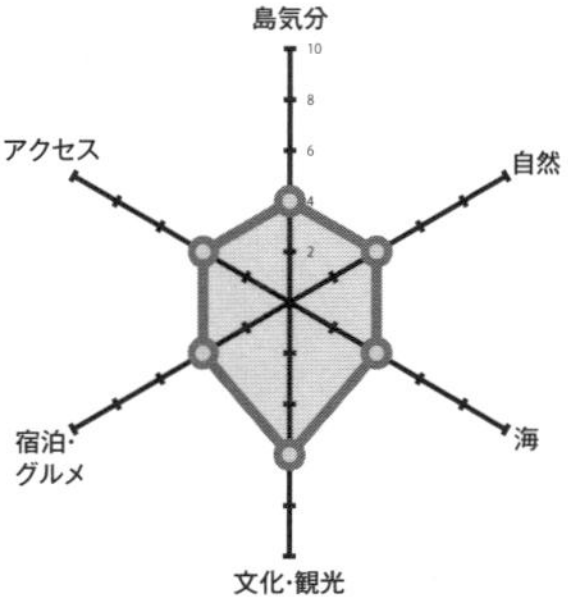

祭・イベントが開かれるイメージが全国で2位

瀬戸内海の西端、国東半島・国見町の北6㎞に位置している。伊美港からフェリーで20分、1日11～12便運航している。

認知度は9・7%で44位、来島経験度は0・7%で45位となっている。「海が美しい」、「美しい自然や景勝地が豊富」、「気候が良い」が主なイメージである。また特徴的なのは、「興味のある祭・イベントが開かれる」が高いことで、全島の中でも佐渡島に次いで2位となっている。

来島意向度は1・6%で46位と低い。

姫島盆踊りが有名、車えびは数々の賞を受賞

鎌倉時代の念仏踊りが発展した、姫島盆踊りが有名であり、数多くの観光客が訪れる。子どもたちがキツネの化粧をしユーモラスなしぐさが特徴のきつね踊り、男女が組になって踊るアヤ踊りや銭太鼓、猿丸太夫、タヌキ踊りなど地区それぞれに特徴的な踊りがある。

特産物としては、車えびや姫島かれいがある。車えびは、国の方針で廃止となった塩田の跡地を利用して養殖が始まったもので、大分県1村1品功績賞やサントリー地域文化賞などの賞を獲得している。これらの特産物のPR・ブランド化を目

的として、賞味会、きつね踊りなどの見学が催される「姫島車えび祭り」と「姫島かれい祭り」が毎年開かれている。ただし、全国的な知名度は高いとはいえない。特産物であるこれらのＰＲを通じて、姫島という島の認知度を高めていくことで、今後の観光振興にもつながるのではないだろうか。

江戸時代以前から「姫島の七不思議」の伝説が受け継がれており、現在も名所として見学できる。拍子水やかねつけ石など、お姫様にまつわる伝説も多い。景勝地としては、黒曜石断崖がある。露天の黒曜石は全国的にも珍しいものであり、県の天然記念物に指定されている。

島内では缶飲料を通常価格より10円高い価格で販売し、空き缶を島内の店舗で返却すると差額を返却するデポジット制度を１９８４(昭和59)年に導入し、空き缶の散乱防止をはかるといった取り組みを早くから始めている。島内全戸にケーブルテレビ網がなされるなど、常に先進的な取り組みを行い注目されている。観光面では、エコツーリズムへの関心が高まっている。

きつね踊り　姫島村提供

姫島に事務局をおく大分県離島振興協議会では、大分県の７つの島（姫島・無垢島《むくじま》・保戸島《ほとしま》・大入島《おおにゅうじま》・大島・屋形島・深島）の振興に取り組んでおり、「おおいたの島めぐり」というホームページも運営している。「おおいたの島」写真コンテストも開催されている。

現時点では姫島の認知度は低いといわざるをえないが、連携での効果的なＰＲなどに取り組むことで、大分の島々として認知度を高めていく可能性も大きいといえる。

甑《こしき》島《じま》列島（上甑島・中甑島・下甑島）

——九州新幹線でアクセスも便利な島へ

所在地：鹿児島県薩摩川内市
面積：118.67㎢
人口：6,206人
観光客数：38.2千人

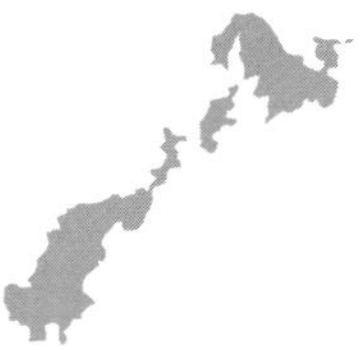

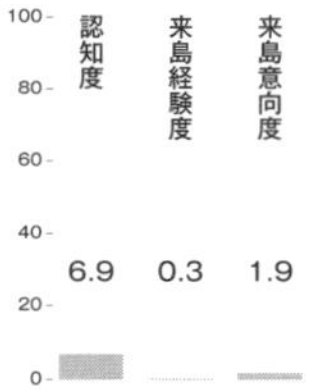

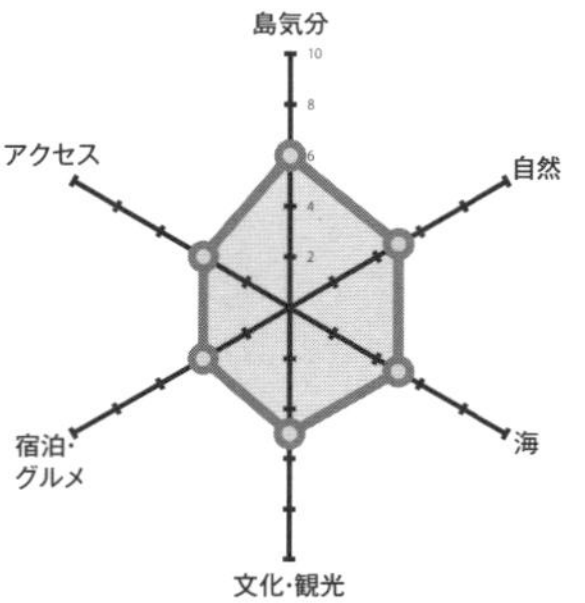

アクセスの良い、釣りが楽しめるグルメな島

薩摩《さつま》川内《せんだい》市の川内川河口から西に26㎞北東から南西に上甑島・中甑島・下甑島の3島が連なる。薩摩川内市の串木野新港から里港まで高速船で50分、フェリーで1時間10分。それぞれ1日2便が運航している。また、各島へは海上タクシーも運航している。

長目の浜　旅の販促研究所撮影

観光資源イメージでは、「釣りが楽しめる」、「美味しい食べ物・飲み物がある」がやや高くなった。3月の春分の頃にとれる彼岸ブリは魚全体に油がのってもっとも美味しいといわれている。年中獲れるキビナゴや鯛、メジナも美味しい。長野菜の煮染めやパッションフルーツも味わえる。釣

りも、船釣り、磯釣りとさまざまな楽しみ方ができる。マリンスポーツも盛んでスキューバダイビングやクルーズを楽しむ人も多い。

宿泊では、キャンプ場がとても整備されているのでファミリー、グループ、カップルにも人気があり、観光はやはり夏場が中心となるようだ。

来島意向度は１・９％と低くなった。経験者の居住地も地元九州が中心で、積極的な広域のＰＲが今後の課題と考えられる。

季節の食材の豊富な島

上甑・中甑島は小高い山から美しい海岸が見渡せる。特に里町はトンボロと呼ばれる独特の地形で、海底の砂れきが海岸流によって運ばれ、島と島をつないだ上に集落が置かれている。長目の浜は、19代薩摩藩主の島津光久がその美しさに眺めの浜とよんだことが始まりとされている。下甑島はダイナミックな奇岩が多い。

島のキャッチフレーズは「何もないのに、何かがある甑島」だ。キビナゴ漁が盛んな漁業の島で、釣りでは、アキタロウと呼ばれるバショウカジキにも出会える。ウミネコの餌付けができる鹿島町では5月にウミネコ祭りが開かれる。３００羽以上のウミネコが餌を目がけて集まるのは壮観だ。7～8月には鹿の子百合が島のあちこちで咲いて美しい。また、国指定天然記念物ヘゴの自生北限地帯となっている。

薩摩川内市企画政策課の村岡さんは、「最近は会社などの団体旅行が少なくなって、個人で体験を楽しむ人が増えている」と話している。また、１９９６(平成8)年から「うみねこ留学(漁村留学制度)」として全国の小中学校を対象に1年間の受入れを行って、学校・地域の活性化をはかっている。

調査対象者のコメント (性別年齢・居住地)

「海水の透明度が高く、釣りも成果があがった」(男性60歳・九州沖縄)

「泊まった民宿が漁業もやっているお宅だったので、宿泊した日の早朝、漁に連れて行ってくれた」(女性30歳・九州沖縄)

種子島――鉄砲伝来と宇宙センターで知名度上位の島

所在地：鹿児島県西之表市・中種子町・南種子町
面積：453.87㎢
人口：34,128人
観光客数：516.3千人

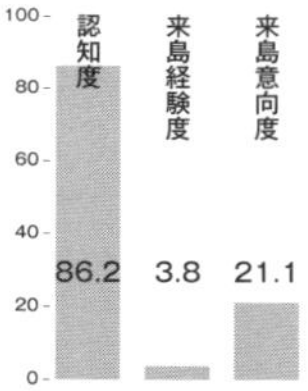

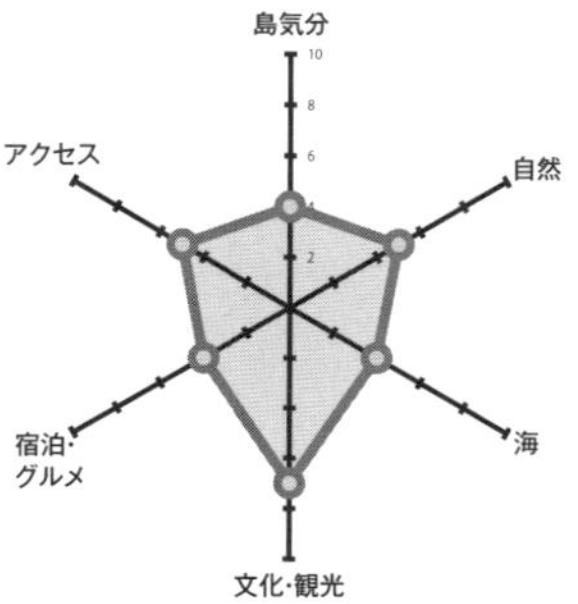

認知度5位、文化遺産・史跡が豊富のイメージで4位

種子島火縄銃保存会による火縄銃試射　西之表市提供

本土最南端の大隅半島から南方43㎞、南北に58㎞と長い島である。鹿児島空港から種子島空港まで日本エアコミューターで35分1日3便運航している。大阪の伊丹空港からも同じく直行便が運航されている。鹿児島本港からは1日4～6便の高速船と1便のフェリーが西之表港を結んでいる。

歴史の教科書で鉄砲伝来を覚えていることからか認知度は非常に高い。「文化遺産・史跡が豊富」、「博物館・郷土資料館・美術館など文化施設が豊富」などの観光資源イメージも上位にきた。

旅行目的は鉄砲館や種子島宇宙センターがあるので博物館・郷土資料館等の見学が直島に次いで2位になった。また、全国有数のサーフスポットでもあるので、サーフィンやシュノーケリングなどのマリンスポーツ、職場旅行、出張も多い。旅行日数・旅行費用は、3・3日、6万4500円となった。宿泊はホテルが8割。旅行会社の利用が半数を占めている。島での交通手段はレンタカーが中心。満足度は66・7％で、男女比は男性が8割となった。情報源は旅行会社のパンフレットやDMなどが多かった。20代と60代以上の男女が多い。

来島意向度は21・1％で14位となった。

歴史と宇宙、サーフポイントとしても有名

1543年にポルトガルから鉄砲が伝来した地として知られている種子島は、黒潮暖流により1年を通して気候も良く、特に高い波が発生する東海岸は国内有数のサーフポイントとしてサーファーの移住も多い。シーカヤックやダイビングなどマリンスポーツが盛んである。

もう1つの有名なものが種子島宇宙センターだ。宇宙ロケット発射場としてテレビにもよく登場する。宇宙科学技術館などの観光施設もあり、新旧の歴史が勉強できる。

黒糖焼酎やサツマイモを使ったスイーツも人気だ。工芸品では鉄砲鍛冶の技術を生かした種子鋏もある。農漁業が盛んでいつでも新鮮な海山の幸が食べられる。キャッチフレーズは「月にいちばん近い島」である。

西之表市行政経営課の下村さんは、「一過性の見学周遊型から、滞在体験型へのシフトも見られるようになってきた。PRでは種子島観光協会を中心にマスコミや旅行会社で実施。日本橋三越での黒砂糖や東京ビッグサイトでの安納芋のPRなどにも力を入れている」と話されている。

調査対象者のコメント（性別年齢・居住地）

「島の南北で海岸の様子が全く違い、砂浜から岩肌までバラエティのある景色を楽しめた。また、ロケット基地の見学も楽しかった」（男性42歳・九州沖縄）

「島の人が親切、食べ物が美味しい」（男性54歳・東海北陸）

「種子島は宇宙センターと鉄砲伝来の地、という知識しかなく期待はしていなかったが良かった」（女性55歳・九州沖縄）

屋久島——1番行ってみたい世界遺産の島

所在地：鹿児島県屋久島町
面積：505.21㎢
人口：13,614人
観光客数：333.9千人

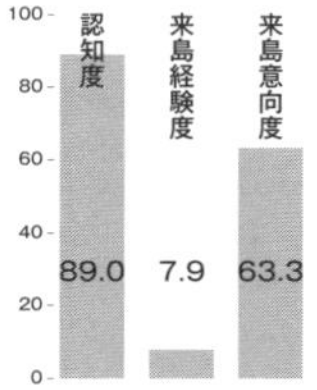

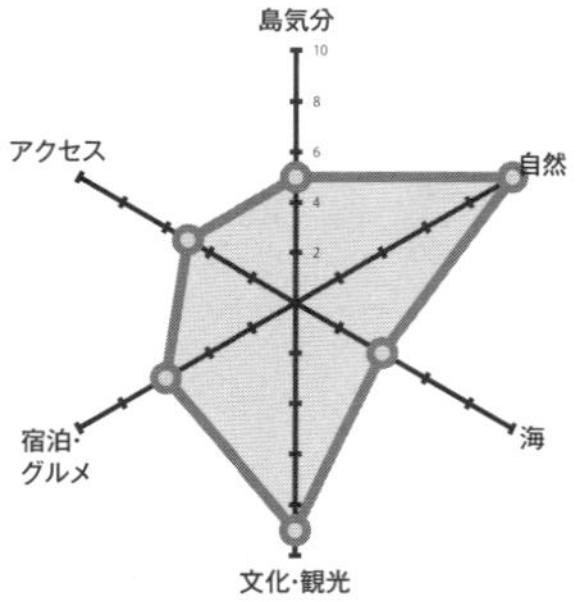

来島意向度1位、パワースポットでリフレッシュ

鹿児島県佐多岬から南に65㎞、鹿児島空港から屋久島空港まで日本エアコミューターで35分、1日5便が運航されている。鹿児島本港から高速船で2時間30分、フェリーでも4時間で行ける。

認知度は石垣島に次いで89・0％で2位。イメージチャートでは『自然』と『文化・観光』が高くなった。観光資源イメージでは、「美しい自然や景勝地が豊富」と「文化遺産・史跡が豊富」、「トレッキングやハイキングが楽しめる」で1位、「島ならではの動植物が楽しめる」と「観光スポットが豊富」が2位となった。

紀元杉　旅の販促研究所撮影

旅行目的では、自然・景観観光が92・9％、世界遺産が60・7％、トレッキングやハイキングが50・0％と高く、エコツアーも14・3％あった。旅行日数、旅行費用は3・6日で8万7696円であった。

宿泊はホ

テル、民宿・ペンション、旅館の順となった。旅行会社利用は半数。満足度は78・6％と非常に高くなった。男女比は半々。情報源ではテレビ番組が30・4％と多かった。また、口コミも48・2％と多くなった。

来島意向度は63・3％と堂々の1位である。

亜熱帯から亜寒帯まで一つの島で

屋久島は1000m級の山々が40以上も連なり、〝洋上アルプス〟ともいわれている。九州最高峰の宮之浦岳（1936m）を擁する6番目に大きい円形状の島である。

1993（平成5）年に白神山地と同時に日本初のユネスコ世界自然遺産に認定された。亜熱帯から山の冷温帯までの植物と特異な生態系、樹齢千年以上の屋久杉が有名。1966（昭和41）年国内最大の樹齢7千年ともいわれる縄文杉が発見されブームとなった。雨が多く、苔の森が広がる白谷雲水峡は、〝もののけ姫の森〟ともいわれる原始の森を持つ。ヤクスギランドは、総面積270haの森林公園で散策ルートが散策時間に合わせて4つに分かれている。西部林道は世界遺産地域でヤクザルやヤクシカが道を歩いている。永田浜では、5〜7月ごろウミガメの産卵に出会える。

屋久島エコツーリズム推進協議会では、屋久島ガイドを登録・認定している。また、山岳部だけでなく里地におけるエコツアーやプログラムの開発を行っている。

調査対象者のコメント（性別年齢・居住地）

「ガイドを頼んで、白谷雲水峡を丸1日かけてゆっくり歩いた。屋久島の大自然を満喫した。最後に辿り着いたもののけ姫の森では、雨の光が反射して幻想的な大自然に感動しました」（男性29歳・関西圏）

「屋久杉、世界遺産の縄文杉は見ごたえがありました。焼酎の三岳は大変美味しく、以来愛飲しております」（男性69歳・関西圏）

「土砂降りの中をえんえんと歩いて縄文杉を見に行ったが苦労した分とても印象に残っている」（女性47歳・首都圏）

奄美大島——自然たっぷりエコツーリズムの島

所在地：鹿児島県奄美市・瀬戸内町・龍郷町・大和村・宇検村
面積：720.08㎢
人口：68,617人
観光客数：678.7千人

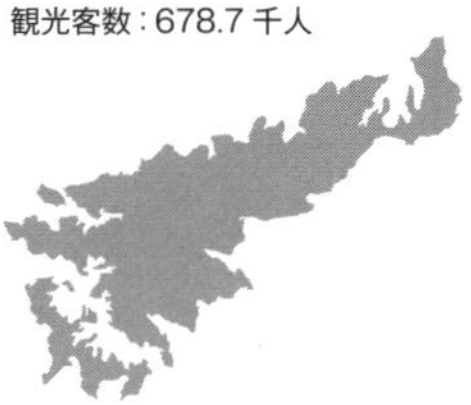

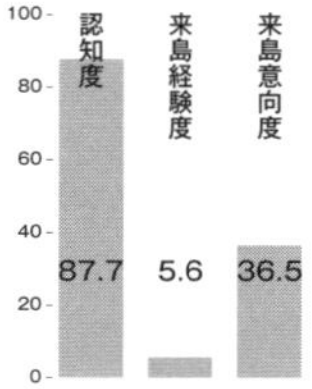

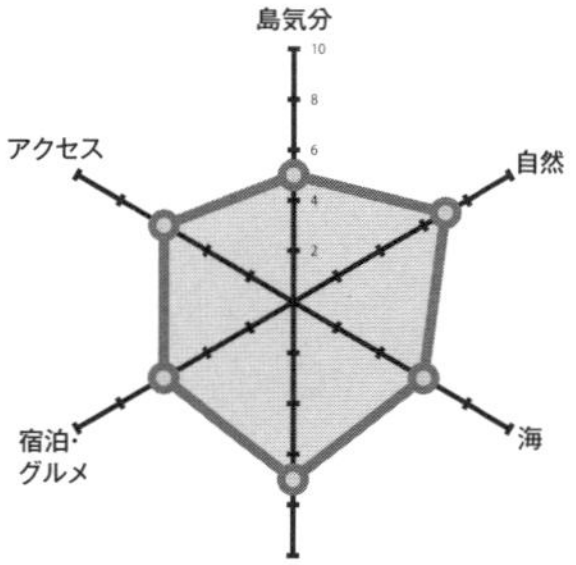

来島意向度5位で、自然・文化ともに充実

鹿児島本土から380㎞、羽田空港から奄美空港まで日本航空で2時間25分、大阪からは1時間40分で1日1便。鹿児島空港からは1時間で1日5便が運航している。船では、鹿児島本港や鹿児島新港から名瀬港までフェリーで11時間、1日1～2便だ。

イメージチャートでは、『自然』と『文化・観光』が高くなった。認知度は3位と高い。観光資源イメージでは、「観光スポットが豊富」、「博物館・郷土資料館・美術館など文化施設が豊富」で8位、「島ならではの動植物が楽しめる」が11位となった。

旅行目的は、自然・景観観光、名所・旧跡観光、街並み観光、ドライブ、釣りなど比較的幅広くあがった。宿泊は、ホテルが72・0％と多く、民宿が続いた。旅行会社利用は60・9％と多い。島内の交通手段は、レンタカー、観光バス。満足度は60・0％と高い。男女比は半々。情報源は、テレビ番組が20・0％あった。旅行ガイドブック・旅行雑誌・旅行会社のパンフレット、口コミも多い。

来島意向度は36・5％で5位と高い。

ジャングルの中をカヤックで巡る旅

第2次世界大戦後アメリカの統治下となったが、

1953(昭和28)年日本に復帰した。北部海岸沿いは美しいサンゴ礁の海岸が広がり、中南部は亜熱帯原生林とアマミノクロウサギに代表される貴重な野生動物の宝庫だ。100万年前に大陸から分離され、固有種の多さで〝東洋のガラパゴス〟ともいわれている。行政・文化の中心地は名瀬で、飲食店もここに集中している。薩摩と琉球の影響を受けた独特の文化で、大島紬は1300年の伝統を誇る。

マングローブのカヌーツアー　奄美市提供

ツアーは3～5日間のフリープランが各社から催行されている。観光スポットは、眼下にエメラルドグリーンのサンゴ礁の海岸が見渡せるアヤマル岬、奄美パーク、大島紬村が北部にある。中南部では、ネイチャーツアーがマングローブパークや金作原原生林で楽しめる。マングローブの中のカヌーや大島海峡のシーカヤックも人気だ。元ちとせの島唄に代表される島唄をライブで聞かせる店も多い。サトウキビから作る黒糖焼酎を飲みながら地元の人と仲良くなれるのも魅力だ。名物では鶏飯《けいはん》という400年前の薩摩役人への歓待料理がある。

調査対象者のコメント（性別年齢・居住地）

「初めて見るバスクリンのような海。テレビ番組で見た大家族も見かけた。島の人は皆、親戚のようにお互いを知り、人情味があった」（男性54歳・九州沖縄）

「田中一村の美術館を見に旅行したのですが、日の出の朝焼けが真っ赤で、本当に素晴らしくて感動した」（男性58歳・関西圏）

「私はもともと酒が好きなので奄美大島の黒糖焼酎は最高でした」（男性68歳・関西圏）

「郷土料理の鶏飯がとても美味しく滞在中に三度も食べました」（女性29歳・関西圏）

喜界島——隆起サンゴ礁でできた蝶の島

所在地：鹿児島県喜界町
面積：56.87㎢
人口：8,572人
観光客数：26.0千人

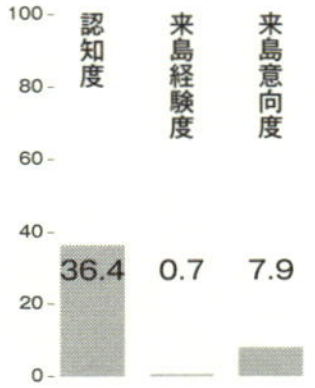

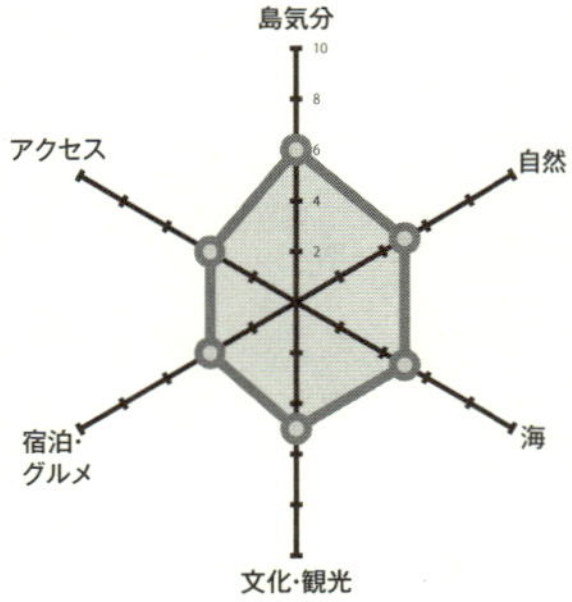

観光地化されてないイメージで6位

奄美大島の東25㎞、鹿児島空港から喜界島空港まで日本エアコミューターで1時間15分1日2便。奄美空港からは20分で1日3便が運航している。船では、鹿児島本港から湾港までフェリーで11時間20分、奄美大島の名瀬からは2時間5分である。

観光資源イメージでは、「観光地化されていない」で6位、「離島気分が味わえる」で11位となった。僧俊寛が平家討伐を画策して流された島である鬼界ヶ島が喜界島であるという説もあり、名前からも離島気分が高まるのかもしれない。路線バスは島内一周の南周りと北周りがあるが、島内交通はレンタカーが中心だ。

来島意向度は7・9％で29位となった。

年間2ミリという世界トップレベルのスピードで今も隆起し続ける島で、観光客だけでなく世界の科学者やテレビの取材も多い。特に2009(平成21)年7月22日の皆既日食では国内では46年ぶりに見られる話題の地域である。皆既日食は月と太陽が重なって見えるもので、太陽がすべて月に隠れるため、普段見られないコロナやプロミネンスが肉眼で見られる。次に見られるのは26年後なのでトカラ列島とともに大人気になっている。喜界島でも収容人数の多いキャンプサイトをホームページで案内している。

サンゴ礁が広がる常夏の島

500〜1000万年前から隆起したサンゴ礁の島。今なお隆起し続けている。ダイビングやシュノーケリングが有名でリピーターも多い。亜熱帯に属し、ハイビスカスやブーゲンビリアが咲き誇る。日本最大の蝶で羽を広げると15㎝にもなる「南の島の貴婦人」と呼ばれるオオゴマダラの北限の生息地でもある。そのほかにもさまざまな蝶が見られる。また、奄美群島では珍しくハブはいないので散策しやすい。

オオゴマダラ　喜界町提供

　中心は湾地区でホテルや飲食店もここに集中する。奄美群島に多く見られるサンゴの石垣は保存状態が良く、街並みが美しい。観光スポットでは、約700万㎡の隆起サンゴ礁の台地で、ハイビスカスやブーゲンビリアの花が咲き乱れる百之台公園や、鹿ケ谷での平家打倒の陰謀が発覚して「鬼界ヶ島」に流されたと伝わる俊寛の墓などがある。空港臨海公園のスギラビーチは、潮の干満に関係なく泳げるビーチとして人気だ。

　特産物は白ゴマとサトウキビ。白ゴマは日本最大の生産量で香りがいいと評判である。また、喜界島酒造のサトウキビで作る黒糖焼酎《くろちゅう》で喜界島は本土でもよく知られるようになった。喜界島おみやげセンターでは花良治みかんワインや大島紬、サンゴの小物などを販売している。

調査対象者のコメント（性別年齢・居住地）

「川の無い島で驚いた」（男性56歳・首都圏）

徳之島――闘牛で知られる長寿の島

所在地：鹿児島県徳之島町・天城町・伊仙町
面積：247.91㎢
人口：27,155 人
観光客数：116.6 千人

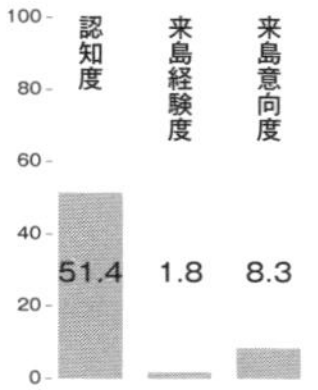

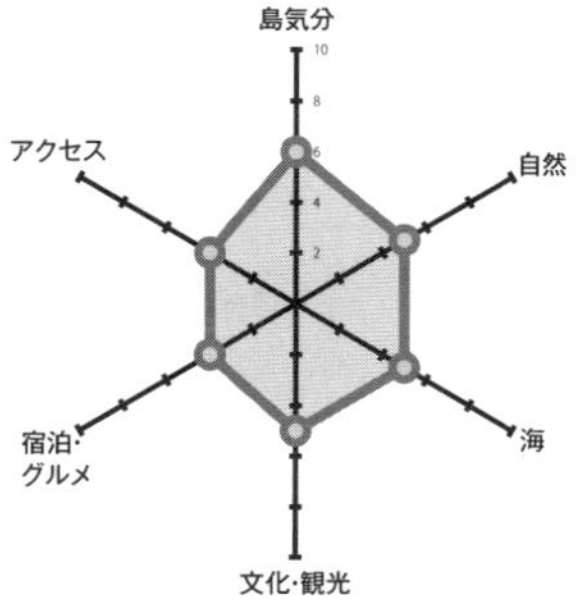

離島気分あふれる奄美で2番目に大きな島

鹿児島県本土から南西に468㎞、鹿児島空港から徳之島空港まで日本エアコミューターで1時間1日2便、奄美空港からも30分で1日2便が運航している。船では、鹿児島新港から亀徳新港までフェリー15時間10分、奄美大島からは3時間30分。奄美群島で2番目の大きさの島だ。島内の交通は、路線バスが北周りと南周りで運行しているが、乗り換えが多いためレンタカーが観光客には便利だ。海岸線が荒々しいのが特徴でドライブにはお薦めである。比較的大きなホテルもある。また、島の東と西にキャンプ場も整備されている。

闘牛やトライアスロンなど祭・イベントが豊富な島で、天然記念物のアマミノクロウサギなど珍しい動物も生息している。

来島意向度は8・3%と28位で、60代男性と50・60代女性がやや高くなった。奄美大島からは近いので組み合わせて楽しむことも可能だ。

トライアスロンでスポーツの島としても認知

琉球と薩摩の支配下の時代が長く、第2次世界大戦後はアメリカの統治下になったが、1953（昭和28）年に日本に復帰した。東部の徳之島町、西部の天城町、南部の伊仙町に分かれている。長

畦プリンスビーチ　徳之島町企画課提供

寿の島としても有名で１１４歳でともにギネスブックにも載った泉重千代さんと本郷かまとさんは徳之島の出身だ。ほかにも１００歳以上の元気なお年寄りが多い。

５００年以上の歴史を持つ闘牛で知られ、本場所といわれる全島大会と地方場所を合わせて、闘牛大会は6ヶ所、年に20回以上行われる。1トンもの牛がぶつかり合うのは壮観だ。相手に後ろ姿を見せると負けで、勝利の牛にはラッパなどが吹かれ盛り上がる。また、毎年6~7月にはトライアスロンin徳之島が天城町で実施される。

旅の拠点は、南東の亀津地区で宿泊や飲食店が多い。観光スポットでは波で浸食された奇岩の犬の門蓋や１５０ｍにわたって花崗岩が広がるムシロ瀬、島の歴史・文化を紹介する天城町歴史文化産業科学資料センター「ユイの館」などがある。ちなみに「ユイ」とは「助け合い、励ましあい」の意味。また、奄美十景の一つでもある犬田布岬は琉球石灰岩の海食崖が続く岬で、沖合で撃沈された戦艦大和の慰霊碑が建っている。そのほかにも、天皇陛下が皇太子時代に美智子妃殿下とビーチを散策されたことが名前の由来の畦プリンスビーチや数百ｍも続く金見崎ソテツトンネル、約２０００年前の弥生人の骨が保存されている伊仙町立歴史民俗資料館など見どころは多い。マリンスポーツも盛んで島の周囲にはダイビングスポットも沢山ある。

ウコンや薬味酒とされるハブ酒はお土産に人気だ。また、ゴマの葉を使ったごま茶を島の特産品にしようという試みも行われている。

調査対象者のコメント（性別年齢・居住地）

「観光客がほかの島に比べて少ないらしく、観光地化されていなくて新鮮だった」（男性37歳・東海北陸）

沖永良部島《おきのえらぶじま》

――鍾乳洞など奇岩の多い南洋アイランド

所在地：鹿児島県和泊町・知名町
面積：93.62㎢
人口：14,551人
観光客数：50.6千人

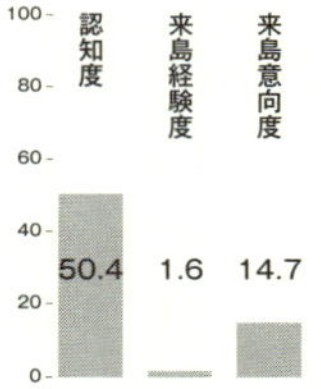

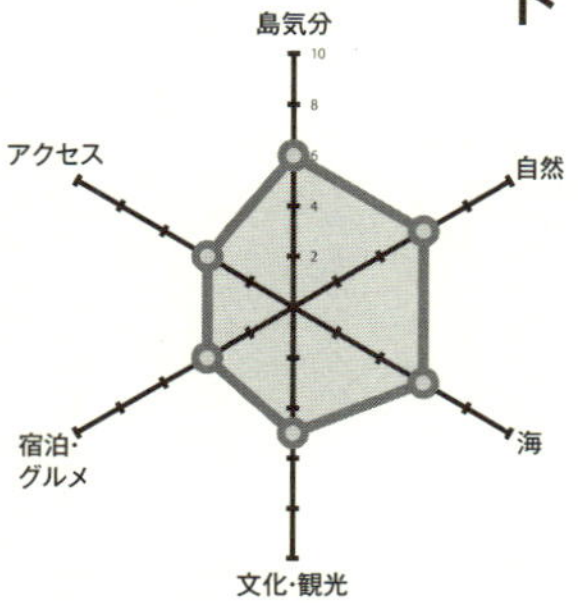

島ならではの動植物が楽しめる

鹿児島本土から546㎞、鹿児島空港から沖永良部空港まで日本エアコミューターで1時間15分1日3便、奄美空港からも35分1日1便で運航されている。また、与論空港からも25分で1日1便。船では、鹿児島新港から和泊港へフェリーで17時間30分。奄美大島や徳之島、与論島からもフェリーが運航されている。

観光資源イメージでは、「海が美しい」、「マリンスポーツが楽しめる」、「島ならではの動植物が楽しめる」がやや高い。

来島意向度は14・7％で21位となった。

エラブユリの咲く、心と身体の癒しの島

観光スポットは、比較的豊富で自然だけでなく、南洲神社などの名所旧跡も楽しめる。真っ白なエラブユリが春を彩る時期は人気が高い。島づたい観光で周辺の島と一緒に観光する人も多い。路線バスが、和泊と知名を結ぶ主要道路を10本程度走っている。観光客はレンタカーが便利だ。切り立った断崖や奇岩を見ながら車で島内を回りたい。

隆起サンゴ礁の島で、300余りの鍾乳洞が点在する。観光スポットとしては、奇岩が傘のような形に並ぶウジジ浜やフーチャといわれる岩間から10mの水柱を噴き上げる洞窟がある。ほかにも

1862年に流された西郷隆盛の遺徳をしのんで建てられた南洲神社、樹齢100年の日本一のガジュマルのある小学校がある。また、地下には多数の鍾乳洞が存在する。その中でも一般公開されている昇竜洞は規模が大きく、山口県の秋芳洞などに比べても洞窟の広さや鍾乳石の美しさにおいて引けを取らない。近年になって大山水鏡洞と名付けられた全長が10㎞を超す国内で2番目の規模を誇る鍾乳洞が発見された。

笠石海浜公園の百合　和泊町役場提供

菊など花卉栽培が盛んで「花の島」としても知られている。4月下旬の透きとおるような純白の花びらが美しいエラブユリをはじめ、フリージア、グラジオラス、ハマユウ、ポインセチアなどが季節ごとに見られる。エラブユリは大正時代にヨーロッパやアメリカに輸出されており、和泊町歴史民俗資料館で資料が見られる。

海洋深層水を使ったエステのタラソおきのえらぶも女性に人気で、リラックス効果のある33〜36度に設定した温海水プールや海藻を使ったトリートメントがある。

島のキャッチフレーズは「心と身体の癒しの島」だ。最近では、サトウキビを使ったキビ酢などの商品も開発されている。キビ酢は黒糖製造の副産物として古くから島の中では飲まれていたもので、健康食として売り出そうとしている。

調査対象者のコメント（性別年齢・居住地）

「何といっても海がきれいだった」（男性51歳・北海道東北）

「自然の満喫とグルメ」（男性47歳・中国四国）

与論島——ロングステイしたい東洋の真珠

所在地：鹿児島県与論町
面積：20.49㎢
人口：57.31人
観光客数：66.1千人

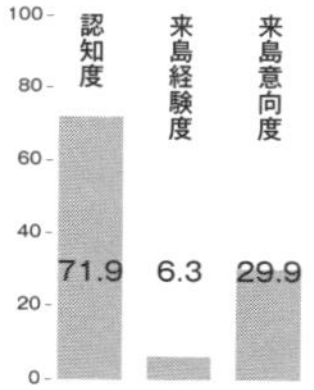

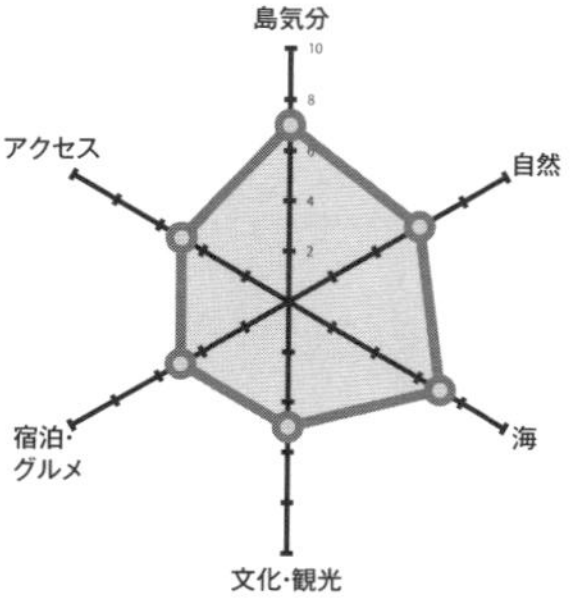

長期滞在しやすいイメージで3位

鹿児島本土から590㎞、沖縄本島から28㎞。鹿児島空港から与論空港まで日本エアコミューターで1時間20分1日1便、那覇空港から40分、1日2便で運航されている。船では、鹿児島新港から与論港へフェリーで19時間40分。イメージチャートでは『海』、『島気分』が高くなった。

観光資源イメージでは、「長期間滞在しやすい」が3位、「ホエール・イルカウォッチングが楽しめる」で5位、「マリンスポーツが楽しめる」が6位、「海が美しい」で10位となった。

与論島全景　与論町商工観光課提供

認知度は15位。旅行目的は、自然景観観光のほか、海水浴、ダイビング、ゴルフ、ドライブなど。宿泊は、ホテルが8割となった。旅行会社利用は33・3%、自分でインターネットや電話で予約を行うが44・4%を占めた。島内の交通手段は、レンタカーが多く、レンタサイクルが続いている。満足度は77・8％と高い。

２００７(平成19)年に全編与論島で撮影された映画「めがね」が話題になった効果もあり、来島意向度も29・９％で9位と高かった。

透明度の高いエメラルドグリーンの海

１９８４(昭和59)年ギリシアのミコノス島と姉妹盟約を結んだ世界的アイランドリゾート。１９７０年前後から若者が多く集まる島になった。サンゴ礁のリーフに囲まれ、〝東洋の真珠〟といわれるほど美しい。ヨロン島観光協会は、ヨロンパナウル王国を１９８３(昭和58)年に建国。町長が国王になってパスポートを発行している。観光施設の入場割引が受けられ、４００円で販売している。ちなみに、パナは花・ウルは珊瑚のこと。

観光スポットでは、大金久海岸の沖合に干潮時のみ現れる砂浜の百合ヶ浜が有名、グラスボートで渡る浜は、星砂の海岸だ。ハイビスカスやブーゲンビリアの咲くユンヌ楽園や星空を見る展望台のあるサザンクロスセンター、与論民俗村などがある。25～30ｍの透明度の高い海でのマリンアクティビティが盛んで、ダイビングやシュノーケリングが楽しめる。ホテルライフは、プリシアヨロンリゾートなどリゾートホテルがある。陸連公認のヨロンマラソンは3月に行われる。

与論町の久留さんは最近の旅行者の動向として「学生旅行が減少したが、家族旅行は増えている。また、映画〝めがね〟の効果でＯＬのふらり旅が出てきている」としている。ＰＲポイントは、「東洋一の青い海と空」だ。

調査対象者のコメント（性別年齢・居住地）

「与論島の海の色の素晴らしさはいうまでもなく、珊瑚でできた真っ白な砂浜の百合ケ浜へ遊覧船で行ったことは、とても良い思い出になりました。また、ゆんぬあーどぅる焼窯元で湯呑を作ったり、ホテルから出られる砂浜を散策したり楽しい旅ができました」（女性64歳・首都圏）

「地元の人たちとのバーベキュー＆花火大会・観光名所巡り・百合ケ浜での星の砂探し」（女性44歳・首都圏）

Ⅷ沖縄本島周辺の島

伊江島――修学旅行で賑わう民泊の島

所在地：沖縄県伊江村
面積：22.77㎢
人口：5,110人
観光客数：89.5千人

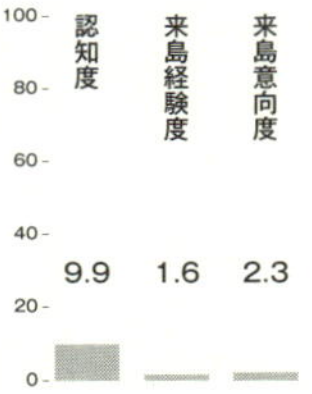

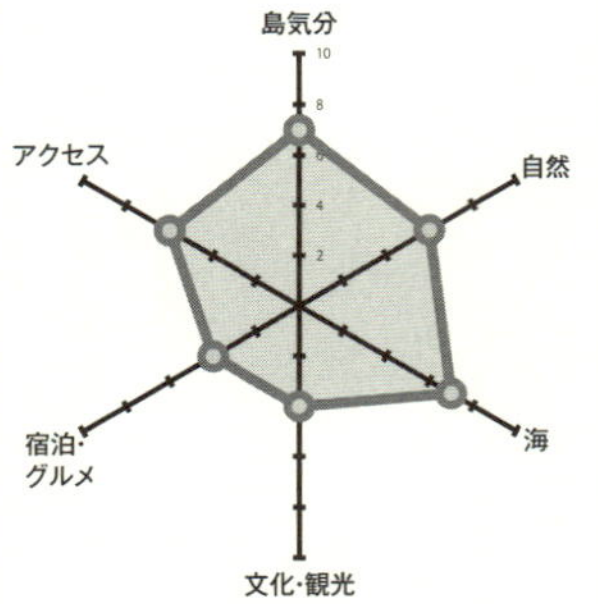

本島本部半島から見える細長い島

本部半島北西９㎞の中央部がくびれた東西に細長い島である。伊江村公営企業課が運航するフェリー「いえしま」、「ぐすく」で本部港から伊江港まで30分1日４便。飛行機では、那覇空港から伊江島空港までエアードルフィンのセスナが30分で運航している。

観光資源イメージでは、「海が美しい」、「マリンスポーツが楽しめる」が高くなった。観光客は沖縄美ら海水族館と合わせて足を延ばすこともできる。

来島意向度は２・３％と低くなった。まだ、十分に知られていないようだ。

民泊事業成功、修学旅行が定着

伊江島は太平洋戦争時に旧日本軍最大の飛行場があり、２０００人の守備隊と１５００人の住民が亡くなった激戦地である。返還後も、西部はアメリカ軍の使用地で立入禁止となっている。菊の咲くリリーフィールド公園や戦死した従軍記者アーニー・パイルの記念碑が建つ。島のシンボルは伊江島タッチュー（城山）ともいわれる１７２ｍの山。御嶽《うたき》がある神聖な場所とされている。ニャティア洞は女性が持ち上げると子宝に恵まれると

いう、霊石「力石」である。第2次大戦中は防空壕として利用され、多くの人を収容したことから「千人洞《せんにんがま》」とも呼ばれる

マリンレジャーが盛んな伊江島は、サンゴ礁でのダイビングやシュノーケリングができる。特産品は伊江島牛で、通信販売も行われている。島の基幹産業は農業で、キクの切り花や葉タバコは県内でも有数の産地となっている。

伊江島遠景　旅の販促研究所撮影

近年、秋の修学旅行が定着している。2006(平成18)年の1年間で県外の中学校を294校約3万6000人も受け入れている。これは、観光協会が2003(平成15)年から取り組んでいる民泊事業が好調なためだ。修学旅行での民泊を商品化した。島の暮らしや歴史を島の人たちとともに過ごす間に体感していくことを目的にし、約100軒が登録している。民泊部会も立ち上げ、さらに多くの民泊体験を提供できるようにしていくそうだ。また、体験学習も多くのメニューを揃えており、三線《サンシン》教室やとうふ作り、黒糖作りなどが体験できる。

伊江島観光協会の小濱さんは、「修学旅行で以前は日帰りだったが、民泊の受け入れを始め、体験宿泊が増えた」と言っている。

また、ハイビスカス公園での全国小学生ゴルフ大会や2009(平成21)年で17回目となる伊江島1周マラソン大会、リリーフィールド公園で行われる伊江島ゆり祭りなどを開催している。キャッチフレーズは「夕日とロマンのフラワーアイランド」である。

調査対象者のコメント（性別年齢・居住地）

「半自給自足の島」（男性61歳・首都圏）

粟国島《あぐに》——映画で有名になった「ナビィの恋」の島

所在地：沖縄県粟国村
面積：7.64㎢
人口：936人
観光客数：19.9千人

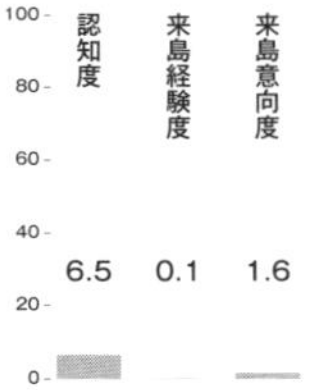

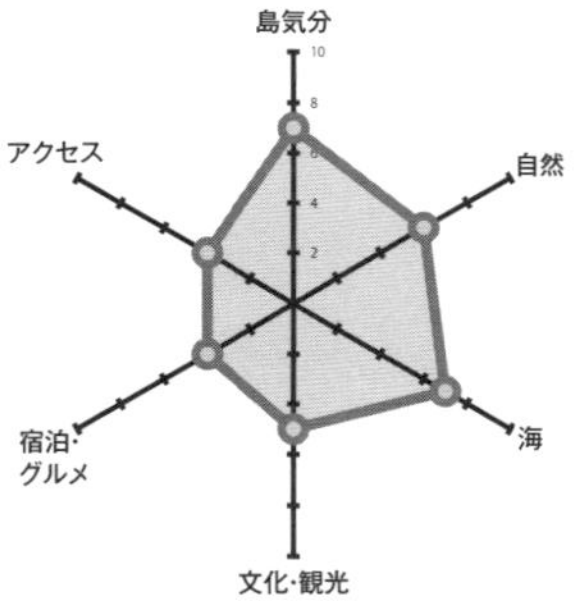

民宿でのふれあいが楽しい

那覇の北西60㎞。慶良間諸島や渡名喜島、久米島などを遠くに見ることができる。船では、泊港から粟国港まで村営の「フェリー粟国」が2時間で運航している。

イメージチャートでは、『島気分』と『海』がやや高くなった。宿泊は、民宿が中心である。バス、タクシーはないが、レンタカーがあり、空港への送迎も可能だ。また、レンタサイクルは民宿で対応している。

来島意向度は1・6％と低い。

ダイビングとバードウォッチングでも注目

ダイビングでも県内外からダイバーが集まるようになってきた。筆ん崎がダイビングポイントで4月中旬から7月にかけてはギンガメアジの群泳やロウニンアジ、大型のナポレオンフィッシュが見られることで知られている。海底遺跡のようなものも発見されたが、昔のトゥージ（水甕）の製作跡ともいわれている。

観光名所では、島の最西端、海抜96ｍの断崖の上に建つマハナ展望台からは、南西の方向に久米島、南に渡名喜島、慶良間諸島などを見渡すことができ、夜には沖縄本島の夜景が間近に見える。

ナビィの家（ナビィの恋ロケ地）　㈶沖縄観光コンベンションビューロー提供

洞寺《てら》は島の北海岸近く、周囲を雑木林に囲まれたところにある大きな鍾乳洞。門をくぐり階段を下って歩いていくと、厳しい自然が創り出した芸術が目の前に広がる。鍾乳洞内は整備され、見学コースに沿って歩道が設けられている。

隆起サンゴ礁の島で、ゆったりとした癒し感ある風景が魅力。かつては粟の産地として知られ粟島とも呼ばれていた。島には自生のソテツが多く、「ソテツの島」と呼ばれるほど。昔は飢饉のときの非常食としても食べられていたようだ。ハブがいないので長浜ビーチなどではキャンプも盛んである。

「花と緑に包まれた癒しの島づくり」を目指して、緑化活動も行われている。自然塩「粟国の塩」やささげ小豆と粟国黒糖で作る羊羹の「ささげようかん」、ソテツの実に米を加えて麹を作りそれに豆などを加えて作る「ソテツみそ」が特産品。琉舞の雑踊り「むんじゅる節」の発祥の地とされ、キャッチフレーズは「むんじゅるの里　粟国」である。むんじゅるとは麦わらという意味。

島が一躍有名になったのは1999(平成11)年の粟国島のオジィとオバァの恋の物語でキネマ旬報で日本映画2位になった映画「ナビィの恋」の影響だ。粟国島に帰ってきた奈々子。彼女を迎えるナビィおばあやかつてのおばあの恋人が登場する映画で、全編沖縄の音楽が元気よく奏でられている。この作品はその翌年の日本インターネット映画大賞にも選出されている。

また、粟国島は石川県の舳倉島のように渡り鳥の中継地となっており、沢山の野鳥を観察できる。エコツーリズムでの観光の活性化が期待できる島だ。粟国漁港も自然環境に配慮した出島方式で、橋で連結して海岸線を自然のままに残している。

慶良間《けらま》諸島（座間味島・渡嘉敷島・阿嘉島・慶留間島・前島・外地島）——ホエールウォッチングの聖地

所在地：沖縄県座間味村・渡嘉敷村
面積：28.78㎢
人口：1,867人
観光客数：191.1千人

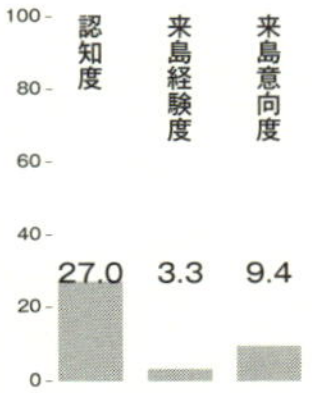

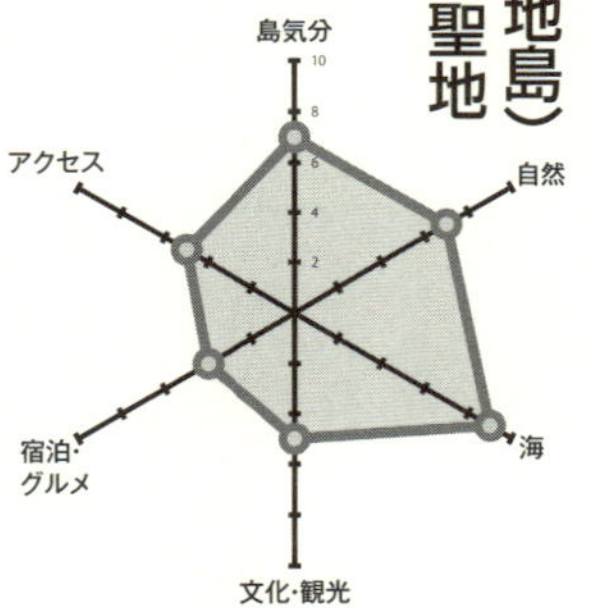

ダイビングが楽しめるで1位、ホエールウォッチングが楽しめるで2位

那覇から西に30㎞。沖縄本島からも島を遠望できる。渡嘉敷島へ船では、泊港から渡嘉敷港まで高速船で35分、フェリーで1時間10分。座間味島へは高速船で50分、阿嘉島経由のフェリーで座間味港へ2時間。

慶良間諸島は有人島5つと30島くらいの無人島で構成される。観光資源イメージでは、「ダイビングが楽しめる」で1位。「海が美しい」、「ホエール・イルカウォッチングが楽しめる」で2位、「離島気分が味わえる」で5位となった。旅行日数・旅行費用は、2・0日、3万1333円となった。宿泊は、ホテル、ペンションが多い。インターネットで予約が100%となった。島内の交通手段は、レンタカーが中心。満足度は100%。男女比では2：1で男性が多くなった。

来島意向度は9・4%で24位とやや低かったが、沖縄本島からのアクセスも良く、ダイビングを中心としたマリンレジャーも充実している。冬場でもホエールウォッチングがあり、安定した人気を集めている島だ。

透明度の高い海は世界のダイバーの聖地

12〜4月の冬から春にかけて、繁殖期で集まるザトウクジラのホエールウォッチングが楽しめる。座間味村ホエールウォッチング協会では、2時間5250円で参加できる。体験ダイビングでもクジラを見ることができる。1月から3月にかけてはホエールウォッチングフェスタとして写真展や絵画・写真コンクール、フォーラムも開催される。シーカヤック1DAYツアーも人気でウミガメが悠然と泳いでいく姿が見られる。渡嘉敷島は50～60mの世界屈指の透明度を誇るダイバーの聖地だ。

　古くから聖地・御嶽の多い島で17世紀半ば中国と沖縄を行き来する船を監視する烽火《ほうか》台が置かれた。第2次世界大戦では激戦地となった。阿嘉島のニシハマビーチは手つかずの自然のビーチ。慶留間島との間に阿嘉大橋がかかる。19世紀後半に建築された旧家の高良家は国の重要文化財。国指定天然記念物ケラマジカは慶留間島や外地島で見かけることもある。

　サンゴが重要な観光資源のため、地元ダイビング協会では数年間で沢山のオニヒトデを駆除している。また、2005(平成17)年に沖合の浅海域がラムサール条約に登録されたのを機に「慶良間自然環境保全会議」を立ち上げた。ルールを守る人だけ、その海域に入れる仕組みづくりと「エコツーリズム推進法」の認定を目指している。

調査対象者のコメント（性別年齢・居住地）

「海の色がとてもきれい、近くに魚が沢山いてシュノーケリングができ、無人島に行き潮の流れが速く泳げてもなかなか岸にたどり着かず疲れた。初めてバナナボートに乗り落ちそうになりながら楽しみました」（女性68歳・首都圏）

「海の透明度が高く、きれいだった」（女性32歳・関西圏）

「世界で2番目にきれいな海とのことでしたが、ホントにきれいで、マリンブルーとはこんな色だということを実感できてよかったです」（女性36歳・首都圏）

渡嘉敷島の海　㈶沖縄観光コンベンションビューロー提供

久米島——美容と癒しの健康アイランド

所在地：沖縄県久米島町
面積：63.50㎢
人口：9,177人
観光客数：93.9千人
※久米島、奥武島、オーハ島

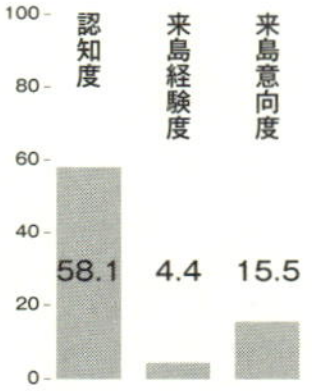

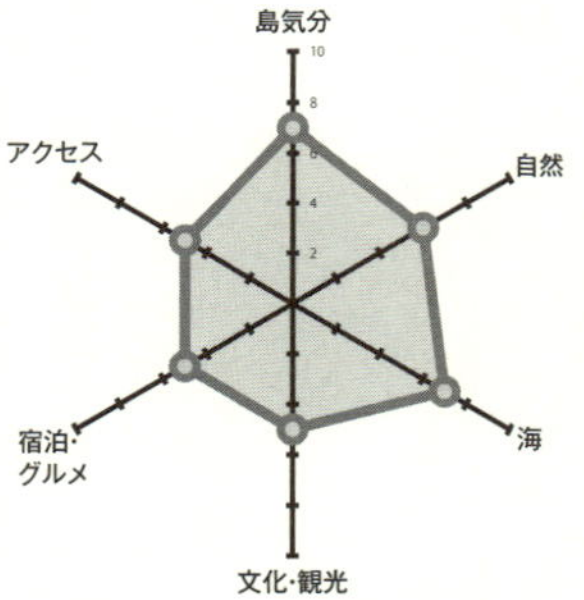

のんびり過ごす健康アイランド

那覇から西へ100km。那覇空港から久米島空港まで日本トランスオーシャン航空と琉球エアコミューターが35分、1日4~7便で運航している。また、夏期のみ羽田空港から直行便も運航する。船では、泊港から兼城港まで4時間、1日2便。イメージチャートでは『海』、『島気分』がやや高くなった。

旅行目的では自然・景観観光や食べ物、名所、海水浴、シュノーケリング・ダイビング、のんびりが高い。旅行日数、旅行費用は3・1日、7万0800円となった。宿泊はホテル中心で旅行会社利用は90・0%。島内の交通手段はレンタカーが60・0%。満足度は80・0%と高い。男女比はやや女性が多い。情報源は、旅行会社のパンフレットが多くなった。

来島意向度は15・5%で20位となった。旅行商品では女性に人気のバーデハウス久米島のバーデプール入場券をセットしたプランが多い。

琉球列島でもっとも美しいとされる東シナ海の真珠

沖縄本島周辺で最大の離島。森林が多く水が豊富なため、お米がよくとれる。泡盛の久米仙は有名だ。リーフリゾートはての浜は久米島の東沖合

10㎞に浮かぶ3つの砂の島の総称。イーフビーチやシンリ浜ではシュノーケリングやダイビングが楽しめる。

琉球時代は、本島と中国を結ぶ中継地となった。久米島紬は日本紬のルーツでユイマール館で展示が見られる。隣の奥武島にある海洋深層水温泉浴療養施設のバーデハウス久米島にエステに行くために島に渡る女性も多い。具志川城跡や上江洲家などの歴史名所、比屋定バンタやミーフガー、奥武島の畳石の景観など観光スポットも多い。県の天然記念物のクメジマボタルの久米島ホタル館や久米島ウミガメ館、樹齢300年の宇根の大ソテツ、パイン園などがある。キャッチフレーズは、「健康いきナビ久米島」。

はての浜　旅の販促研究所撮影

久米島町商工観光課の長濱さんは、島の課題として「観光客が夏場に集中しており、夏季以外に訪れてもらう魅力づくり」をあげている。特に夏場の繁忙期の観光バス不足が問題としている。興味深い取り組みとして、アレルギーの除去食で家族旅行を誘致している。ホテルと飲食店が卵などの食物アレルギーを起こしやすい食材を使わないで、専門相談員も配置してアレルギー患者の宿泊を提供している。また、商工会では地域資源∞全国展開プロジェクトとして「美容と癒しの島・久米島ブランド化計画（海洋深層水付加価値型事業）」を実施している。

調査対象者のコメント（性別年齢・居住地）

「グラスボートから見た海の世界は最高でした。手作りのシーサーは一生の思い出です」（男性64歳・九州沖縄）

「自然が素晴らしいし、島の人たちが親切で心和む日を過ごせた」（女性60歳・関西圏）

「カクレクマノミ（ニモ）に会えたこと」（男性30歳・首都圏）

南大東・北大東島——固有の動植物の宝庫

所在地：沖縄県南大東村・北大東村
面積：43.67㎢
人口：2,036人
観光客数：11.5人

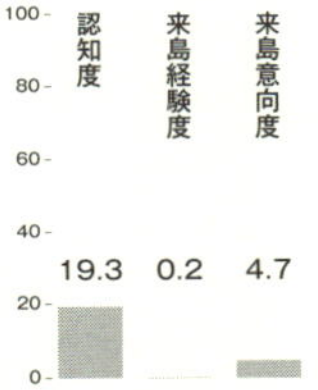

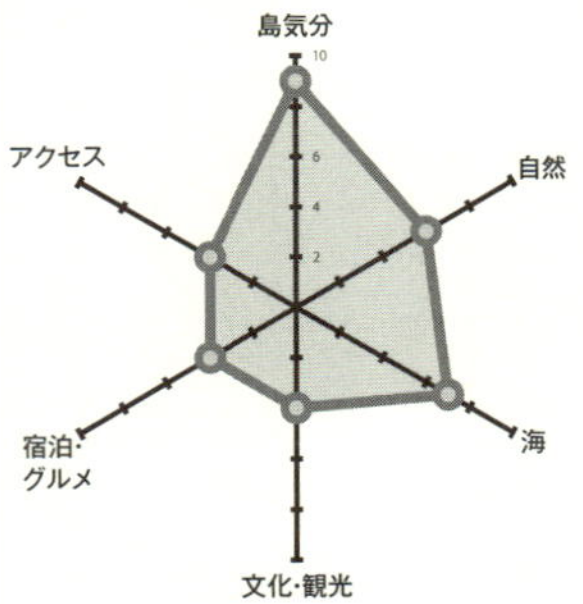

観光地化されてない・離島気分が味わえるイメージで1位

南大東島は沖縄本島から東に392㎞。北に8㎞をへだてて北大東島がある。那覇空港から琉球エアコミューターで1時間10分、1日1～2便。船では、泊港からフェリーで15時間。南大東島と北大東島間はフェリーで1時間。周囲が幕《はぐ》という切り立った岸壁で波も高く、船は着岸できないため、乗降時はカゴ（ゲージ）に乗り込み、クレーンで運ばれる。

イメージチャートでは、『島気分』がとても高くなった。観光資源イメージでは、「観光地化されていない」や「離島気分が味わえる」で1位、「島ならではの動植物が楽しめる」が9位となった。マニアックな島旅のイメージがかなり強いようだ。気象情報の「南大東島、風力3」というアナウンスの声で覚えている人も多い。

来島意向度は4・7％で34位となった。

観光要素は多く、サトウキビ畑を走ったシュガートレインの廃線路跡はウォーキングロードにもなっている。固有の動植物も多く、エコツーリズムでも注目の島である。

島は4800万年、人の歴史は100年

水深2000mの海底から突き出た火山の山頂

部分にサンゴ礁が堆積した島で、パプアニューギニアの辺りから長い年月をかけて海底プレートを移動してきた。周囲は切り立った断崖で、ダイトウオオコウモリやオヒルギ群落などの固有の動植物が多く生息している。１９００年に八丈島の出身者によって開拓されたため大和と沖縄の気質を持つ。大東寿司というサワラの島寿司などは八丈島の風習を継承している。

文化庁が「天然記念物整備活用事業」を始めた１９９８(平成10)年に、天然記念物を展示物と位置付け、それを紹介する拠点として、島まるごとミュージアム構想を掲げた。ビジターセンターの「島まるごと館」(館長はダイトウオオコウモリ)には島の宝物が展示されている。

島全体がスポンジ状の石灰岩で、星野洞という鍾乳洞は日本最長１・７mの鍾乳管を持つ。カルスト湖沼群が多く、沖縄で一番大きな池の大池がある。釣りのリピーターは多く、バショウカジキのトローリングや岸壁からのマグロや鰆釣りも。特産物は、大東ようかんやマグロのシージャーキー。近年はサトウキビから造ったラム酒が話題になっている。

北大東島も長幕といわれる絶壁で囲まれている。燐鉱石の島として最盛期は４０００人がいた。どちらの島も観光はこれからというところだが、島自体が個性化された観光資源といえ、特にエコツーリズムの推進により、多くのエコツーリストたちが訪れることが期待される。

調査対象者のコメント（性別年齢・居住地）

「海が荒れていて船が出なくなり小麦粉が切れたので那覇で小麦粉買ってきてくれと宿のオーナーに頼まれた」（男性27歳・中国四国）

南大東島のクレーンでの上陸　㈶沖縄観光コンベンションビューロー提供

Ⅸ 宮古・八重山の島

宮古島 ―― あこがれのホスピタリティアイランド

所在地：沖縄県宮古島市
面積：159.21㎢
人口：46,249人
観光客数：413.5千人

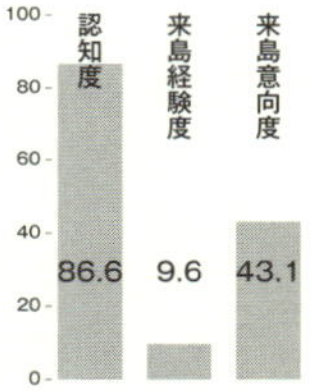

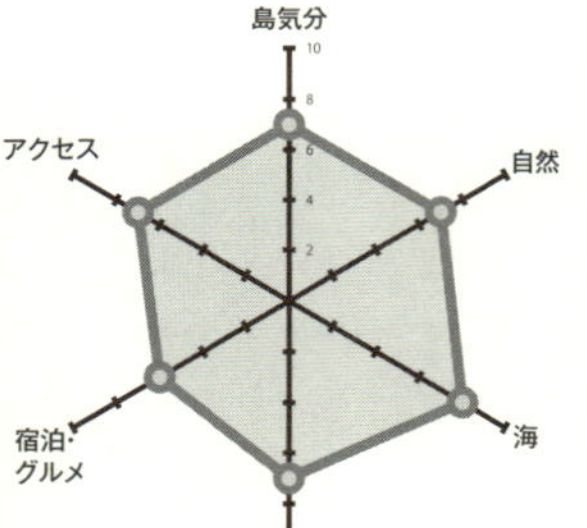

長期滞在しやすい・海水浴が楽しめるイメージで2位の島

沖縄本島の南西290㎞、羽田空港から直行便で2時間50分1日1便。那覇空港から宮古空港は50分1日13便、石垣空港から30分1日数便が運航している。船では那覇新港から平良港へフェリーで8時間。

認知度は高く4位、来島経験度は9位。観光資源イメージでは、「長期間滞在しやすい」、「海水浴が楽しめる」で2位、「マリンスポーツが楽しめる」で3位、「海が美しい」、「島の人とのふれあいが楽しめる」、「ホエール・イルカウォッチングが楽しめる」で4位となった。

旅行目的では、砂山ビーチなどでのシュノーケリングなどマリンスポーツ、リゾートホテル、ゴルフ、ハネムーン、景観が良いためドライブも多い。宿泊では、ホテルが8割でコンドミニアムが続いた。旅行会社利用が75・0%。島内の交通手段はレンタカーが多い。旅行日数、旅行費

来間島展望台より来間大橋を望む　旅の販促研究所撮影

用は３・７日で８万７４０６円。満足度は68・８%。男女比は１：２で女性が多い。情報源は、テレビ番組やダイビング雑誌が多くなった。来島意向度は43・１%で３位と非常に高い。

地形の利点を生かしたスポーツアイランド

大小８つの島からなる隆起サンゴ礁の平地をもつ宮古諸島の主島である。周辺の海の透明度は高い。宮古の創生神話の漲水御嶽《はりみずうたき》や日本最大級のサンゴ礁の大陸・八重干瀬《やえびし》など景勝地や史跡も多い。東平安名岬《ひがしへんなざき》や人頭税石《じんとうぜいせき》、うえのドイツ文化村などもある。宮古焼や宮古上布の織物体験、貝の雑貨店など女性に人気のメニューも多い。２００９(平成21)年には熱帯植物園内で島料理や織物、乗馬が体験できる宮古島市体験工芸村がオープンした。

ホテルも充実していて、宮古島東急リゾートやブリーズベイマリーナなどのリゾートホテルではウエディングにも力を入れている。平地の利点を生かしてスポーツアイランドとして全国トライアスロン宮古島大会が開かれる。

また、エコアイランド宣言を市として行っており、新しい取り組みとして市とＪＴＢ西日本、三洋電機の三者でプロジェクトを立ち上げ、市民と両社の社員とでマングローブ植林体験と砂浜清掃などを実施した。宮古島ホスピタリティは健在だ。

調査対象者のコメント（性別年齢・居住地）

「宮古や伊良部の海の色の美しさは、南太平洋の海の青さにも決してひけをとらない」（男性52歳・九州沖縄）

「東急リゾートの浜辺での結婚式が良かった。前夜祭を町の居酒屋でやったが民謡にあわせて皆で踊ったのが良かった。披露宴でも民謡を入れて参加者のほぼ全員が踊って印象に残る結婚式になった」（男性64歳・関西圏）

「島を一周するマラソンに出場したのだが、自らの足で島を巡るというのは、マラソン出場ならではの醍醐味。旅へ行っても何かの交通手段を利用することがほとんどだが、なかなかできることのない旅の仕方ができた」（女性35歳・関西圏）

石垣島――アイランドホッピングの起点、島旅の王様

所在地：沖縄県石垣市
面積：222.57㎢
人口：45,183人
観光客数：754.2千人

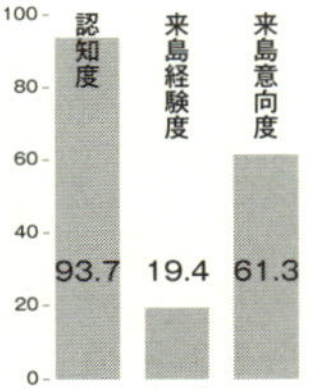

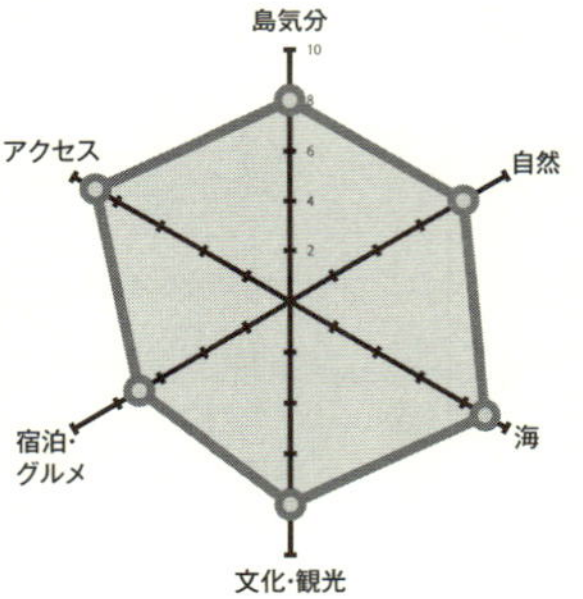

認知度1位、来島経験度・意向度2位の島旅の代表格

那覇から南に410㎞、羽田空港から石垣空港まで直行便で3時間5分1日2便、関西空港から2時間30分、神戸空港から2時間30分で運航している。2009(平成21)年からは名古屋からも往路の直行便ができた。一番多い便は、那覇空港からで1時間、1日22便だ。船では、那覇新港から石垣港まで10時間30分~14時間。

イメージチャートでは、『アクセス』、『海』、『文化・観光』、『自然』、『島気分』、『宿泊・グルメ』とすべてが高かった。観光資源イメージでは、「気候が良い」、「海が美しい」、「海水浴が楽しめる」、「長期間滞在しやすい」で1位、「よい宿泊施設がある」、「周辺の島々との移動がしやすい」、「島の人とのふれあいが楽しめる」、「マリンスポーツが楽しめる」で2位となった。

旅行目的でも、ほかの島にはないロングステイ、ハネムーン、エステ、サイクリング、エコツアーなどがあがった。旅行日数、旅行費用は4・7日で9万6385円。宿泊は、ホテルが8割でペンションやコンドミニアムも。高級リゾートホテルも充実している。旅行会社利用は62・2%と多い。満足度は70・5%と多い。男女比は半々となった。

来島意向度では61・3%で2位と屋久島に次いで高くなった。

伝統文化も豊富な充実の島

自然と伝統文化のバランスのとれた八重山諸島の拠点都市である。ほかの島へは、石垣港離島ターミナルと石垣空港からアクセスできる。観光地では、宮良殿内や唐人墓などの歴史史跡、川平湾や玉取崎展望台などの景勝地。宮良川のヒルギなどのエコツアー、マリンスポーツの底地ビーチなど多様な観光が楽しめる。体験でもミンサー織や石垣焼など。また、祭り・イベントではハーリーなど豪快なものや日本最南端のマラソンの石垣マラソンやトライアスロンがある。

フサキリゾートのコテージ　旅の販促研究所撮影

グルメでも石垣牛や八重山そば、あやぱにモールなど市場も楽しい。また、インバウンドでは韓国からのハネムーンの誘致もしており、アジアを代表する観光都市ともいえる。

キャッチフレーズは、「島ぬ美しゃ　心美しゃ（島の美しさと人々の温かさ）」。傾向として、長期滞在者や移住者も毎年増えているようである。観光資源である自然環境の保全が最大の課題である。

調査対象者のコメント（性別年齢・居住地）

「民謡ショーを見た。現地の人と知り合いになった」（男性28歳・首都圏）

「のんびり、気ままにスポーツをしたり、ドライブしたり、飲んだりと職場の仲間たちと非日常が味わえた。海水浴はとても海がきれいで最高だった」（男性32歳・中国四国）

「海外のダイビングスポットに比べて、石垣の海はとてもきれいで魚の種類も多い」（男性52歳・中国四国）

「高速船でいろいろな離島へいったこと。海がきれいだったこと」（女性24歳・首都圏）

竹富島——島人とのふれあいとのんびりした街並みが魅力

所在地：沖縄県竹富町
面積：5.42㎢
人口：330人
観光客数：512.9千人

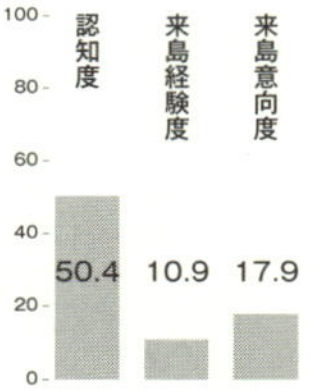

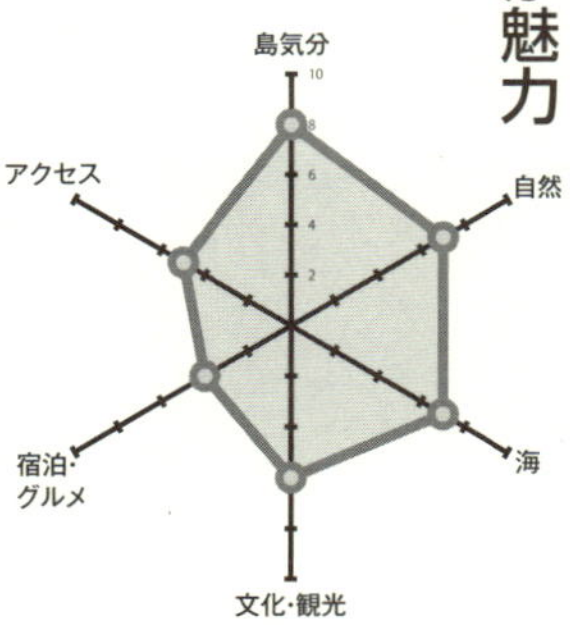

島の人とのふれあいが楽しめるイメージで1位

石垣島の南西6㎞、石垣港離島ターミナルから竹富港へ高速船で10分、多数の便が運航している。乗車料金も580円と安いので気軽に行ける。

イメージチャートでは『島気分』、『自然』、『海』が高くなった。来島経験度は6位と高い。石垣島からすぐなので、個人旅行も団体旅行も気軽に組み込むことができる。観光資源イメージでは、「島の人とのふれあいが楽しめる」で1位、「長期間滞在しやすい」、「離島気分が味わえる」は6位となった。特に〝ふれあい〟と〝のんびり〟が印象に残っているようで、コメントでも多くあげられていた。昔ながらの日本の生活様式がそのまま宿になっていて、強い印象を与えている。

水牛車での観光　旅の販促研究所撮影

旅行目的では、街並み観光、島巡り、地元との交流があがった。宿泊先は民宿が47・6%と多い。旅行会社利用が57・1%とやや多かった。男女比は半々。島内の交通手段は、レンタサイクルが82・4％と多い。そのほかは水牛車だろう。満足度は85・7％と多い。

来島意向度は17・9％で17位となった。ふれあい度の高い地域はリピート率も高く、観光客数も順調に伸びている島だ。

赤瓦の街並みが国の重要伝統的建造物群保存地区に

白砂の道、石垣と赤瓦屋根の民家が建ち並ぶ昔ながらの景観が残る竹富島。周囲をサンゴ礁に囲まれた島全体が西表石垣国立公園に属し、1771年の明和の大津波ではサンゴ礁のおかげで大きな被害を免れた。

1987(昭和62)年に島の38・3haのエリアが重要伝統的建造物群保存地区として指定された。なごみの塔からの街並みの眺めは沖縄の原風景を感じさせる。平屋民家の赤瓦の屋根とシーサー、サンゴ石の石垣は都会から来る人に和みを伝える。カイジ浜とアイヤル浜は星砂で有名なビーチだ。

街を回るには、新田観光の水牛車がお薦め。2005(平成17)年の映画「ニライカナイからの手紙」でも舞台になった。竹富島まちなみ館や安里屋クマヤ生誕の家などの名所もある。祭りでは、旧暦9月に10日間行われる種子取祭《たなどうい》が有名で多くの観光客を集める。

竹富町観光協会の石垣さんによると、「冬場の年配の団体ツアーが多いのは変わらないが、修学旅行やリピーターが多くなっている」ようだ。

調査対象者のコメント（性別年齢・居住地）

「水牛車に乗ったことと、海がとてもきれいだったこと。星砂の浜では、海岸の砂がすべて星の形をしていたことが印象に残っています」（男性54歳・東海北陸）

「泊まった民宿のおじぃとの宴。自転車で島を周ったこと」（女性24歳・北関東甲信越）

「日中と夜との落差に驚き！　昼は人の気配すらなく、夜になると、どんちゃん騒ぎ！」（女性60歳・北関東甲信越）

「ちょうど、無形文化財の種子取祭の最中で、良かった」（男性51歳・関西圏）

西表島《いりおもて》——日本最後の秘境、エコツーリズムの原点の島

所在地：沖縄県竹富町
面積：289.27㎢
人口：2,318人
観光客数：355.3千人

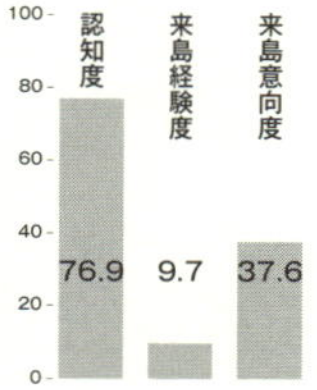

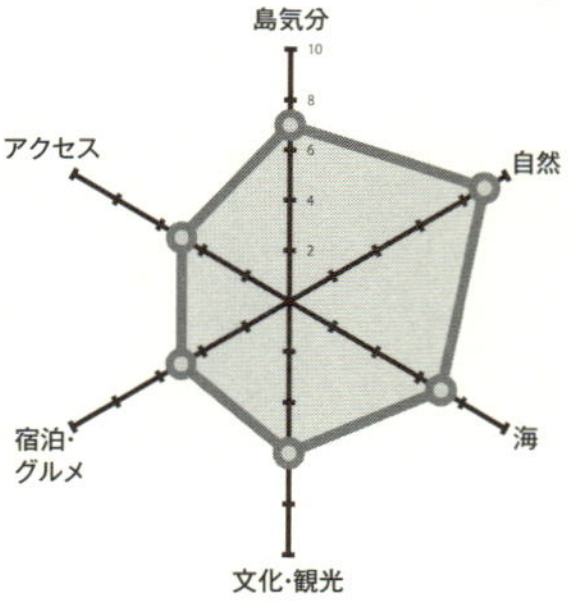

島ならではの動植物が楽しめるイメージで1位

仲間川とヒルギ林　㈶沖縄観光コンベンションビューロー提供

石垣島の西30㎞、石垣港離島ターミナルから高速船で大原港まで35分で1日27便が運航している。上原港へは40分1日17～19便だ。

認知度は10位、来島経験度は8位である。観光資源イメージは、「島ならではの動植物が楽しめる」で1位、「美しい自然や景勝地が豊富」で3位、「トレッキング・ハイキングが楽しめる」で4位となった。旅行日数、旅行費用は、3・6日で9万2864円。宿泊先は、ホテルが68・2%と多くなった。特に西表島では豪華なコテージなど、リゾート型のホテルが人気だ。

旅行目的では、島巡りが40・9%、エコツアーが18・2%。旅行会社利用は75・0%と多い。男女比は半々。満足度は72・7%。冬場は60代以上の男女が多いという。

来島意向度は37・6%で4位と高くなった。

夏場はファミリーが石垣島を起点にオプショナルツアーなどで訪れ、冬場は八重山巡りのツアーで中高年が中心に来島している。石垣島から近いだけに、いかに来島者を宿泊者にするのかが課題となる島である。

マングローブのジャングルをカヌーで巡る

西表島の豊かな自然環境は日本最後の秘境といわれている。島の9割がメヒルギなどが群生するマングローブなどの亜熱帯原生林で覆われ、ジャングル体験が楽しめる。イリオモテヤマネコやカンムリワシなどの独特の生態系を見ることもできる。仲間川や浦内川でのカヌー・カヤックツアーではカンピレーの滝やサキシマスオウノキが見られる。４００ｍ先の由布島までは水牛車で行ける。ジャングル温泉も魅力だ。

１９９６(平成8)年西表島にエコツーリズム協会が日本で初めて設立され、シーカヤックを使って行うガイド法を1つのモデルとしてエコツアーをアピールした。また環境への配慮のため、観光客用のトイレカヌーなども導入された。

前出の石垣さんは「エコツーリズム関連の業者が増えたことに伴い、エコツアーに参加する人が多くなった」という。

そのほかにも、近くのパナリ島やバラス島でのシュノーケリングツアーも気軽に楽しめ、ファミリーに人気となっている。

調査対象者のコメント（性別年齢・居住地）

「自然が残っていて、ゆったりした時間が過ごせた。カヤックのツアーなど楽しい経験ができた。ホテルに連泊したが、夕食の献立を毎晩変えてくれたり、ホテルの人も、とても温かく接してもらえて、快適でした。でも、開発が進んで、自然が減っていくのが心配です」（女性47歳・関西圏）

「マングローブのある川をボートでのぼった。板状根のある大木を見て感激した」（女性66歳・東海北陸）

「都会生活と程遠い素晴らしさ。意外な動物に出会うかもしれない期待」（男性59歳・首都圏）

小浜島――NHKの「ちゅらさん」で一気にブレイク

所在地：沖縄県竹富村
面積：7.84㎢
人口：648人
観光客数：166.1千人

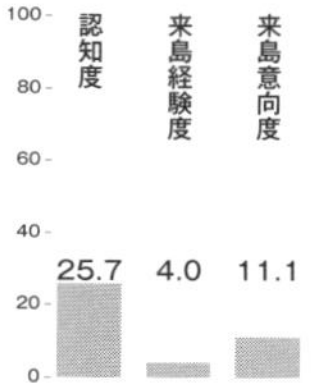

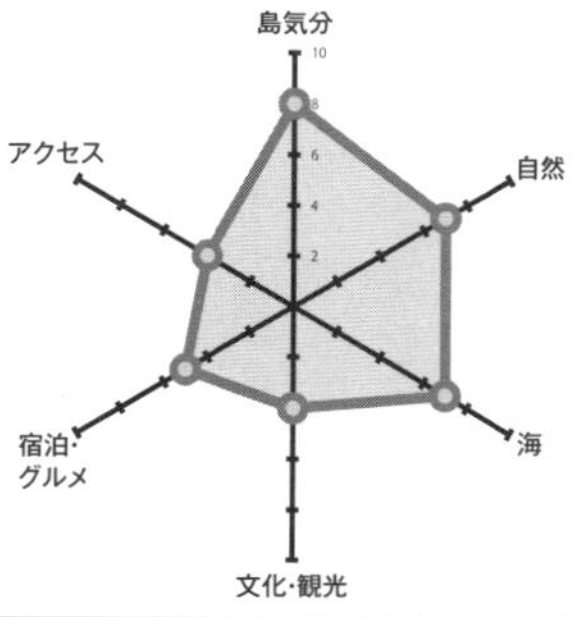

元祖沖縄のリゾートライフ

西表島の東2㎞、石垣港離島ターミナルから小浜港へ高速船で25分、1日28～30便が運航している。

イメージチャートでは、『島気分』、『海』、『自然』が高くなった。観光資源イメージでは、「海が美しい」、「気候が良い」、「海水浴が楽しめる」、「島の人とのふれあいが楽しめる」で3位。「長期間滞在がしやすい」で5位となった。旅行日数・旅行費用は、3・8日で11万7227円である。

旅行目的は、「はいむるぶし」に代表される高級リゾートホテル滞在が72・7％と高くなった。そのほかに、名所、のんびり、特産品、島巡り、ゴルフ、ロングステイ、イベントがあがった。宿泊先は、ホテルが8割を占めた。旅行会社利用が72・7％と多い。島内の交通手段は、レンタサイクル、観光バス、タクシーの順となった。満足度は81・8％と高い。情報源では、

シュガーロード　旅の販促研究所撮影

「ちゅらさん」の影響が強くテレビドラマが45・4％となった。男女比は男性が7割と多い。20代と冬場の60代以上の男女が多いそうだ。

来島意向度は11・1％で25位となった。この島も竹富島のようにふれあい度が高く、安定した集客が期待できる島である。

こじんまりした島に癒される

八重山諸島のおへそのさらに中央にある大岳展望台からは360度のパノラマで、与那国島を除く8つの島が見渡せる。小浜島は、2001(平成13)年NHKの連続テレビ小説「ちゅらさん」の舞台となった。2つの集落の赤瓦が美しい。ロケで使われた民宿こはぐら荘は民家として今も実際に使われている。観光バスでは、ここがえりぃの歩いたシュガーロード（サトウキビの畑の中の直線道路）ですと説明してくれる。

コテージの立ち並ぶ「はいむるぶし」が昔から有名だが、最近は、高級リゾート「ラグーンスイートヴィラアラマンダ」や「ヴィラ　ハピラ　パナ」などのホテルもオープンした。西表島との間のヨナラ水道はマンタウェイと呼ばれるマンタの通り道。

前出の石垣さんによると「バス会社が路線バスを廃止したため、港から集落までの足がない（レンタサイクル、レンタルバイク、レンタカーはある）」ことが課題だそうだ。

調査対象者のコメント（性別年齢・居住地）

「宿泊した〝はいむるぶし〟が滞在型ホテルとしてゆっくり楽しめた。冬だったのでマリンスポーツはできませんでしたが、天候もよく気持ちよかった。時間を気にしないのんびり感が味わえた」（男性46歳・関西圏）

「島の居酒屋で島人の三線の演奏を聴きながら一緒にお酒を飲んだこと」（女性21歳・首都圏）

「小浜島に行くのは、家族で2回目でした。海がきれいなのと、のんびりできるのでとても満足できました。ただ、浜辺にヤドカリが今回は少なかったのが少し気になりました」（男性44歳・首都圏）

波照間島《はてるま》——日本最南端の有人島、「本日も晴れ」

所在地：沖縄県竹富町
面積：12.77㎢
人口：581人
観光客数：14.3千人

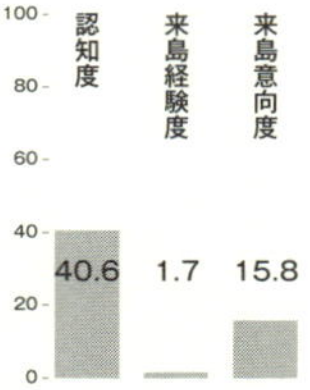

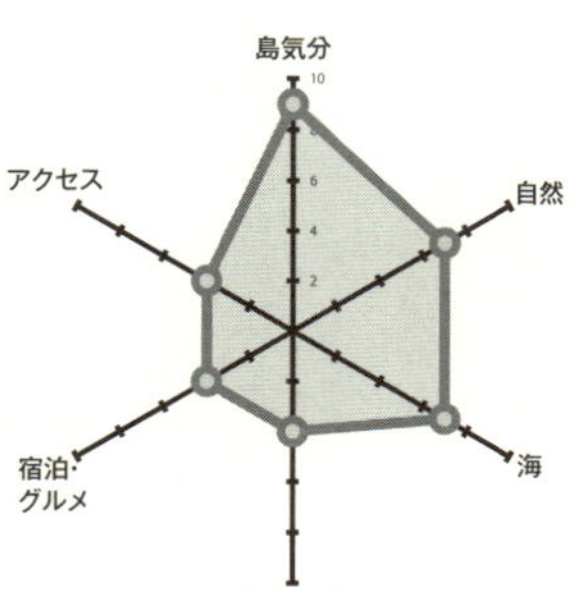

観光地化されていない・離島気分が味わえるイメージで2位

石垣島の南西63㎞、日本最南端の有人島。石垣港離島ターミナルから波照間港まで高速船で1時間1日6便、フェリーで2時間。

イメージチャートでは、『島気分』、『海』がやや高くなった。観光資源イメージでは、「果てのうるま（サンゴ）の島」が島の名前の由来になっているように、「観光地化されていない」、「離島気分が味わえる」で2位。「海が美しい」で5位となった。

宿泊は、ホテル、民宿、公共の宿。旅行会社利用は40・0％。島内の交通手段では、レンタサイクルが8割となった。満足度は100％、男女比は半々。30・40代男性と20・30代女性が多いようだ。

来島意向度は15・8％で19位となった。

八重山の方言では「我らの島」を意味する「ベスマ」と呼ばれ、現地でもこの呼び方を使うことが多い。また、2009(平成21)年にはTBS系で波照間島をモデルにしたテレビドラマ「本日も晴れ。異状なし～南の島　駐在所物語～」が放映され話題になった。

南十字星が輝く天体観測の島

日本一きれいな星空ともいわれ、緯度が低いため、冬から初夏にかけて南十字星を見ることができる。星空観測タワーもあり、天文ファンに人気だ。島の周辺では偏西風の影響をほとんど受けないので本土よりずっときれいな星空が楽しめる。

観光名所では、北緯24度02分24秒の日本最南端の碑や八重山一といわれるニシ浜ビーチ、コート盛と呼ばれる烽火《のろし》台の跡が残されている。

イベントでは、9月（旧暦の7月14日）に行われるムシャーマが有名。島内を東・西・前の3組に分かれ、ミルクを先頭に行列をする。また、特産物の黒糖は日本一ともいわれている。泡盛「泡波」は本土ではなかなか手に入らない幻の酒だ。あんえい号が、すごい速度で石垣島から走るのが通の間で隠れた人気でもある。

日本最南端の碑　竹富町観光協会提供

キャッチフレーズは「日本の有人島で一番南にある〝日本最南端　波照間島〟」。

調査対象者のコメント（性別年齢・居住地）

「西表島から漁船のような連絡船に乗ったのですが、外海の波が荒く、立っても座っても居られない位に船が揺れ、そうして、やっと着いた小さな小さな島……水の青さと真白な波しぶき、鄙びた沖縄独特の民家。さすが最南端までやって来ただけの甲斐があったと感動しました。大自然がこんなに素晴らしく残っているなんて日本もまだまだ大丈夫だーと感じた旅でした」（女性68歳・東海北陸）

「夜、月明かりの中、宿で知り合った人たちと南十字星を見に天文台に行った。照明が何もない中、自転車をこぎながら月明かりだけでできる影を初めて見た」（男性34歳・九州沖縄）

「海の色が素晴らしかった。いつもは自転車に乗らないのですが、一生懸命頑張って乗りました」（女性62歳・中国四国）

与那国島《よなぐに》
――日本最西端、「Dr.コトー」の島

所在地：沖縄県与那国町
面積：28.88㎢
人口：1,796人
観光客数：31.7千人

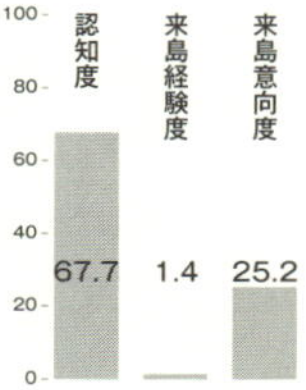

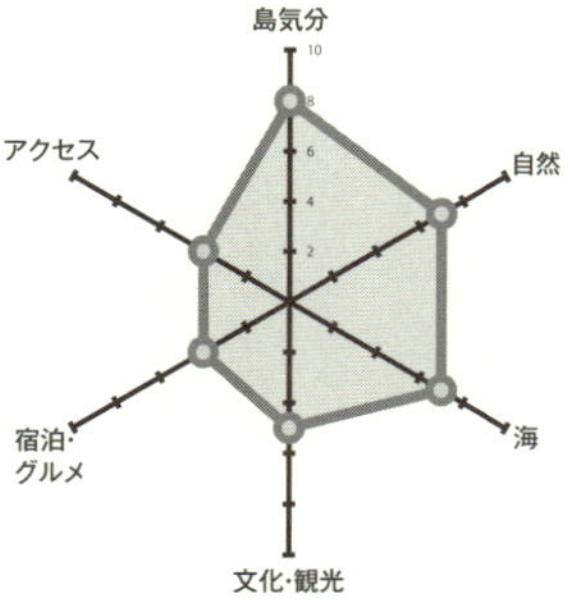

テレビドラマ"Dr.コトー"がきっかけで知名度アップ

那覇から509㎞、台湾から111㎞、石垣島から117㎞。那覇空港から与那国空港まで琉球エアコミューターで1時間40分週4便、石垣空港から琉球エアコミューターと日本トランスオーシャン航空が30分1日1~2便が運航している。船では、石垣港から久部良《くぶら》港へフェリーで4時間週2便。

イメージチャートでは、『島気分』、『海』、『自然』がやや高くなった。

小柄なヨナグニウマ　旅の販促研究所撮影

観光資源イメージでは、「ホエール・イルカウォチングが楽しめる」で6位、「島ならではの動植物が楽しめる」で8位となった。

旅行目的は、食べ物、街並み観光、ドライブ、動植物、交流。旅行日数・旅行費用は、4・3日で10万1250円。宿泊は、民宿・ペンション。自分でインターネットや電話で予約が多い。島内の交通手段は、レンタカー、レンタサイクル、

レンタルバイクの順。満足度は100%。情報源では、「Dr.コトー診療所」の影響でテレビドラマがやや多い。

来島意向度は25・2%で13位と高くなった。また、台湾へのプロモーションにも力を入れている。2007(平成19)年には日本の市町村として初めて台湾(花蓮市)に事務所を開設した。台湾との交流を深めるため特区の申請もしている。

海底遺跡の謎にダイバーが集まる

日本で一番最後に夕日が沈む日本最西端の有人島。周りを断崖絶壁に囲まれ、荒波の押し寄せる絶海の孤島。島のジャングルには、世界最大の蛾ヨナグニサンもいて、アヤミハビル館で展示されている。海底には遺跡を思わせる海中構造物があり、ダイバーにも人気。釣りも、トローリングでカジキマグロが狙える。道にはヨナグニウマがのんびり歩いている。

2006(平成18)年に放送された吉岡秀隆と柴咲コウ主演の人気テレビドラマ「Dr.コトー診療所」のロケ地が一番の観光名所になっている。ほかにも、東崎《あがりざき》や立神岩《たてがみいわ》、久部良バリなどがある。花酒と呼ばれる60度以上の泡盛「どなん」はお土産に人気だ。日本版の映画「老人と海」の舞台でもある。カンムリワシやリュウキュウバト、珍しい蝶など固有の生態系を持つ。起伏は厳しいものの自転車でも3~4時間で一周できる大きさの島である。

与那国町観光協会の米城さんは、最近の傾向として「中高年の少人数での旅行が多くみられるようになった」と言う。PRは沖縄各諸島の物産展である離島フェアや八重山諸島への修学旅行浸透キャンペーンで行っている。

調査対象者のコメント(性別年齢・居住地)

「在来馬のヨナグニウマがとても可愛く、乗馬、海馬遊びなど楽しみが多かった。ありのままの自然がとにかく美しい」(男性31歳・首都圏)

「台湾に台風が来ていた影響で飛行機が飛ばずに帰れなくなった」(男性35歳・首都圏)

「最西端の位置に立ったこと」(男性50歳・首都圏)

おわりに

神戸に9年間住んでいたことがあり、淡路島には幾度も訪れていたが、同じ県内の家島には行ったことがなかったので、先日、出張の帰途ちょっと足を延ばして寄ってみることにした。家島は瀬戸内海に浮かぶ家島群島の中心の島、姫路港から高速艇に乗って30分ほどで島の入り口、真浦の港に着く。小さな島旅だが船から降りて初めての島に一歩を踏む気分は何ともいえない。さっそく、観光案内所に向かうが、閉まっていて人がいない。仕方がないので、隣の連絡船の会社の小さな事務所に入り、仕事をしていたおじさんに声をかけ、島の見どころを聞くと、すぐに先頭になって歩き出し解説し始め、主人の帰りを待ち続けとうとう石になってしまったという「どんがめっさん」まで連れって行ってくれる。あとはゆっくり見て回ればと見どころを教えてくれ、筆者の重いバッグを持って帰ろうとする。「大丈夫、この島には泥棒はいない。銀行の現金輸送にもガードマンはつかないよ。荷物は事務所に置いておくから」とどこまで本当か分からない話をしながら事務所に戻っていった。おかげで手ぶらで観光することができ、港に戻ってみるとバッグはちゃんと事務所に置いてあった。こんな島人の温かい、親切話はよく耳にするが実際に体験をすると、実に気持ちがいい思い出として記憶に残る。

仕事柄、旅行することが多いが、その中でも島旅は妙にはっきり記憶に残っている。北海道の奥尻島はウニとアワビで有名な島だ。夜、港のふつうのお寿司屋さんでウニとアワビのさまざまな料理を食べ尽くしたことは忘れられない。生、焼き物、蒸し物、鍋とどんな姿をしていても旨いとうなる。最後は高価なアワビいっぱいのカレーだ。島では当たり前の料理らしい。カレーといえば日本最西端与那国島のユキさんちという扉も壁もないお店で食べたカレーが思い出される。そのときの与那国島は気温30度をはるかに超え、昼間の太陽は痛いほど強い。そんな島のランチはカレーに限る。五島列島の福江島屈指の砂浜、香珠子海岸を眼下に見下ろす絶景ポイントにある椿茶屋は、古い農家をそのまま改造したもので、いろりを囲んで、獲れたての魚介類や五島牛を炭火で焼いて食べる。不味いわけがない。日本の島はグルメの宝庫だ。

筆者が食いしん坊であるせいか、食べ物の思い出が多いが、佐渡島の鼓童の活動拠点、佐渡太鼓体験交流館で叩かせていただいた巨大太鼓の体を突き抜ける音と振動も忘れられない。直島の瀬戸内海に向かって唐突に置かれた草間彌生の水玉を身にまとった巨大なカボチャのオブジェとの出会いも強烈だった。屋久島で歩いた、もののけ姫の森の濃い緑の色と木の匂い。小笠原の父島からの出港、岸壁はまるで島中の人が来たような人出、賑やかな太鼓と踊り、笑顔と歓声の見送り、いつまでも全員が手を振っている。港を出ていくおがさわら丸にどこまでも伴走する数隻のクルーザー、最後には海へのダイブショー、デッキでも手を振り、涙しながら大声でありがとうと幾度も叫ぶ。やっぱり島旅は素晴らしい。

本書は島旅のガイドブックでもなく、島おこしのマニュアルでもない。島旅をする旅行者の意識や動向と、それぞれの島がどのように旅行者を受け入れているかを探ったマーケティングの本である。しかし、この本が島へ旅するきっかけになり、島を元気にするヒントになれば望外の喜びである。

２００９年６月　　安田亘宏

索引

AtoZ

Ｉターン　077, 127
Ｕターン　077

ア行

アイランダー　003, 060, 123
アイランドホッピング型　103, 198
インタープリター　101
うみねこ留学　171
エコアイランド　083, 099, 100
エコツアー　016, 043, 055, 096
エコツーリズム　016, 057, 096

カ行

火山島　020, 106
価値ある地域差　100, 101
カニ族　025
観光地満足度　014
気象観測島　021
季節有人島　019
群島　019, 152

サ行

珊瑚島　020
島の学校　118, 119
島のサポーター　100
島の宝100景　103, 104, 105
重要伝統的建造物群保存地区　039, 201
食物アレルギー　017, 193
諸島　019
世界遺産暫定リスト　165
世界自然遺産　016, 039, 106

タ行

大洋島　020
大陸棚　020
大陸島　020
地域ブランド　014
着地型企画旅行　093

ナ行

二地域居住　077
日本の快水浴場100選　119
日本の渚100選　120

ハ行

排他的経済水域　020
配流の地　023
「秘境」ブーム　025
フライ＆レンタカー　051
ブランド化戦略　017, 072

マ行～

無人島　019, 081, 095
有人島　019, 026
離島応援団　100
離島振興法　025, 028
離島ブーム　014, 028, 123
領海　020
列島　017, 019
ロングステイ型　103

著者紹介

安田　亘宏（やすだ　のぶひろ）旅の販促研究所所長（株）ジェイ・アイ・シー執行役員）

1977年JTBに入社。旅行営業、添乗業務を経験後、本社、営業本部、グループ会社でCI・販売促進・マーケティング・事業開発等の実務責任者を歴任。06年4月研究所設立時より現職。

所属：NPO法人日本エコツーリズム協会理事、日本地域資源学会常務理事、
日本観光研究学会会員、日本創造学会会員、日本旅行作家協会会員、
法政大学地域研究センター客員研究員

著書：「旅の売りかた入門―もっと売るための広告宣伝戦略―」（イカロス出版）、
「旅行会社のクロスセル戦略」（イカロス出版）、
「長旅時代―ロングツーリズムの実態と展望―」（監修・教育評論社）
「食旅入門―フードツーリズムの実態と展望―」（共著・教育評論社）
「犬旅元年―ペットツーリズムの実態と展望―」（共著・教育評論社）
「祭旅市場―イベントツーリズムの実態と展望―」（共著・教育評論社）
「キャッチコピーに見る『旅』」（共著・彩流社）
「旅人の本音」（共著・彩流社）

中村　忠司（なかむら　ただし）旅の販促研究所副所長

1984年JICに入社。88年JTBに出向、CI導入・ブランディングを担当。JIC復帰後、旅行・観光関係の企画・プロモーションを担当。06年4月研究所設立時より現職。

所属：日本地域資源学会理事

著書：「食旅入門―フードツーリズムの実態と展望―」（共著・教育評論社）
「犬旅元年―ペットツーリズムの実態と展望―」（共著・教育評論社）
「祭旅市場―イベントツーリズムの実態と展望―」（共著・教育評論社）
「キャッチコピーに見る『旅』」（共著・彩流社）

吉口　克利（よしぐち　かつとし）旅の販促研究所主任研究員

1990年日本統計調査㈱に入社。マーケティングリサーチャー・調査ディレクターとして旅行・観光関連等多領域のリサーチ業務を担当。06年11月JICに入社し現職。

著書：「食旅入門―フードツーリズムの実態と展望―」（共著・教育評論社）
「犬旅元年―ペットツーリズムの実態と展望―」（共著・教育評論社）

小畑　綾乃（おばた　あやの）旅の販促研究所研究員

2006年JICに入社。旅行会社の販売データ分析、旅行者マーケティングデータの収集解析、観光地の旅行者動向分析などを担当。女性や若年層の旅行スタイルなどを研究。

コラム・調査・取材協力

川口　賢次（かわぐち　けんじ）旅の販促研究所シニアプロデューサー

上野　拓（うえの　ひろし）旅の販促研究所主席研究員

旅の販促研究所

JTBグループのシンクタンクとして、同グループの総合広告会社㈱ジェイ・アイ・シー（JIC）内に設立された研究所。「旅行者研究」をメインテーマに多様化、個性化された日本人旅行者の行動と心理を独自の調査手法により分析し、旅行業界・観光業界にこだわりのある新しい企画提案をしている。

㈱ジェイ・アイ・シー（JIC）

JTBグループの総合広告会社。旅行・観光などツーリズム分野を中心に幅広いクライアントのコミュニケーション活動を行っている。全国に支店・グループ会社のネットワークを持つ。

本社：東京　設立：1951年　ホームページ：http://www.jic.co.jp/

参考・引用文献
「ＳＨＩＭＡＤＡＳＵ（シマダス）」（財団法人日本離島センター）
「離島統計年報０７年」（財団法人日本離島センター）
「季刊しま No.207〜217」（財団法人日本離島センター）
「旅行者動向　2008」（財団法人日本交通公社観光文化事業部）
「日本交通公社７０年史」（日本交通公社）
「日本旅行百年史」（日本旅行）
「日本《島旅》紀行」斎藤潤（光文社新書）
「東京の島」斎藤潤（光文社新書）
「沖縄・奄美《島旅》紀行」斎藤潤（光文社新書）
「エコツーリズム推進法の解説」愛知和男・盛山正仁（ぎょうせい）
「キャッチコピーに見る『旅』」旅の販促研究所（彩流社）
「島の旅 (ブルーガイド一てくてく歩き)」ブルーガイド編集部（実業之日本社）

ほか、国土交通省、観光庁、地方自治体、観光協会などのホームページ、ガイドブックなどを参照しました。

島旅宣言　アイランドツーリズムの実態と展望

2009年6月25日第1刷発行

著　　者　安田亘宏　中村忠司　吉口克利　小畑綾乃

発 行 者　阿部黄瀬

発 行 所　株式会社教育評論社
〒103-0001　東京都中央区日本橋小伝馬町２－５　ＦＫビル
TEL 03-3664-5851　FAX 03-3664-5816
http://www.kyohyo.co.jp

印刷製本　壮光舎印刷株式会社

ISBN 978-4-905706-41-0　C0065